가르침과 배움의 함의
Promises and Implications for Teaching and Learning

인공지능시대의 미래교육

Artificial Intelligence In Education

Wayne Holmes·Maya Bialik·Charles Fadel 저
정제영·이선복 편역

박영story

키워드: 교육공학, 에듀테크, 인공지능, 머신러닝, 딥러닝, AI, AIED, 커리큘럼, 표준, 역량, CCL, 심층 학습, 지식, 기술, 인성, 메타 학습, 사고방식, 21세기 교육, 사회-정서 역량, 교육 혁신, 21세기 교육과정, 교육학, 학습, 직업, 고용, 고용가능성, 교육 2030, 4차 산업혁명, 지수 기술, 개별화 학습, 역량기반 학습, 개인화 학습, 적응적 학습.

Artificial Intelligence in Education

원저자의 헌정사

웨인으로부터

- 트레이시, 케이트, 올리버에게: 내 인생에 있어줘서 고맙습니다.
- 내 친구들과 동료 데니스, 디에고, 더그, 두이구, 에일린, 이그, 줄리엣, 카스카, 로리, 마놀리스, 마리아, 마크 G, 마크 N, 로즈, 세이지, 스타마티나에게: 당신의 친절과 지도와 지원에 감사합니다.

마야로부터

- "왜 우리는 이것을 배울 필요가 있는가?"라고 물었던 학생들과, 교육 시스템이 변화하는 동안 계속해서 그 질문을 던질 사람들에게 이 책을 바칩니다.
- 개념적이고 비판적으로 생각하는 법을 가르쳐준 선생님들, 특히 아버지께, 그리고 학생들에게 의미 있는 학습을 만들기 위해 노력하고 있는 모든 교사들에게 이 책을 바칩니다.

찰스로부터

- 우리 미래의 자애로운 AI에게: 나를 기억해줘!
- 만족스러운 삶을 갈망하는 수많은 사람들에게: 당신들은 나의 내

면의 강력한 동기입니다. 고맙습니다!

- 알린, 캐롤, 나탈리에게: 그들의 사랑을 위해서, 내 모든 것과 함께 이 책을 바칩니다.
- 이 교육 모험에 대한 그녀의 신뢰와 동지애를 위해 엘렌 코쉬랜드에게 이 책을 바칩니다.
- 신경망이 겨울이었던 시기에 초기 신경망 탐험을 함께해준 클로드 크루즈에게 이 책을 바칩니다.
- 나의 훌륭한 공저자들에게, 그들의 중요한 인내와 수많은 전문적 공헌을 위해 이 책을 바칩니다.

또한 저자들은 모든 검토자들의 친절한 지원에 대해 감사를 드립니다.

CCR은 이 책과 CCR의 일반적인 작업에 대한 통찰력, 아이디어 및 기여에 대해 다음의 모든 동료에게 감사드립니다.

John Abele, the Alfond family (Barbara, Bill, Justin, Kat, Ted), Lee Batchelor, Michele Bruniges, Annamaria Diniz, Pat Farenga, Eron Gjoni, Brendan Griffen, Danny Hillis, Jim Koshland, Siva Kumari, Rose Luckin, Leticia Lyle, Rick Miller, Henri Moser, Attilio Oliva, Greg Powell, Robert Randall, Todd Rose, Cathy and Harry Rubin, Courtney Sale−Ross, Bror Saxberg, Andreas Schleicher, Morgan Silver−Greenberg, Ray Stata, and all the foundations that support us.

모든 외부 참고자료에 진심으로 감사하며, 그분들의 기여는 저작권법의 원칙에 따른 비영리 교육에 활용됩니다.

Artificial Intelligence
in Education

추천사

김진숙(한국교육학술정보원 교육서비스본부장, 국가교육회의 디지털교육특별위원회 전문위원)

　이번 코로나19 대응 원격수업 실시는 어쩔 수 없는 선택의 문제였지만, 교육 혁신 수단으로서 기술을 채택하는 기회가 되었다. 무엇을 경험했고, 앞으로 무엇을 해야 하는가를 찾는 이들에게 이 책은 명확한 방향을 제시하고 있다. 인공지능 이야기를 하고 있지만, 무엇을 가르쳐야 하는가에 대한 교육의 본질을 잊지 않는다. 어떻게 가르쳐야 하는지에 대한 수단으로 인공지능 기술 적용을 언급하지만, 학습자의 배움과 성장이라는 궁극의 목표를 강조하고 있다. 인공지능을 다루는 대부분의 책에서 기술을 나열하는 것에, 미래교육을 다루는 내용의 추상성에 지쳐있다면 이 책을 두고두고 읽어도 좋을 것이다. 놓치지 않을 것과 해야 할 것들 사이의 간극이 보이지 않는다. 문득 코로나 이전에 이 책의 번역이 기획된 것일까가 궁금해졌다.

김혜숙(전 이화여자대학교 총장)

　교육은 전 시대의 가치와 지식 유산을 후대에 전하는 동시에 새로운 미래 창조 역량을 키워주는 일이다. 효율적인 교육을 위해 시대마다, 문화권마다 다양한 방법이 모색되었다. 이제 4차 산업혁명을 맞아 우리는 이전과 다른 교육패러다임을 마주하게 되었다. 인공지능과 다양한 디지털 매체의 발달은 교사의 역할과 학생의 역할에 대한 전통적 규정을 변화시키고 있다. 어떤 인재상에 입각해 어떻게 무엇을 교육할 것인가? 이런 근본적 물음에 직면해 있는 시기에 이 책은 심도 있는 접근을 하고 있어 반갑다. 우리가 익숙한 경계들이 무너지고 있는 때에 미래 교육에 관해 깊은 논의를 하고 있는 이 책의 일독을 권한다.

박백범(전 교육부차관)

코로나19는 우리 사회에 여러 가지 어려움을 던져 주었지만, 미래의 교육에 대한 방향을 제시해 주었다는 점에서 교육정책적 의미를 갖는다. 이 책은 인공지능 시대를 대비해 자라나는 세대에게 무엇을 어떻게 가르칠 것인가에 대한 질문을 던지고 있다. 전통적이고 익숙한 학교교육은 산업화 시대에 큰 성과를 가져왔지만 미래를 대비하기에는 여러 가지 한계를 보여주고 있다. 새로운 시대를 이끌어나갈 학생들에게 미래지향적인 인공지능 교육을 제공해야 할 책임은 기성세대의 몫이다. 이 책은 교육정책을 만들고 운영하는 사람들에게도 미래를 향한 혁신적 아이디어를 개발하는 데 도움을 줄 것을 생각한다. 혁신은 새로운 질문에서 나온다는 점에서 이 책을 통해 많은 질문과 새로운 아이디어를 만드는 기회를 갖기를 권한다.

박일준(디지털리터러시교육협회 회장)

인공지능은 유토피아와 디스토피아, 기회와 위협, 설렘과 두려움 등의 두 얼굴을 갖고 있다. 또한 인공지능은 노동시장을 양극화하며 일자리 면에서도 두 얼굴을 만들어낼 것이다. 중간층이 붕괴하며 소수는 고생산성군으로 이동하고, 다수는 저생산성군으로 몰락할 수 있다. 어떤 결과를 낳을지는 인공지능의 활용 역량에 달려있다. 긍정적 활용과 이를 통한 기회의 창출은 결국 교육의 몫이다. 이 책은 인공지능의 교육적 활용에 관해 방대한 연구와 사례를 다루고 있으며, 길을 제시하고 있다. 미래 교육자라면 반드시 읽어야 할 필독서이다.

이광형(KAIST 총장)

21세기 4차 산업혁명 시대에는 영화 속 상상이 현실로 튀어나와 자리 잡게 될 것이다. 교육분야에도 예외는 아니다. 인공지능을 기반으로 하는 챗봇, 증강현실, 가상현실 등의 첨단기술이 교육에 적용되기 시작했다. 코로나19는 이러한 변화를 가속화 시킬 것이다. 이런 인공지능 시대에 우리는 무엇을 가르쳐야 하고, 어떻게 가르쳐야 할 것인가? 이 책은 당면한 질문에 대한 답을 찾아 여행을 떠난다.

이종재(전 서울예술대학교 이사장, 서울대학교 명예교수)

미래는 예정된 것이 아니라 우리가 만들어가는 것이라고 생각한다. 미래교육도 우리의 마음속에서 그리는 이상적인 모습을 향해 만들어가야 한다. 이 책은 현재의 인공지능 기술이 만들어갈 우리의 미래교육에 대해 다양한 가능성을 제시하고 있다. 그 중에도 특히 바람직한 모습과 그렇지 않은 모습이 혼재해 있음을 느낄 수 있다. 미래교육을 향한 우리 모두의 바람을 담아서 바람직한 모습을 만들어가야 할 책임을 느끼게 해준다. 이 책은 미래의 일부를 보여주고 있지만 나머지 부분은 우리의 소망을 담아서 채워나가야 할 것이다.

이주호(전 교육부장관)

이 책은 AI시대에 무엇을 가르칠지 교육의 본질에 관한 성찰에 근거해서 AI를 활용해 교수학습 방식을 근본적으로 바꾸는 것에 대한 매우 유익한 정보와 시사점을 제공한다. 우리나라의 교사와 정책 전문가들에게 일독을 권한다.

이창원(한성대학교 총장)

4차 산업혁명의 시대, 인공지능 기술의 발전은 다양한 도전에 직면한 우리의 교육에 새로운 과제를 던져준다. 미래 세대는 인공지능 시대의 도래에 따라 필연적으로 변화하게 될 새로운 삶의 양식에 적응해야 한다. 그리고 인공지능 시대의 도래는 미래에 활약할 후속 세대의 직업 세계와 가치관도 크게 변화시킬 것이다. 인공지능 시대를 살아가게 될 세대에게는 단순히 '많은 것을 아는 것'보다 '할 줄 아는 것', '불확실한 것에 과감히 도전하는 태도'가 더 중요하다.

이 책은 미래 인공지능 시대가 요구하는 인재가 갖추어야 할 역량과 인공지능을 활용한 다양한 교육모델을 제시한다. 교육 현장에서 활약하고 있는 교사들과 교수들에게 이 책은 인공지능 시대가 요구하는 미래인재 양성의 지침이 될 것이다. 인공지능 기반의 새로운 교수법은 기존의 교육방식으로 해결할 수 없었던 교육현장의 다양한 고민과 문제에 대한 해결 방안을 마련해줄 것이다. 또한 자녀를 양육하는 학부모들에게도 자녀교육과 관련한 새로운 방향과 가치를 제시해줄 것이다. 불확실한 미래에 무엇을 준비하고 어떻게 대비해야 하는지를 고민하는 모든 사람들에게 필독을 권하는 바이다.

이희갑(대구미래교육연구원 원장)

지금까지 인공지능과 교육의 관계가 파편적 지식들로 엉성하게 구성되었는데 이 책을 통해 조금은 더 과학적으로 이해하게 되었다. 정책의 방향성을 탐색하는 데 앞으로 많은 도움이 될 것이라고 생각한다. 인공지능을 교육정책에 어떻게 활용해야 할지를 고민하는 교육담당자들에게 꼭 일독을 권한다.

함영기(교육부 교육과정정책관)

2020년 들어 전 세계를 충격에 빠뜨린 코로나19 감염병 사태는 교육 분야에도 적지 않은 영향을 미쳤다. 전국의 모든 학교에서 원격수업이 이루어지기까지 불과 한 달이 채 걸리지 않았다. 교사들은 실시간 쌍방향 수업은 물론이고 콘텐츠 활용이나 과제 부과형 수업을 설계하고 진행했다. 일찍이 경험해 보지 못한 격렬한 교육 실험이었다. 온라인 수업은 앞으로 어떻게 진화할까. 인공지능과 교육의 결합을 상상하는 것은 이제 그렇게 무모한 일이 아니다. 이 책의 저자들은 인공지능의 교육적 활용을 교육주의 접근, 학습주의 접근, 교육지원 접근으로 분류해 설명한다. 교육에서 인공지능의 활용은 무한한 가능성만을 의미하지 않는다. 저자들은 교육에서 인공지능이 활용될 때 윤리성에 대해 언급함으로써 이 점을 분명히 하고 있다. 특히 온라인 수업을 경험해 본 독자들은 책의 여러 곳에서 머리를 끄덕일 것이며 공감할 것이다. 두루 읽히기를 기대한다.

역자 서문

　역자는 2019년 가을에 "Artificial Intelligence In Education, Promises and Implications for Teaching and Learning"라는 제목의 책을 처음 접하게 되었을 때 지금 우리나라에서 교육에 종사하는 사람들이 꼭 읽어야 할 책이라는 생각을 했다. 책을 읽으면서 번역을 해야겠다는 욕심을 낸 것도 시대적으로 중요한 내용을 함께 나누고 싶은 마음 때문이다.

　우리나라에서 '제4차 산업혁명, 지능정보사회'라는 용어로 인공지능 등 첨단 기술이 사회의 변화를 선도하는 상황을 표현하고 있다. 18세기 증기기관의 발명으로 1차 산업혁명이 시작된 이래, 20세기 컨베이어 벨트의 등장과 전기를 활용한 표준화 시스템으로 촉발된 2차 산업혁명은 대량생산 체제를 구축하였다. 20세기 후반에 이루어진 3차 산업혁명은 컴퓨터와 인터넷의 발전으로 공장의 자동화 시스템을 구현했다. 하지만 4차 산업혁명은 3차 산업혁명과는 질적으로 다른 기술적 진보와 사회 변화를 예고한다. 영화에서 보던 인공지능 기술을 중심으로 한 융합적 기술의 활용이 이제 현실이 되고 있다.

근대식 학교제도는 상당히 효율적인 시스템을 통해 산업사회의 인력을 양성해 내는 데 성과를 이루어왔다. 특히 해방 이후 우리나라의 교육은 근대화 과정에서 세계가 주목할 정도로 빠른 속도의 양적 성장을 이룩했다. 많은 학생들을 효율적으로 가르치기 위한 교육제도인 학교 시스템은 2차 산업혁명의 대량생산 시스템(mass production system)과 닮은 대량교육 시스템(mass education system)이라고 할 수 있다.

하지만 2차 산업혁명의 산물인 표준화, 전문화와 관료제적 관리, 컨베이어 벨트를 통한 분업 등의 방식이 그대로 담겨 있는 학교제도는 여러 가지 문제를 노정해왔다. 학생들이 제각기 고유한 소질과 적성을 가지고 있으며 다양한 경험에 의한 학습의 결과가 그들에게 체화되어 있음에도 불구하고, 학교제도는 이러한 다양성을 존중하지 못하고 있다. 학년제(school ladder system)의 기본적인 운영 방식은 공장의 컨베이어 벨트와 같은 원리라고 할 수 있는데 실제 운영과정에서 개별 학생의 학습 성과에 대한 관리는 이루어지지 못하고 있다. 국가교육과정은 학년제와 연계되어 운영되고 있는데 학년별로 학습해야 할 내용의 분량은 표준화되어 있으며 학생들의 학습과 무관하게 진도라는 형태로 수업이 진행되고 있다. 학교에서의 평가는 교육적 성장보다는 사회적 선별(screening)의 목적이 더 앞서고 있으며 그 대표적인 형태가 집단 내 서열을 매기는 상대평가의 방식이라고 할 수 있다.

거대한 학교교육 시스템을 혁신하기 위해서는 지렛대가 필요하다. 많은 교육 혁신가들이 지렛대를 찾기 위해 수많은 노력을 기울여왔지만 잘 변화하지 않았던 가장 큰 이유는 현재의 시스템이 어느 정도 성과를 내고 있으며, 이러한 균형 상태를 깨고 혁신을 할 수 있을 정도의 충격을 아직은 경험하지 못했기 때문이라고 생각한다. 변화의 움직임은 아주 서서히 나타나고 있었다. 다양한 방식으로 사회에서 활용되고 있는 챗봇(Chatbot), 증강현실(AR)과 가상현실(VR), 자연언어 처리기술 등 첨단 기술이 교육 분야에서도 조금씩 활용되는 상황이 변화의 작은 모습이다. 하지만 거대한 학교교육을 움직일 수준에 이르지는 못하고 있다고 평가할 수 있다.

하지만 2020년에는 교육계에 커다란 충격을 주는 사건이 발생했다. 세계보건기구(WHO)가 2020년 3월 11일, 코로나19에 대해 세계적 대유행을 의미하는 팬데믹을 선언한 것이다. 우리나라를 비롯한 전 세계의 대부분 학교가 휴교하는 초유의 상황이 발생했다. 이에 따라 대학에서 먼저 시작한 온라인 수업이 전체 초등학교, 중학교, 고등학교에서 활용되었다. 원하지 않지만 어쩔 수 없이 맞이한 상황을 표현하는 유행어처럼 '어쩌다 온라인 교육'의 시대를 맞이한 것이다. 코로나19 상황은 위기의 상황이지만, 이를 역사적 교육 혁신의 기회로 삼았으면 하는 바람이다. 특히 인공지능의 교육적 활용을 통해 교육을 한층 발전시킬 수 있기를 기대한다.

교육분야는 인공지능 기술이 적용될 수 있는 중요한 분야 중의 하나이다. 에듀테크로 일컬어지는 미래교육 혁명이 이미 세계 곳곳에서 진행되고 있다. 인공지능의 교육적 활용은 한 명의 교사가 많은 학생들을 대상으로 일방향 강의를 진행하는 근대식 학교교육의 문제를 해결해 줄 최적의 방법으로 인식된다. 다시 말해서 학교 혁신의 지렛대가 되어줄 수 있다는 것이다.

이 책에서는 '인공지능 기술의 교육적 활용(AI in Education)'과 관련하여 크게 두 가지 측면에서 논의하고 있다. 즉 인공지능 시대에 무엇을 가르쳐야 할 것인지(What)와 어떻게 가르쳐야 할 것인지(How)에 대한 것이다. 우선 무엇을 가르칠 것인가와 관련해 개념적 지식(Conceptual Knowledge)의 중요성을 강조하고 있다. 개념적 지식은 학습 결과의 전이(Transfer), 즉 단순한 정보에 그치는 것이 아닌 다른 범주와 상황에 적용할 수 있는 가치가 높은 지식을 의미한다. 쉽게 예를 들자면, 나라의 수도를 외우는 것은 단순한 정보의 암기이다. 수도의 역사적, 사회적 의미와 가치를 이해하는 편이 더 가치가 크다. 하지만, 수도를 아는 것(외우는 것)은 역사적, 사회적 의미 등 다른 범주와 상황에 적용할 가치가 높아 개념적 지식, 교과의 핵심 내용이라고 할 수 있다. 창의적 학습을 위해서는 교과의 핵심적 개념에 대한 이해가 반드시 필요하다. 따라서 너무 많은 개별 지식에 관한 암기 과정으로 이루어진 우리나라 교육과정의 문제를 해결해야 하는 과제가 던져졌다.

이어서 인공지능 시대에 어떻게 가르칠 것인지와 관련해, 저자들은 인공지능으로 어떻게 교육 활동을 향상시키고 변화시킬 수 있을지에 대해 질문을 제기한다. 학습자의 동기 자극에서부터 적응적 학습을 돕는 다양한 에듀테크의 사례를 제시하고 있다. 하지만 중요하게 강조하는 부분은 인공지능을 활용한 교육이 교사를 대체하는 것은 아니라는 점이다. 인공지능 교육의 가장 중요한 내용이라고 할 수 있는 지능형 튜터링 시스템(Intelligent Tutoring System)의 윤리적 이슈에 대해 구체적으로 검토가 필요하며 이러한 문제를 해결할 수 있는 ITS＋의 내용에 대해서도 깊은 고민이 필요하다. 인공지능의 교육적 활용과 관련된 중요한 개념과 기술에 대해서는 부록으로 제시하고 있으므로 좀 더 깊은 내용이 궁금한 독자들에게 도움이 될 것으로 기대한다.

이 책은 인공지능 시대의 교육 내용과 방법의 측면에서 의미있는 문제를 제시하고 있다. 하지만 이 책의 내용만으로는 완전한 혁신의 방안을 마련하기에 한계가 있다. 교육정책의 과정에서 부분적인 개선으로는 거대한 학교 시스템을 혁신할 수 없다는 것이 역사의 가르침이다. 인공지능을 활용한 교육 시스템 혁신이 실제 모든 교실의 교수−학습−평가의 과정을 바꿀 수 있는 종합적 방안으로 마련될 필요가 있다.

이 책이 한글로 나오는 과정에 많은 분들의 도움을 받았다. 우선 이 책을 기꺼이 함께 번역해주신 이선복 교수님께 깊은 감사의 말씀을 드린다. 그리고 처음 이 책을 만난 이후 초고 번역을 함께 해 준 우리 대학원의 김나윤, 김령, 박승희, 정한나 선생의 헌신적인 수고에 깊은 감사의 뜻을 전한다. 어려운 번역의 과정에서 함께 공부하고 노력한 성과를 나누고 싶다. 많이 부족한 초고를 함께 읽어주시고 조언해주신 이화여자대학교 사범대학 황규호 학장님과 교수님들께도 감사의 말씀을 드리며, 특히 꼼꼼하게 읽고 교정을 해주신 국어교육과 권순희 교수님께 진심으로 감사의 뜻을 전한다. 책을 만드는 데 언제나 헌신적인 박영스토리의 편집진께도 감사드린다.

이제 이 책이 던지고 있는 문제에 대해 더 장기적 안목에서 거시적 관점을 발휘해야 하는 것은 독자의 몫이라고 할 수 있다. 미래교육을 향한 담대한 도전을 시작해야 할 시점이라고 생각하며 이 책이 많은 교육인들에게 도전의 과정에서 열정을 북돋아 줄 것으로 기대한다.

2020년 초여름
실시간 온라인 수업의 추억을 남기며
역자 대표 정제영

차 례

개관: 맥락

학교는 왜 변화해야 하는가
: 인공지능 시대, 미래교육의 지향

학생들은 무엇을 배워야 하는가?
: 인공지능이 교육과정에 미치는 영향

03 학생들은 어떻게 배워야 하는가?
: 교육과 학습을 위한 인공지능의 전망과 시사점

04 미래의 학교는 어떤 모습이어야 하는가?
: 미래교육의 방향

개관: 맥락

Introduction: The Context

개관: 맥락

인공지능(Artificial Intelligence: AI)은 21세기 사회 변화의 원동력이
며,[1] 특별히 의도적인 개입이 없다면 사실상 자연스럽게 모든 산업

[그림 1] 전 세계 인공지능 스타트업 기업의 자금 투자 현황(2013~2017)

(단위: 백만 달러)

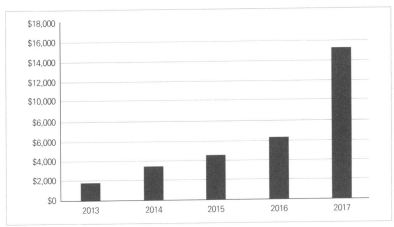

출처: Statista.

---

1 생명공학과도 또 다른 변화의 원동력이다.

을 변화시킬 것으로 예상된다. 전 세계 기업들과 정부들은 다양한
영역에서 수많은 인공지능 스타트업 기업에 수십억 달러 이상의 막
대한 자금을 투자하고 있다.

인공지능이 교육에 큰 영향을 미치지는 않을 것으로 생각하는
사람들도 있다. 반면에 일부에서는 인공지능이 엄청난 영향을 미칠
것이라고 보기도 한다. 이 책은 과대평가와 과소평가 사이의 균형을
찾고, 인공지능의 실제 잠재력을 올바르게 제시하려고 한다. 모든 신
기술은 명성과 기대의 빠른 성장기를 겪으며, 기대에 부응하지 못하
게 되면 급격한 하락이 뒤따르게 된다. 그 후 기술이 개발되어 우리
생활 속으로 통합되면서 성장 속도가 둔화되기도 한다. [그림 2] 가
트너 다이어그램에서 보여주는 것과 같이, 각 기술은 주어진 시간에
곡선의 어딘가에 존재한다고 말할 수 있다. 예를 들어 인공지능의

[그림 2] 가트너 다이어그램

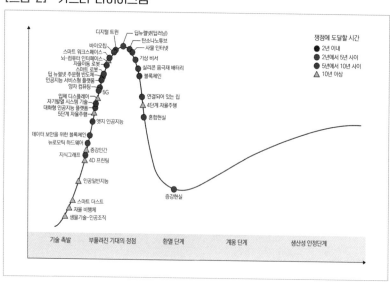

출처: Gartner Inc.

일부인 딥러닝(Deep Learning)은 현재 정점을 찍고 있다.

물론 매우 빠르게 변화하는 분야에서 미래를 예측하는 것은 위험한 일이다. 따라서 미래를 예측하는 작업은 소프트웨어나 휴대전화 어플과 같이 개발 상황에 따라 주기적으로 업데이트될 필요가 있다. 이 책은 독자가 이해하기 쉽도록 교육과 관련된 중요한 두 가지 문제를 제기하고 있다. "우리가 무엇을 가르칠 것인가, 우리가 어떻게 가르칠 것인가."[2]이다. 이 두 질문에 대한 대답으로서 첫 번째는 인공지능과 관련해 무엇을 가르칠 것인가(what)에, 두 번째는 인공지능을 교육에 어떻게 활용할 것인가(how)에 초점을 맞추어 본 책을 구성했다.

1 왜 혁신이 필요한가?

우리나라는 저출산으로 인한 학령인구의 감소, 고령화로 인한 인구구조의 변화, 사회적 양극화와 교육격차 심화, 지능정보기술의 발전과 인공지능 사회의 도래 등 교육 시스템에 영향을 미치는 급격한 사회 변화를 마주하고 있다. 세계경제포럼(World Economy Forum)에서 Klaus Schwab 회장이 제4차 산업혁명을 선언한 이후 인공지능 기술의 적용이 급격하게 확대되고 있다. 특히 2020년에 전 세계를 강타한 코로나19 팬데믹 상황은 교육 환경의 디지털화라는 변화를 가속화시키는 요인으로 작용하였다. 교육 환경의 급격한 변화 속에서 현재 전 세계에서 운영 중인 근대식 대량교육 체제의 학교교육이 지속가능한 것인지에 대해 의문이 제기되고 있다. 교육의 내용과 방

---

2 Dr Roger Schank, https://www.rogerschank.com

법을 바꾸자는 혁신의 과정에서 무엇보다 중요한 것은 '학교교육을 왜 바꾸어야 하는가?'와 '어떤 방향으로 학교교육을 혁신할 것인가?'에 대해 방향을 설정하는 것이다.

학교교육 혁신의 방향을 설정할 때 기본적으로 '학교가 왜 존재해야 하는가?'에 대해 고민해야 한다. 학교가 존재하는 이유는 모든 학생들이 본인의 목표에 따라 학습의 과정에서 성공을 경험하게 하는 것, 다시 말해서 '개인별 맞춤형 교육을 통해 모든 학생이 학습에 성공하도록 지원하는 것'이라고 할 수 있다. 하지만 산업사회에서 모든 시민을 대상으로 교육을 제공하기 위해 설계된 현재의 학교는 모든 학생들에게 교육의 기회를 효율적으로 제공하는 데 성공적인 시스템이지만, 개별 학생에게 학습의 성공을 경험하게 하는 데에는 매우 취약한 구조이다. 미래 학교의 방향은 '모든 학생들이 학습의 성공을 경험하게 하는 것'이라는 학교의 존재 이유에 대해 공감하는 것이 가장 중요하다고 할 수 있다.

학교 시스템의 가장 중요한 운영 원리는 평균을 지향하는 교육의 운영이다. 교육과정의 운영은 학생들의 연령에 따라 그리고 평균적인 수준에 따라 내용과 속도가 설정되어 있다. 대량 교육을 운영하기 위해서 전국 단위로 학생들의 평균적인 수준에 따라 내용과 속도를 고려하여 교육과정을 설계하고 이에 따라 전국 학교의 교실에서 학생의 연령에 따라 동일한 내용을 같은 속도로 가르치고 있는 것이다. 이러한 평균 지향의 강의식 수업을 극복하기 위해 시도되었던 여러 가지 대안 중에서 가장 효과적인 개선 방향은 '개인별 맞춤형 교육(one-to-one tutoring)'이라고 할 수 있다.

개인별 맞춤형 교육이란, 개별 학습자의 학업성취 수준, 심리 특성, 가정환경 등을 종합적으로 고려하여 개별 학습자에게 가장 적합한 학습경험을 제공하는 다양한 방식의 개별화된 교수−학습 지원을 의미한다. Rotherham과 Willingham(2009)은 21세기 교육에서 맞춤형 교육의 중요성이 더욱 강조되어야 하며, 지식과 역량을 상호 연결시킬 수 있는 방향으로 맞춤형 교수가 제공되어야 한다고 주장한다. 이때 지식은 학생들이 각 교과에서 학습하는 교과 지식을 의미하며, 역량은 논리적 사고 등과 같은 고차원적인 정신기능을 의미한다.

학교교육의 대부분을 차지하는 방식인 표준화된 지식을 전달하는 강의식 수업을 넘어서 개인별 맞춤형 교육이 시행될 필요가 있다. 교사의 강의를 중심으로 이루어지는 수업을 혁신하는 맞춤형 학습은 수준에 따라 차별화(differentiation), 개인화(individualization), 개별화(personalization)로 구분할 수 있다(U. S. DOE, 2010). 차별화, 개인화, 개별화의 학습 목표, 학습 내용, 학습 방법을 표로 나타내면 다음과 같다. 즉 최종적인 맞춤형 교육의 형태인 개별화는, 개인 학습자가 개인별 목표를 설정하고 개인의 수준에 맞게 가장 적합한 학습 방법을 통해 완전한 학습에 도달하는 것을 의미한다.

그동안 맞춤형 학습을 지원하기 위한 다양한 시도가 이루어져 왔지만, 실제 이러한 맞춤형 학습 지원이 제대로 구현되는 데 한계가 있었다. 맞춤형 학습 지원을 구현하려면 개인별 학습관리가 필요한데, 이를 위한 교원, 교육과정, 교육평가, 시설과 이러한 것을 가능

[표 1] 맞춤형 학습의 수준과 유형에 따른 구분

수준	차이			
	대상	목표(내용)	수준	방법
강의식	집단	동일	동일	동일
차별화	소그룹	동일	그룹별	그룹별
개인화	개인 학습자	동일	개인별	개인별
개별화	개인 학습자	개인별	개인별	개인별

출처: U. S. DOE(2010). 재구성.

하게 하는 재정에 있어서 제한이 있었다. 현재의 교육 패러다임에서 맞춤형 학습이 이루어지려면 학생에 대한 학습자 분석을 토대로 교사가 맞춤형 학습을 지원해야 한다. 이를 위해 교사의 숫자를 상당히 충원해야 하고, 교육과정과 평가의 제도를 바꾸어야 하며, 학습을 위한 시설도 확충되어야 하는데, 이러한 일련의 혁신에는 거의 천문학적 재원이 소요된다.

디지털 대전환이라는 문명사적 변화를 학교 시스템의 총체적인 변화의 기회로 활용할 필요가 있다. 교육 패러다임의 변화에서 가장 중요한 부분은 핵심적인 문제를 파악하여 최종 목표(goal)를 설정하는 것이다. 학교 시스템 혁신의 목표는 교육 본연(本然)의 관점에서 볼 때, "모든 학습자가 원하는 학습에 성공하는 것"이다. 맞춤형 학습은 "학습자가 본인의 흥미와 소질·적성, 학습 경험, 학습속도, 심리적 특성과 가정환경 등을 종합적으로 고려한 최적화된 환경에서 학습을 하는 것"으로 정의할 수 있다. 완전학습(mastery learning)은 개별 학습자가 모두 맞춤형 학습을 성공적으로 수행할 때 이루어진다.

2020년에 시작된 코로나19 팬데믹은 2021년에도 계속 이어지고 있다. 눈에 보이지 않는 감염병이 사회 각 분야의 변화를 촉발하고 있다. 재택근무와 화상회의가 일상에서 경험하는 가장 두드러진 변화의 양상이다. 일하는 방식이 대면에서 비대면으로 전환되고, 온라인 만남이 늘어나면서 언택트(untact)와 온택트(ontact)라는 신조어가 등장하게 되었다. 이제는 이러한 온택트가 익숙해지면서 효율성과 편리성을 체감하게 되는 뉴노멀(new normal)이 되어서 오히려 대면 회의가 불편하다고 느껴질 정도가 되었다.

인류는 원하지 않았지만 어쩔 수 없이 코로나19 상황을 맞이하게 되었다. 코로나19로 인한 온택트의 경험을 교육 혁신의 기회로 전환해야 한다. 특히 인공지능의 교육적 활용을 통해 교육을 업그레이드할 수 있는 기회가 될 수 있을 것이다. 에듀테크로 일컬어지는 미래교육의 혁명이 이미 세계 곳곳에서 진행되고 있다. 인공지능의 교육적 활용은 한 명의 교사가 많은 학생들을 대상으로 일방향 강의를 진행하는 근대식 학교교육의 문제를 해결해줄 수 있는 최적의 방법으로 인식되고 있다.

디지털 전환의 시대에 맞는 교육내용의 변화와 함께 인공지능 기술은 개인별 맞춤형 교육을 구현하는 교육방법 혁신의 지렛대 역할을 할 수 있을 것으로 기대된다. 개인별 맞춤형 학습을 구현하기 위해서는 인공지능 기술에 기반한 AI보조교사 시스템과 개인별 학습지원시스템, 첨단 미래학교 인프라 구축을 하는 것이 필수적이다. 교육 당국은 유연한 학교제도의 틀을 만들고 학교 현장에서는 혁신의 사례를 만들어가는 노력이 동시다발적으로 이루어져야 한다. 하지만 중요한 부분은 인공지능, 메타버스 등의 에듀테크가 교육 혁신을 위한 중요한 도구가 될 수 있지만 역시 변화의 주인공은 현장의 교사가 되어야 한다는 점이다. 교사가 주도하는 교육혁신이 지속가능한 미래교육의 가장 핵심적인 주체가 되어야 할 것이다.

2 무엇을 가르칠 것인가?(The What)

우리 앞에 놓인 세상에서 당신은 알고리즘을 작성하거나 … 아니면 알고리즘에 의해 대체될 것이다.
— 브리지워터(Bridgewater)의 헤지펀드 억만 장자, 레이 달리오(Ray Dalio)

이 책의 1부는 다음과 같은 질문의 답을 찾고 있다. "인공지능 시대에 학생들은 무엇을 배워야 할까?" 질문을 좀 더 명확하게 표현하면 "만약 당신이 검색을 할 수 있거나 무엇이든 찾아주는 정보원이 있다면 지식을 배울 필요가 있는가? 미래에 진정으로 배울 가치가 있는 것은 무엇인가?"

인공지능은 많은 직업들에 영향을 줄 것이기 때문에 우리가 무엇을 가르치느냐에도 역시 엄청난 영향을 미칠 것으로 예상된다. OECD(Organization for Economic and Co-operative Development)에서는 성인들을 대상으로 역량을 평가하는 '국제성인역량조사(PIAAC: Programme for the International Assessment of Adult Competencies)'[3]를 실시하고 있다. 이 조사는 성인이 갖추어야 할 핵심 정보처리 역량인 언어능력, 수리력, 컴퓨터 기반 문제 해결력을 측정하고, 성인들이 가정과 직장에서 자신의 역량을 어떻게 활용하고 있는지에 대한 정보와 데이터를 수집하는 것을 목적으로 한다. 이미 인공지능의 수준은 53%의 성인이 보유하고 있는 2단계 역량을 뛰어 넘는 것으로 나타났다. 그리고 36%의 성인이 보유하고 있는 3단계 역량에 매우 근접한 수준인 것으로 나타났다.

[표 2] 성인과 인공지능의 역량 비교

역량 수준	OECD 국가 성인	인공지능
2단계 이하	53%	뛰어넘음
3단계	36%	근접
4-5단계	11%	뛰어넘지 못함

출처: Elliott Stuart, "Computers and the Future of Skill Demand."[4]

---

3 https://www.oecd.org/skills/piaac
4 http://read.oecd-library.org/education/computers-and-the-future-of-skill-demand_
 0789264284395-en#page1

인공지능의 발전은 빠른 속도로 지속될 것으로 예상된다. IBM의 오픈 리더보드(Open Leaderboard)는 많은 변수들을 추적해 발전의 진행 상황을 이해하려고 시도하고 있다. 그들에 따르면, 인공지능은 2020년대 초까지 더 깊이 있는 학습의 역량을 갖추고 2030년대 초반에는 지원(assisting), 협업(collaborating), 코칭 및 중재(mediating) 역량까지 갖출 것으로 예측된다.

[표 3] 인공지능의 발전 예측

세계 인식		인지 발달		관계 정립		역할 수행	
패턴 인식	동영상 이해	기억	추론	사회 교류	유창한 대화	조력 &협력	감독 &멘토
훈련 데이터와 탐색으로 배우기(최적화)							
		보고 읽으며 배우기(교육)					
				실행하고 책임지며 배우기(탐색)			
2015	2018	2021	2024	2027	2030	2033	2036

출처: Jim Spoher, IBM.[5]

이 책에서는 인공지능의 빠른 발달속도를 고려해 인공지능시대에 무엇을 가르칠 것인지 기술했다. 불확실한 미래에 대비하기 위해 내용의 범위, 깊이, 목적에 있어서 더욱 다양한 교육이 이루어져야 할 필요성을 제시하고자 한다. 다시 말하면 미래 교육은 더 깊은 학습 목표를 지향해야 한다는 것이다.

5 IBM, 2017, Cognitive Opentech Group.

더 깊은 학습 목표(Deeper Learning Goals) :
• 삶과 일에서 잘 적응해 생존하기 위한 융통성
• 적용 가능성을 높여서 동기를 자극하기 위한 관련성
• 광범위한 미래 실행 가능성을 높이기 위한 능력의 전이6

이 모든 것은 다음의 과정을 통해 개발될 수 있다.
• 전통적 지식의 중요한 영역에 대한 선택적 강조
• 현대 지식의 추가
• 필수 내용 및 핵심 개념에 대한 집중
• 학제간 연구를 통한 실제 적용
• 지식 영역에 내재된 기술, 특성 및 메타 학습

3 어떻게 가르칠 것인가?(The How)

이 책의 2부는 다음과 같은 질문을 다룬다. 인공지능을 활용해
교육 활동을 어떻게 향상시키고 변화시킬 수 있을까? 먼저 에듀테크
(EdTech: education technology)와 AIED(교육 분야의 인공지능: artificial intelligence
in education)를 구체적으로 구분하는 것이 중요하다. 에듀테크는 개념
과 분류가 불분명하기 때문에 활용성에 대한 간략한 제시가 필요하
다. 또한 SAMR7 모델을 사용하여, AIED가 최대한 발전했을 때 어떤
영역까지 적용될 수 있을지를 제시하고자 한다.
앞의 [표 3]은 SAMR 모델로, 독자의 이해를 돕기 위해 기술의 진
보 과정에 나타날 미래의 앱(app)이 아닌 오늘날의 앱을 활용해 제시했

---

6 배운 영역에서 다른 영역으로 지식을 이전하는 것을 말한다.
7 Dr. Ruben Puentedura, http://www.hippasus.com

[표 4] 대체(Substitution), 보강(augmentation), 변형(modification),
재정의(redefinition) 모델(SARM)

변혁	재정의	기술이 전에 없던 업무를 새로 만듦	Explain Everything / Aurasma / Bai Board / Book Creator
	변형	기술이 업무를 중대하게 재설계하도록 만듦	Edmodo / Educreations / iMovie / Thinglink
향상	보강	기술이 기능적인 면에서 향상되어 기존의 도구를 대체	Pixlr Express / Haiku Deck / Google Search / VideoFx Live
	대체	기술이 기능적인 면에서 차이 없이 기존의 도구를 대체	iBooks / Calculator / Dictionary.com / Pages

다. 단지 이러한 새로운 앱들을 사용하는 단계에서는 기술(technology)
의 발전에 의해 등장할 기술의 잠재력을 예측할 수 없다. SAMR
모델은 새로운 앱이 성능의 변화 없이 단순히 역할을 대체하는 것
을 뛰어 넘어, 기술의 진보로 이전에는 상상할 수 없던 새로운 기
능을 발휘하는 다양한 유형의 변화 양상을 설명해 준다.

4 평가의 역할(The Role of Assessments)

측정할 수 있는 것은 관리될 수 있다.

— 켈빈 경(Lord Kelvin)

교육과 관련된 많은 논쟁의 뒤에는 교육 제도의 오래된 문제와 관련된 평가가 자리잡고 있다. 이러한 평가의 문제는 아리스토텔레스의 3단논법(三段論法)에 잘 드러나 있다.

[표 5] 교육 제도 평가에 관한 3단논법

• 인간의 다양한 문제들은 교육이 역할을 제대로 수행하지 못한 것에 기인한다.
• 교육은 평가에 의해 규정된다.
• 그러므로 평가는 인간의 다양한 문제를 초래한다.

그런데 평가의 변화를 예상하는 과정에서 인공지능 기반 시스템의 일부가 적용되는 형태에 대해 실제보다 과도한 역할을 기대하고 있다. 이에 OECD의 교육국장인 안드레아스 슐라이허(Andreas Schleicher)는 "측정하기 쉬운 것은 자동화되기 쉽다."는 공개적 발언으로 평가의 변화가 필요하다는 점을 강력하게 제기했다.

5 결론(Lastly)

독자들은 AIED라는 주제에 대해 서로 다른 우선순위와 관심을 가지고 있을 것이다. 우선 정책 입안자와 교육과정 설계자는 무엇을 가르칠 것인지에 관한 부분을 선호할 수 있고, 교사와 IT 전문가는 어떻게 가르칠 것인가의 관련 부분을 선호할 수 있다. 이 책에서는 그 두 부분을 서로 독립적으로 나누어 작성하였다. 부록은 인공지능의 기술적 용어와 내용에 대해 이해할 수 있도록 서술했다.

저자들은 시간의 제약으로 인해 글쓰기의 한계가 있었음을 고백하고자 한다. "완벽함이란 더할 것이 없을 때가 아니라, 뺄 것이 없을 때를 의미한다."는 생텍쥐페리(Saint Exupery)의 표현은 저자들의 철학과 일치한다. 이 책은 실용성이 높도록 간결하게 요점을 밝히기 위한 목적으로 서술되었다. "나의 삶과 상관없는 정보가 넘쳐나는 세상에서 명료함은 강력한 힘이다.[8]"라는 유발 하라리(Yuval Noah Harari)의 철학도 반영했다.

---

8 Harari, Y. (2018). 21 Lessons for the 21st Century. Spiegel & Grau.

PART 01

학교는 왜 변화해야 하는가
: 인공지능 시대, 미래교육의 지향

학교는 왜 변화해야 하는가
: 인공지능 시대, 미래교육의 지향

1 교육환경의 변화(1): 저출산과 학령인구의 감소

우리나라의 교육에 영향을 미치는 환경 변화는 매우 빠르게 진행되고 있으며, 적극적인 대응이 필요한 수준이다. 가장 시급하게 대응해야 할 과제는 저출산으로 인해 줄고 있는 학령인구 문제다. 통계청의 e-나라지표에서 추출한 우리나라의 인구 변화 추이를 살펴보면, 총인구는 1970년대 3천 2백만 명에서 1985년에 4천 5백만 명, 2015년에 5천 1백만 명으로 증가했다. 인구성장률을 살펴보면 1970년에 2.18%에서 1990년에는 0.99%, 2005년에 0.21%로 최저점을 찍고 조금 상승했다가 2017년에 0.39%로 다시 감소하는 추세를 보인다. 합계출산율을 살펴보면 1970년에 4.53명에서 1980년 2.82명, 1985년에 1.66명, 2000년에는 1.47명이었다가 2005년에 1.08명으로 최저치를 찍은 뒤 조금 상승하다가 2016년 1.17명, 2017년 1.05명에서 2018년 0.98명, 2019년 0.92명, 2020년 0.84명으로 1명 이하로 감소하였고 OECD 국가 중에서 가장 낮은 수준이다.

연도별 출생아 수를 살펴보면 1957년 이후 1971년생까지 100만 명이 넘었으나, 이후 지속적으로 줄면서 1996년에 70만 명대가 깨지고 60만 명대에 접어들다가 2002년부터는 40만 명대로 급감하였다. 1981년 86만 7천 명 수준을 보인 출생아 수는 2000년에 64만 명으로 약 4분의 1이 감소하였으며, 2005년에는 43만 8천 명으로 1981년 수준의 절반으로 하락하였다. 2000년대 지속적으로 유지하던 40만 명대의 출생아 수는 2017년에 와서 35만 7천 명으로 하락했으며, 2020년 출생아 수는 272,400명으로 전년보다 30,300명이 줄어 10% 감소했다. 2020년 출생아 수는 통계가 작성된 1970년 이후 가장 적은 상황이며 2021년 이후에도 더욱 줄어들 것으로 예상된다. 2019년부터 사망자 수가 출생아 수보다 많아지는 인구 자연감소가 시작되었다.

[그림 1] 학령인구의 변화 전망

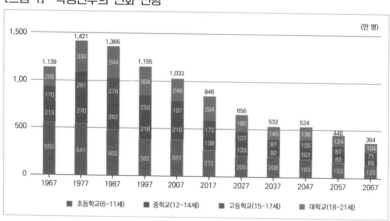

출처: 인구로 보는 대한민국 https://kosis.kr/visual/populationKorea

저출산은 학령인구 감소에도 큰 영향을 미치고 있다. 통계청의 e-나라지표에서 추출한 우리나라의 학령인구 변화 추이를 살펴보면, 유치원과 초등학교, 중학교, 고등학교를 포함하는 전체 학령인구는 2010년에 867.7만 명으로 나타났는데, 2017년 846.1만 명으로 감소, 2020년에는 782.1만 명, 2025년에는 688.6만 명, 2030년에는 607.6만 명 수준으로 감소하리라 예상된다.

　출생아 수가 급격히 줄면 결과적으로 학령인구 감소로 연결되며, 20년이라는 시차를 두고 대학 입학자원 감소로 연결되는 상황이다. 이미 대학들이 신입생을 확보하지 못하는 미충원 현상이 확산되고 있다. 2014년 교육부는 대학구조개혁 추진계획을 발표하면서 "2018년부터 대입정원과 고교졸업자 수의 역전현상이 발생하고, 2020년 이후 초과 정원이 급격히 증가할 것"이라 예상하여 대학구조개혁 정책을 마련하였다. 대입 자원이 급격히 줄면서 교육의 질과 관계없이 지방대학·전문대학부터 타격을 받게 되리라 예상되며, 결과적으로 고등교육의 생태계 전체를 황폐화시킬 것이라는 우려가 제기되었다. 일자리 창출, 산업인력 양성 및 공급, 지역 문화 형성 등 지역에서의 대학 역할을 고려할 때 "지방대학의 위기는 지역의 위기"로 직결되는 것이다.

　정부는 2006년부터 저출산고령사회 기본계획을 발표하고 대응책을 마련하고 있다. 제3차 저출산고령사회 기본계획의 예산은 무려 108조에 이르는 수준으로 막대한 정부 예산이 지출되고 있지만 실적은 미미한 수준이다. 2021년에 시작되는 제4차 저출산고령사회 기본계획에서도 교육적 대응을 다루고 있지만 교육분야에서는 더욱 철저한 대응이 필요한 상황이다. 학생수 감소에 따라 생산가능인구도 줄어들 것으로 예상되어 학생 한 명 한 명이 더욱 소중한 의미를 가진다. 학생 개개인의 역량을 충분히 발휘할 수 있도록 교육과정을 개별화하고 맞춤형 교육과정을 제공하는 학교의 질적 혁신이 필요한 상황이다.

저출산으로 인해 학령인구가 줄어드는 것은 교육을 운영하는 주체의 입장에서는 위기의 상황이라고 할 수 있다. 특히 사립학교의 운영자 입장에서 학생수의 급감은 학교 운영의 어려움을 초래하기 때문이다. 초중등교육의 경우에는 정부의 재정지원으로 학교가 운영되기 때문에 어려움이 상대적으로 적을 수 있지만, 유치원이나 대학의 경우에는 운영상 심각한 문제를 야기할 수 있다. 하지만 학생수의 감소가 교육의 질 관점에서는 상당한 기회 요인으로 작용할 수 있다. 학생수 감소에 따라 학교 수, 교실 수, 교원 수를 줄이겠다는 정책을 적극적으로 추진하지 않는다면 학교당 학생수, 학급당 학생수, 교원 1인당 학생수 등의 지표는 확실하게 개선될 수 있기 때문이다. 대도시 지역에는 여전히 과밀학급의 문제가 발생하고 있지만 이를 개선하기 위한 투자가 부족한 문제는 해결의 가능성을 찾을 수 있을 것이다.

저출산의 시대를 맞이하여 교육의 질을 높이기 위한 보다 적극적인 방법은 교육의 내용과 방법을 혁신적으로 바꾸는 것이다. 디지털 전환의 시대를 맞이하여 근대 산업사회의 산물인 공장형 학교를 미래 사회에 맞는 혁신적 교육 시스템으로 전환하는 것이다. 대량생산형 학교의 가장 큰 문제는 개인별 맞춤형 교육이 이루어지지 않고 지식 전달형 교육으로 제한되고 있다는 것이다. 학교는 개별 학생의 교육적 성장에 도움을 주기보다 사회적으로 요구되는 우수 학생 선별에 초점을 맞추고 있다. 이는 학교에서 좋은 평가를 받기 위해 사교육에 의존하는 경향이 높아지는 결과를 초래하고 있다.

저출산의 위기를 극복하는 가장 적극적인 해법은 우리 아이들 모두의 역량을 최대한 발현시켜서 사회적 생산성을 높이는 것이다.

교육 분야의 혁신을 통해 저출산의 위기를 극복하기 위해서는 미래교육이라는 목표를 향해 혁신적 노력을 기울여야 한다. 우리의 아이들이 우리의 미래이고, 교육의 혁신적 변화를 통해 창의적인 인재를 길러내는 것은 대한민국의 미래를 결정하는 중요한 정책 변수라고 할 수 있다. 학령인구의 감소로 인해 학교 규모의 축소, 교원 정원의 감축 등의 소극적 정책이 제기되고 있는데 학생수 감소를 교육의 질 제고의 기회로 삼아야 할 것이다(정제영, 2016).

② 교육환경의 변화(2): 고령화와 인구구조의 변화

우리나라의 인구구조 변화 가운데 고령화가 저출산과 함께 빠른 속도로 진행되고 있다. 우리나라의 고령화 진행 속도는 세계적인 수준인데, 평균수명 증가와 저출산이 동시에 이루어지고 있기 때문이다. 전체 인구에서 65세 이상 인구가 차지하는 비율이 7% 이상 14% 미만이면 고령화사회(Aging Society), 14% 이상 20% 미만이면 고령사회(Aged Society), 20% 이상이면 초고령사회(후기고령사회 post-aged society)로 분류한다. UN 보고서에서는 우리나라의 경우 2018년 고령사회에 진입하고, 2026년에는 초고령사회로 진입하리라 전망한다.

노령화 지수는 15세 미만 인구 대비 65세 이상 인구의 비율을 뜻한다. 우리나라는 1990년에 노령화 지수가 20.0이었으나, 저출산과 고령화 현상이 심해지면서 2015년에는 94.1, 2050년에는 376.1로 예상된다. 노령화 지수가 급격히 증가한다는 사실은 우리 사회의 인구구조 또한 마찬가지로 급격히 변화할 것임을 시사한다.

우리나라는 그동안 세계에서 가장 젊은 나라에 속했는데, 향후 50년 이내 가장 늙은 나라로 변화하리라는 전망이 우세하다(OECD,

[그림 2] 노령화 지수의 변화 전망

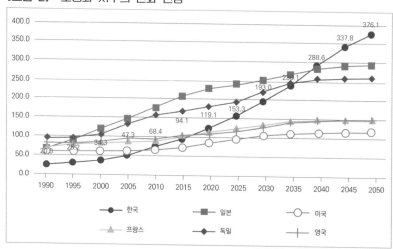

출처: e-나라지표 (http://www.index.go.kr), 통계청. 「장래인구추계」.

2014). 노년부양비는 2014년 26.5%에서 2040년 57.2%로 늘어나며, 고령화로 인해 연금과 복지 분야 지출이 늘어 국가 재정에서 부담 요인으로 작용하리라 예상된다. 국회입법조사처(2017) 보고서에 따르면 2075년에는 우리나라 노년부양비가 80.1명에 달해, 일본을 넘어 OECD(경제협력개발기구) 회원국 가운데 최고 수준에 도달하리라 전망하고 있다.

노년부양비는 생산가능인구(15~64세) 100명당 65세 이상 인구의 비율을 의미하는데, 이 비율이 낮을수록 경제활동인구 1인당 부담은 낮아진다는 의미다. 2015년 기준 노년부양비는 17.5명으로 OECD 회원국 평균인 27.6명보다 낮은 상황이지만, 한국의 급속한 고령화와 저출산 변화에 영향을 받아 2025년에는 29.3명, 2050년 77.6명으로 걷잡을 수 없이 치솟을 전망이다. 생산가능인구는 2016년을 정점(3,763만 명)으로 감소하기 시작하여 베이비붐 세대가 고령인구로 빠져

나가는 2020년대부터는 연평균 34만 명씩 감소하고, 2030년대에는 연평균 44만 명씩 감소한다. 고령인구는 2015년 654만 명에서 2025년에 1,000만 명을 넘고, 2065년에는 1,827만 명까지 증가할 전망이다.

고령사회에 대비하여 평생학습의 수요가 더욱 높아질 것으로 예상된다. 우선 기술의 발전이 빠르게 이루어지면서 직업현장과 교육·훈련 간 미스매치가 발생하고 있다. 기업이 현장실습 등의 교육과정 운영에만 한정적으로 참여하여 교육에서 산업 수요의 반영이 미흡하기 때문이다. 또한, 노동자들이 교육을 받을 당시에는 최신 기술이었으나 구직과 재직 과정의 시차로 인하여 실제 직무에 활용하는 상황에서는 많은 괴리가 발생하고 있다.

이를 해소하기 위해서는 디지털 신기술 분야의 직무능력 향상에 필요한 온라인 강좌 및 현장실습 등을 묶어 운영하는 기업 수요에 맞춘 산업 연계 단기교육과정(6개월 내외)의 운영이 강조되고 있다. 산업 분야 대표기업이 필요한 직무를 제시하고 이수 결과를 직접 평가·인증하며, 교육기관은 보유한 인프라를 활용하여 특성화된 교육프로그램 개설·운영하는 것이다. 또한, 오프라인 중심 교육을 시행하는 대학들이 온라인 과정을 제공하는 다양한 교육 플랫폼에 대한 요구가 높아질 것으로 예상된다.

고령인구 급증과 생산가능인구가 통계상 급감하는 이유는 평균수명이 급속히 증가하고 있는데도 생산가능인구와 고령인구의 전환점을 과거 기준인 65세로 잡고 있기 때문이다. 평균수명이 80세를 넘고 있는 시점에서는 65세가 넘어도 생산활동이 가능하다. 우리나라도 베이비붐 세대가 산업현장을 떠나고 인구절벽세대가 산업현장에 들어서는 시점부터 일본처럼 젊은 인구의 부족 현상이 심각해질 것이다. 이때에는 65세를 넘더라도 신체적·정신적으로 생산활동이 가능하고, 본인이 원하며, 산업체가 필요로 하는 역량을 갖추고 있을 경우에는 얼마든지 생산활동을 할 수 있을 것이다. 그리고 피부양 인구가 급격히 줄어들기 때문에 실제로도 생산활동을 할 수밖에 없을 것이다. 이러한 상황에서는 고령자 대상의 재교육 과정의 수요가 더욱 커지게 될 수밖에 없을 것이다. 저출산과 고령화에 대비한 미래교육의 방향을 설정하는 것이 매우 중요한 교육 정책의 과제라고 할 수 있다.

3 교육환경의 변화(3): 사회적 양극화와 교육격차의 심화

우리 사회의 지속가능한 발전을 저해할 수 있는 위협 요인으로 제기되는 문제 가운데 하나는 양극화의 심화이다. 경제·사회 양극화 현상은 교육을 매개로 세대와 세대로 이어질 수 있다는 점에서 양극화의 악순환으로 이어질 수 있다. 최근 회자되는 '수저론'은 부모의 사회경제적 지위가 자녀에게 고스란히 이어지는 폐단을 비판하는 관점이다.

교육부(2017)에 따르면 경제·사회 양극화로 인해 교육투자 면에서 격차가 심화되고 있으며, 교육을 통한 계층이동 가능성에 대한 믿음도 약화되고 있다. 소득 1분위와 5분위 가정 간 교육비 격차가 2008년에는 5.2배에서 2016년에는 7.1배로 확대된 것으로 나타났다. 통계청의 발표에 따르면 계층 상향이동에 대한 비관적 인식이 2006년 29%에서 2013년 43.7%로 높아졌다. 한국개발연구원(2013)의 연구 결과를 보면 '성공을 위한 노력'에 대한 믿음을 국가별로 비교한 결과 우리나라는 51%로 나타나, 미국 64%나 중국 67%에 비해 낮은 수준이다.

소득계층 간 교육투자 격차도 심각한 상황이다. 소득수준에 따른 교육비 투자 격차는 매우 크고, 특히 사교육비 투자에서는 더 큰 차이(12.7배)를 보인다. 통계청의 가계동향조사 결과에 따르면, 월 소득 600만 원 이상인 가정과 월 소득 100만 원 미만인 가정의 교육비 지출 격차는 2006년 9.5배에서 2016년 10.2배로 점차 심화되는 추세다.

상급학교 진학에서도 소득계층 간 양극화가 발생하고 있다. 사회경제적 지위가 높은 학생이 대학입시에서도 우수한 결과를 보이는데, 대도시, 중소도시, 읍면 지역 순으로 수학능력시험 성적이 높은 것으로 나타난다. 소위 명문대학이라고 할 수 있는 대학의 재학생 다수는 국가장학금이 필요 없는 학생이라고 언론에 보도된 바 있다. 대학에 입학한 뒤로도 저소득층 학생들은 학비 부담 탓에 학업에 충실하기 어렵고, 취업 준비를 위한 해외연수나 졸업 유예 신청에도 더 제약이 있는 상황이다. 한국청소년정책연구원(2016)의 '대학생 졸업 유예 실태 및 지원방안 연구'에 따르면 졸업유예자의 52.8%는 부모가 비용을 지불하고, 부모가 졸업 유예 비용부담을 감당할 수 없는 저소득층 학생은 졸업 유예 선택에 제약이 있는 것으로 나타났다.

사교육에 있어서도 교육격차가 존재한다. 2020년에 발표된 2019년의 사교육비 통계에 따르면, 최상위 가구(800만 원 이상) 월평균 사교육비는 53.9만 원으로, 최하위 가구(200만 원 미만) 월평균 사교육비인 10.4만 원과 비교할 때 그 격차가 5배 이상인 것으로 나타났다. 소득 수준에 따른 사교육비 지출 격차가 크다는 것을 보여주는 결과이다. 사교육 참여율을 비교해보면 최상위 가구(800만 원 이상)의 사교육 참여율은 85.1%로 나타났고, 최하위 가구(200만 원 미만)의 사교육 참여율은 47.0%로 나타나서 38.1%p의 큰 격차를 드러내고 있다. 사교육이 학업성취에 미치는 긍정적인 효과를 감안한다면 부모의 소득에 따라 교육의 기회가 달라지고 결과에 있어서도 상당한 격차를 나타낼 수 있다는 점을 보여주는 수치라고 할 수 있다. 심해질 것으로 예상되는 교육격차를 해소하기 위한 정책 방향의 설정이 매우 중요한 과제라고 할 수 있다.

사회적 약자를 중심으로 하는 학습격차가 심화되고 있는 상황이다. 국내외 학업성취도 평가에서 한국 학생의 학업성취미달 비율은 증가 추세이며, 일명 '수포자(수학포기자)'의 비율 또한 높은 수준이다. OECD에서 시행하는 국제 학업 성취도 평가인 PISA에서 하위성취수준 비율의 변화를 살펴보면 전 과목에서 매우 심각한 수준으로 늘어나고 있다. 읽기의 경우에는 PISA 2012에서 7.6%에서 PISA 2018에서는 15.1%로 늘어났다. 수학의 경우에는 PISA 2012에서 9.1%였는데 PISA 2018에서는 15.0%로 늘어났으며, 과학의 경우에는 PISA 2012에서 6.7%였는데 PISA 2018에서는 14.2%로 늘어났다. 학습의 격차는 코로나19의 상황을 맞이하면서 더욱 주목을 받고 있다. 교육부에서 발표한 2020년 국가수준 학업성취도 평가 결과를 살펴보면, 교과별 성취수준에서 보통 학력인 3수준 이상 비율은 전년 대비 중학교 국어·영어, 고등학교 국어에서 감소하였다. 반면에 기초학력 미달에 해당하는 1수준의 경우, 중학교 수학을 제외한 모든 과목에서는 전년보다 증가하여 코로나로 인해 학력 격차가 심화되고 있음을 보여주는 결과이다.

미래교육의 방향으로 제시되고 있는 인공지능의 교육적 활용은 교육격차를 해소할 수 있는 중요한 방법으로 제안되고 있다. 인공지능과 빅데이터를 활용한 지능형 튜터링 시스템은 개인별 맞춤형 교육을 지원함으로써 학습의 격차 문제를 해소할 수 있는 교육 지원을 할 수 있기 때문이다.

4 표준화된 학교교육의 문제점

현재의 학교 시스템은 근대화의 시작과 함께 탄생했다. 모든 국민을 대상으로 교육을 제공하는 공교육 시스템(public educational system)이 도입된 때는 19세기 말이다. 모든 국민에게 동일한 학교교육을 제공하는 제도를 '단선형(單線型) 학제(single ladder school system)'라고 하는데, 단선형 학제는 제1차 세계대전을 계기로 크게 진전한 유럽의 '통일학교 운동'의 결과이다. 통일학교 운동은 모든 국민에게 교육의 기회를 균등하게 제공하기 위한 제도이다. 영국에서 현행 6·4제를 골자로 하는 1944년에 교육법을 제정한 것과 프랑스에서 의무교육을 10년으로 하며 5년의 초등학교 위에 중등학교를 두는 교육개혁을 1959년에 이뤄낸 것 모두 통일학교 운동의 이념을 반영한 것이다.

우리나라에서 근대식 학교제도가 전면적으로 도입된 때는 해방 이후이다. 해방 이후 우리나라의 근대화 과정에서 학교교육은 경제·사회 발전에 큰 기여를 해왔으며, 특히 경제성장을 통해 선진국 대열에 진입한 것은 교육의 영향이라고 평가받고 있다(이종재·김성열·돈 애덤스, 2010). 우리나라의 경제성장과 교육의 관계를 분석한 결과에 따르면, 국민의 평균 교육년수와 1인당 GDP의 상관관계는 .931에 이르는 높은 정적상관을 보이는 것으로 나타났다(정제영, 2016). 천연자원이 부족한 우리나라의 상황에서 교육이 우리나라 경제발전 과정에 중요한 역할을 수행했음을 보여주는 결과이다. 짧은 시간에 이뤄낸 우리나라 학교교육의 성과는 세계적으로 인정받고 있다. 「대한민국헌법」 제31조 제1항에 따라 '모든 국민은 능력에 따라 균등하게 교육을 받을 권리를 가진다'라는 민주주의 교육의 이념을 학교제도를 통해 구현했다. 또한, 「대한민국헌법」 제31조의 내용에 따라 초등학교 6년과 중학교 3년간의 교육을 의무교육으로 설정하고 이를 무상으로 제공하도록 제도화했다.

우리나라에서 학교교육 기회의 확대 과정은 매우 빠르게 진행되었다. 초등학교는 1957년, 중학교는 1979년, 고등학교는 1985년에 취학률이 90%를 넘으면서 보편화 단계에 진입했다. 대학 진학률도 빠르게 높아져 1995년에 50%를 넘어 보편화되었다고 할 수 있다(이종재·김성열·돈 애덤스, 2010). 학교교육의 결과적 측면에서 살펴보면, 국제기구에서 실시하고 있는 PISA나 TIMSS 등의 국제학업성취도 평가 결과에서 한국 학생들이 지속적으로 세계 최고 수준을 유지하고 있다. 이러한 학업성취도 평가 결과는 이미 세계적으로 알려져 있으며, 일부 국가에서는 우리나라를 벤치마킹 대상으로 삼고 있을 정도이다.

하지만 근대식 학교제도에 대한 문제 제기는 지속적으로 이루어져 왔다. 20세기 이후 세계적으로 제기된 학교교육의 문제에서 우리나라도 예외라고 할 수 없다. 미국에서 연구된 Coleman(1966)의 보고서는 학교교육의 효과에 대해 근본적인 의문을 제기했다. 학생의 학업성취에 가장 큰 영향을 미치는 요인은 학생의 가정배경이며, 학교의 물리적 환경이나 교사의 질과 같은 학교 내 요인이 미치는 영향은 미미하다고 분석한 것이다. Jencks 외(1972)는 Coleman의 연구 결과를 뒷받침했다. 학생의 학업성취도에는 가정배경, 인지능력, 인종, 학교의 질 순으로 영향을 미치는데, 학교의 질은 약 2%의 영향을 미친다고 주장해 학교의 영향력을 낮게 평가했다. 이러한 연구 결과는 실제 학교의 교육적 효과에 대해 깊이 있는 연구를 진행하게 된 계기가 되었다.

학교교육에 대해 보다 비판적인 관점에서는 학교의 순기능보다 역기능이 더 많다는 점을 부각시키고 있다. Illich(1970)와 Reimer(1971)는 학교교육이 학습자의 '자아실현'을 우선적으로 고려하기보다 사회통제 수단으로 전락했다고 비판했다. Bowles와 Gintis(1976; 1986)는 학교가 자본주의의 불평등한 사회구조를 재생산하고 있다고 비판하면서 학교의 역기능이 크다는 점을 강조했다. 교육과정사회학과 문화재생산 이론에서는 학교의 교육내용과 운영 과정에서 사회적 지위가 낮은 계층의 학생은 학업성취가 낮을 수밖에 없다고 주장하면서, 학교 교육과정의 역기능을 크게 부각했다(Bernstein, 1977; Bourdieu, 1973).

1970년대 이후에는 학교교육의 효과에 대해 신자유주의적인 비판이 거세게 제기되었는데, 특히 공교육의 질적 수준과 성과관리 문제가 집중 부각되었다(Giroux, 1983). 미국에서 1970년대 이후에 시작된 효과적인 학교 연구(effective school research)들은 학교교육의 결과라고 할 학생들의 학습효과에 대한 근본적인 문제를 제기했다. 1983년에 발표된 'A Nation at Risk' 보고서에서는, 미국에서 국가의 목적의식이 상실되고 미국경제가 쇠퇴하게 된 이유가 공교육의 부실 탓이라고 진단했다. 그에 따라 학교교육의 위기를 극복하고 교육의 질을 높이려는 방안으로 '강력한 리더십, 학생의 학업성취에 대한 관리, 교육을 위한 다양한 자원의 활용 등'을 제안했다(Edmonds, 1979).

1980년대 이후에도 학교의 문제들에 대한 해결을 위해 효과적인 학교 연구가 계속되었는데, Creemers(1996)는 이 시기의 연구의 주요 내용을 '학교 단위 책임경영, 리더십, 교직원의 전문성 계발과 협업, 목표의 설정과 공유, 학업성취에 대한 인정 등'으로 요약했다. 1990년대 이후에는 학교교육의 성과를 높이기 위한 효과적인 전략으로 '자율성(autonomy)과 책무성(accountability)'을 강조했다. 학교교육의 성과를 학생의 학업성취도로 설정하여 이를 높이기 위해, 운영 자율성을 최대한 존중하되 결과에 대한 책무성을 강하게 요구한 것이다(Laitsch, 2006; Peterson & West, 2003). 학업성취도에 기반을 둔 책무성

평가는 찬반 논쟁에도 불구하고, 다양한 학교교육의 문제를 해결할 효과적인 기제로 활용되고 있다(Kornhaber, 2004; Linn, 1998).

우리나라에서는 1995년 5월 31일에 발표된 '신교육체제 수립을 위한 교육개혁' 이후 학교교육을 개선하기 위한 다양한 정책들이 추진되었다. 특히, 2000년 전후에는 '교실붕괴', '학교붕괴' 등의 용어가 등장하면서 학교교육의 위기에 대한 심도 있는 연구들이 진행되고, 학교교육 내실화를 위한 개선 방안들이 제시되고 추진되어 왔다(윤정일·김계현·한승희·윤여각·우마코시 도루, 2001; 윤철경·이인규·박창남·1999; 이종재·정제영, 2003). 교육부를 중심으로 하는 정부 주도의 교육개혁이 계속 추진되었지만, 우리나라의 교육문제를 근본적으로 해결하는 데 이르지 못하고 있다는 평가가 지배적이다(정제영, 2016).

5 표준화된 교육과정의 운영과 상대평가로 인한 무한 경쟁

우리나라의 현행 학제는 교육법령에 근거하여 학교 단계를 초등학교, 중학교, 고등학교, 대학교로 나누어 '6-3-3-4'제로 운영하고 있다. 우리나라의 모든 지역에서 동일한 학제를 운영하고 있는데, 효율성 면에서는 장점을 갖고 있지만 제도의 경직성으로 인한 문제가 상당히 존재한다. 우리나라 국민이라면 누구나 만 6세에 초등학교에 입학해야 하고, 초등학교에 입학한 지 6년이 지나면 초등학교를 졸업하고 중학교에 입학해야 한다. 또 중학교에 입학한 지 다시 3년이 지나면 고등학교에 입학한다. 초등학교 과정을 덜 배웠다고 해서 초등학교를 7년 동안 다닌다거나, 초등학교 교육과정을 모두 학습했다고 해서 5년 만에 중학교에 입학할 수 있는 유연성은 거의 없다.

우리나라의 학교는 학생의 학습 수준, 학습 속도, 학습 필요, 문화적 차이 등을 반영하지 않고 경직되고 고정된 방식으로 운영된다. 따라서 학교에서 제공하는 내용과 수준과 속도에 일치하지 않는 학생들은, 더 빠르게 가는 학생도 더디 가는 학생도 모두 소외될 수밖에 없다(최상근·박효정·서근원·김성봉, 2004). 결과적으로 학교제도를 너무 획일적으로 경직되게 운영함으로써 다양한 측면에서 비교육적 결과가 발생하고 있다(김영철 외, 2004). 학생들은 각자 모두 다른데 학교에서는 예외가 인정되지 않는 교육이 이루어지고 있는 것이다.

학교제도의 경직성을 더욱 고착시키는 제도는 바로 국가교육과정이다. 학교에 처음 입학하는 초등학교 1학년부터 학생 간 학습 수준과 속도에서 차이가 나지만, 이를 반영하지 않은 국가수준의 단일한 교육과정이 운영되고 있다. 획일적인 교육과정은 수업시수, 과목별 단위 수의 형태로 구성된다. 학습의 양과 시간이 표준화되어 있다는 것은 결과적으로 학습자 개인별 차이를 고려하지 않고 있다는 의미이다. 허경철(2001)은 국가교육과정의 성격이 보다 유연하게 변화되어야 함을 강조하면서, 현행 국가교육과정이 학교에서 가르쳐야할 교과목의 종류와 시간을 획일적으로 결정하는 부분에 대해 비판했다.

학교에 입학할 시점에서의 개인별 학력 수준 차이는 표준화된 교육과정을 통해 학년이 올라가면서 그 격차가 더 커지게 된다. 한번 학습 결손이 발생하면 계속 누적되어 극복하기가 매우 어렵다. 양정호, 서정화, 김영철과 백순근(2008)은 학력격차 해소를 위한 학습부진 책임지도 정책에 대한 연구를 통해, 학교급이 높아질수록 평균적인 학력성취 수준이 낮아짐을 확인했다. 조지민, 김명화, 최인봉, 송미영과 김수진(2007)은 학교급이 높아질수록 기초학력 미달 학생의 비율이 높아지고 개인의 학습부진이 누적되고 있다고 분석했다. 김

경근, 성열관과 김정숙(2007)은 학력 부진 학생의 특징과 학력 부진 학생들이 생기는 원인에 대해 면담법 등을 통한 질적 연구를 시도했는데, 교육과정의 평균적인 난이도가 높기 때문에 학력 부진 학생들의 학력이 더욱 낮아지고 있다고 분석했다. 표준화된 교육과정의 운영으로 인해 수업 내용에 대한 흥미를 잃게 되고, 결과적으로 잠자는 교실의 문제나 일반고의 위기 현상 등이 나타나는 상황이다.

강력하고 뚜렷하게 서열화된 대학에 입학하는 것을 정점으로 하여, 우리나라의 모든 고등학교에서 상대평가 제도를 시행하고 있다. 상대평가는 학생들의 성취수준을 서열에 따라 등급으로 나누어 평정을 하는 식으로, 현행 9등급제에서는 서열이 상위 4%에 해당하는 학생들만이 1등급을 받을 수 있다. 모든 학교에서 일정 비율의 학생들은 학습의 과정에서 실패한 것으로 평가받고 있다. 실제 학생들의 역량을 파악하는 데 상대평가의 결과인 등급이 나타내는 정보는 피평가 집단에서의 서열 이외에는 거의 없다. 해당 학생이 수학 교과에서 세부적으로 어떠한 특성을 갖고 있으며 어떤 부분에서 장단점이 있는지에 대한 정보를 제공하지 못하는 것이다.

성의철, 양혁승(2015)이 '절대평가 대비 강제배분 상대평가 방식이 피평가자의 외재적 동기에 미치는 효과'를 분석한 결과, 강제배분 상대평가 방식이 절대평가 방식에 비해 외재적 동기에 긍정적 영향을 미치는 반면, 기대공정성, 지각된 통제감, 기대결과치 모두에 부정적 영향을 미치는 것으로 나타났다. 그리고 강제배분 상대평가 방식이 외재적 동기에 미치는 정적인 직접 효과는 기대공정성, 지각된 통제감, 기대결과치를 통한 부정적 간접효과로 인해 일정 수준 억제되는 것으로 나타났다. 김성일, 윤미선과 소연희(2008)는 흥미와 내재동기에 대한 이론과 경험적 연구를 바탕으로 국제비교에서 우리나라 학생들이 상대적으로 낮은 학업 흥미를 보이는 주된 이유를 통제적인 학습환경, 경쟁으로 인한 불안 및 스트레스와 함께 빈번한 상대평가에서 오는 유능감의 박탈 등으로 파악했다. 상대평가는 결과적으로 일정한 비율로 학습에 실패한 학생들을 만들어내기 때문에, 학교교육에서 실패하여 좌절하는 학생이 생길 수밖에 없기 때문이다.

표준화된 교육과정 운영과 연결된 내신 평가는 학년별 평가로서 동일 과목에 대해서는 가르치는 교사의 구분 없이 동일한 평가를 실시하고 있다. 수준별 반편성이 이루어지는 학교에서도 대부분 평가문항은 동일하게 시행된다. 학생에 대해 많은 정보를 가지고 있는 교사에게는 거의 평가권이 주어지지 않고, 정답을 정확하게 응답해야 하는 선택형이나 단답형 위주로 문항이 구성되는 경우가 대부분이다. 평가가 획일적으로 이루어지면 교사의 수업도 획일적으로 이루어져야 하는 악순환이 발생한다. 결과적으로 토론과 상호작용이 활발한 교실 수업보다는 진도에 따라 지식을 정확하게 전달하는 수업으로 변질될 가능성이 높아지고, 학생 개인에 대한 수시평가나 형성평가의 적용 가능성이 낮아질 수밖에 없다.

고부담의 상대평가는 학업성취도가 낮은 학생뿐만 아니라 높은 학생들에게도 비교육적인 사교육을 유발하고 있다. 학업성취 목표를 달성하기 위한 목적의 사교육이 아니라 다른 학생과의 경쟁에서 이기기 위한 사교육이 발생하고 있으며, 이러한 사교육은 모두가 그만두지 않으면 지속될 수밖에 없는 것으로, 즉 경제학적으로 위치재(位置財)의 성격을 지닌다. 특히, 학업성취도가 높은 학생들의 경우 대학입학이라는 인생 최대의 고부담 평가에서 상대적으로 높은 점수를 얻기 위해, 정해진 교육내용의 문제를 빠르고 정확하게 해결하기 위해 무한 반복적인 학습을 하며, 이를 위해 어릴 때부터 학교교육과정과 무관하게 사교육까지 받고 있는 상황이다.

6 개인별 맞춤형 교육의 방향

학교교육 시스템을 재설계하려면 방향 설정이 중요한데, 이 연구에서 교육 원형(原形)을 구현하기 위한 목적을 달성하려면 '맞춤형 교육을 통해 모든 학생이 학습에 성공하는 것'을 기본 방향으로 설정할 필요가 있다. 그동안 많은 학자들과 현장의 교사들이 학교에서 맞춤형 교육을 위해 노력해왔지만, 여러 장애 요인 탓에 구현되지 못했다. 특히 학습자 특성을 고려하지 않은 획일적 교육의 문제점에 대한 비판으로 맞춤형 교육이 대두되어 왔으나, '학습자 진단-맞춤형 처방-평가'의 과정을 아우르는, 즉 맞춤형 교육의 정의에 적합한 학교제도에 대한 연구는 미흡한 실정이다.

개인별 맞춤형 교육이란, 개별 학습자의 학업성취 수준, 심리 특성, 가정환경 등을 종합적으로 고려하여 개별 학습자에게 가장 적합한 학습경험을 제공하는 다양한 방식의 개별화된 교수-학습 지원을 의미한다. Rotherham과 Willingham(2009)은 21세기 교육에서 맞춤형 교육의 중요성이 더욱 강조되어야 하며, 지식과 역량을 상호 연결시킬 수 있는 방향으로 맞춤형 교수가 제공되어야 한다고 주장한다. 이때 지식은 학생들이 각 교과에서 학습하는 교과지식을 의미하며 역량은 논리적 사고 등과 같은 고차원적인 정신기능을 의미한다.

4차 산업혁명의 도래라는 문명사적 변화를 학교 시스템의 총체적인 변화의 기회로 활용할 필요가 있다. 교육 패러다임의 변화에서 가장 중요한 부분은 핵심적인 문제를 파악하여 최종 목표(goal)를 설정하는 것이다. 학교 시스템 혁신의 목표는 교육 본연(本然)의 관점에서 볼 때, "모든 학습자가 원하는 학습에 성공하는 것"이다. 맞춤형 학습은 "학습자가 본인의 흥미와 소질·적성, 학습 경험, 학습속도, 심리적 특성과 가정환경 등을 종합적으로 고려한 최적화된 환경에서

[표 1] 맞춤형 학습의 수준과 유형

수준	차이			
	대상	목표(내용)	수준	방법
강의식	집단	동일	동일	동일
차별화	소그룹	동일	그룹별	그룹별
개인화	개인 학습자	동일	개인별	개인별
개별화	개인 학습자	개인별	개인별	개인별

출처: U. S. DOE(2010). 재구성.

학습을 하는 것"으로 정의할 수 있다. 완전학습(mastery learning)은 개별 학습자가 모두 맞춤형 학습을 성공적으로 수행할 때 이루어진다.

교사의 강의를 중심으로 이루어지는 수업을 혁신하는 맞춤형 학습은 수준에 따라 차별화(differentiation), 개인화(individualization), 개별화(personalization)로 구분할 수 있다(U. S. DOE, 2010). 차별화, 개인화, 개별화의 학습 목표, 학습 내용, 학습 방법은 위의 [표 1]과 같다. 즉 최종적인 맞춤형 교육의 형태인 개별화는, 개인 학습자가 개인별 목표를 설정하고 개인의 수준에 맞게 가장 적합한 학습 방법을 통해 완전한 학습에 도달하는 것을 의미한다.

그동안 맞춤형 학습을 지원하기 위한 다양한 시도가 이루어져 왔지만, 실제 이러한 맞춤형 학습 지원이 제대로 구현되는 데 한계가 있었다. 맞춤형 학습 지원을 구현하려면 개인별 학습관리가 필요한데, 이를 위한 교원, 교육과정, 교육평가, 시설과 이러한 것을 가능하게 하는 재정에 있어서 제한이 되어 왔다. 현재의 교육 패러다임에서 맞춤형 학습이 이루어지려면 학생에 대한 학습자 분석을 토대로 교사가 맞춤형 학습을 지원해야 한다. 이를 위해 교사의 숫자를 상당히 충원해야 하고, 교육과정과 평가의 제도를 바꾸어야 하며, 학습을 위한 시설도 확충되어야 하는데, 이러한 일련의 혁신에는 거의 천문학적 재원이 소요되기 때문이다.

개인별 맞춤형 학습의 중요성이 강조되어 왔지만 이를 구현하는 데 한계를 보인 여러 한계를 극복할 방법은 4차 산업혁명의 새로운 기술을 활용하는 것이다. 인공지능과 빅데이터를 활용하여 학습 데이터의 축적과 분석, 다양한 기술을 활용한 개인별 학습 지원과 평가 등을 구현할 수 있는 시스템 구축을 통해 맞춤형 학습을 구현해야 할 것이다. 이 과정에서 스캐폴딩(scaffolding)을 제공하는 쌍방향 학습지원이 이루어져야 한다. 스캐폴딩이란 학습자들이 혼자서 스스로 성취하기 힘든 것을 성취 가능하도록 해주는 전문가의 도움을 의미하며(Wood, Bruner, & Ross, 1976), 교수자 또는 동료와의 상호작용을 통해 학습자에게 제공되는 모든 형태의 지원으로 의미가 확장될 수 있다(Rachel, 2002).

지능정보사회의 테크놀로지는 맞춤형 학습을 가능하게 하는 중요한 수단이다. 즉 학생의 흥미와 사전 경험, 태도 등을 고려해 학습 속도와 방법을 조정해주고, 그 결과를 절대평가 방식으로 점검하여 자기주도 학습을 도울 수 있도록 활용해야 한다. 현재 적용되고 있는 디지털 교과서가 지닌 근본 한계를 넘어서려면, 지능정보사회의 새로운 테크놀로지를 활용하여 쌍방향 의사소통이 가능하도록 설계된 '개인별 맞춤형 학습 지원 시스템'을 개발해 적용해야 할 것이다.

PART 02

학생들은 무엇을 배워야 하는가?
: 인공지능이 교육과정에 미치는 영향
What Should Students Learn?
The Impact of AI on Curriculum

학생들은 무엇을 배워야 하는가?
: 인공지능이 교육과정에 미치는 영향

　　교육 분야는 다른 분야에 비해 변화의 속도가 느린 편이다. 교실에서는 시대의 변화에 뒤떨어져 있는 교육과정의 내용으로 수업이 진행되고 때로는 가르치는 교사들조차 동의하기 어려운 내용도 있다. 수업 시간에 계산기를 사용하지 못하도록 하지만 이제 거의 모든 학생이 스마트폰이라는 엄청난 성능의 계산기를 가지고 있다. 스마트폰은 계산기의 기능뿐 아니라 어학사전, 백과사전, 책, 논문, 교육적 영상, 질문하고 답을 얻을 수 있는 플랫폼의 성능을 가지고 있다. 스마트폰이나 다른 매체를 활용해 단순히 계산기나 사전의 기능을 활용하는 것을 넘어 모든 궁금증을 해결할 수 있다면, 학교를 다니면서 교육을 받는 목적은 무엇일까? 학교에서 배울 가치가 있는 내용은 무엇인가에 대한 의문이 생긴다.

① 교육의 목적(The Purpose of Education)

교육의 논의에 있어서는 가치(value)가 중요하지만 맥락(context)도 매우 중요하다. 배울 가치가 있는 것은 무엇인가의 질문에 대한 답을 구하는 과정에서 배우기 위해 노력하는 목적이 무엇인가의 질문이 중요한 것이다. 즉 가치있는 교육의 내용은 교육의 목적과 연결되어 있다. 교육의 목적에 대한 질문은 오래 전부터 제기되어 왔고, 시대에 따라 그 답이 변화해 왔다. 학교라는 공교육 제도는 근대 이후 노동자를 양성하고, 종교적 지식을 전달하고, 기본적인 언어와 수리능력을 기르기 위해 발전했다. 사회 구조가 복잡해지면서 학교교육은 가정과 사회에서 담당하던 실용적, 사회적, 정서적 기능도 추가적으로 담당하게 되었다.

많은 나라에서 초중등 교육과 대학 교육을 개인이 재정적으로 독립하여 살아가기 위한 준비의 과정으로 여기고 있다. 이러한 경제적 관점에서 보면 학교교육은 미래의 고용주들에게 고용할 개인들이 사회적으로 요구되는 기준을 충족하였는지에 대한 신호(signal)를 보내주는 품질보증의 역할이라고 할 수 있다.

교육제도의 사회적 기능은 교육에 대한 개인과 사회의 요구가 변화함에 따라 진화해 왔다. 교육은 학생들이 사회적 욕구를 충족시킬 수 있는 수단을 제공하는 시스템의 역할을 했다. 최근에는 빠른 속도로 변화하는 사회에서 변화에 적응하는 역량이 개인에게 요구되고 있으며, 교육은 배움을 통한 영감과 정서적으로 성장할 기회를 제공하는 역할을 기대받고 또 수행하고 있다.

학습은 삶의 전 과정에서 요구되며, 학교교육과 평생교육의 목표는 차이가 있다. 평생교육의 중요성이 더 강조되는 이유는 세 가지 측면에서 살펴볼 수 있다.

1. 경제적 측면: 직업의 전문화에 따른 고용 기회의 변화로 새로운 기술(skill)을 학습해야 하기 때문에 중요하다.
2. 민주시민의 측면: 정보의 폭발적 증가와 사실 확인의 어려움으로 민주시민으로서의 투표권의 행사 등에 있어서 결정이 어려워지기 때문에 필요하다.
3. 개인의 삶의 측면: 평생에 걸쳐서 지속적으로 학습하고 성장하고 도전하기 위해 필요하다. 또한 새로운 사람과 관계를 맺으며 여가를 즐기는 개인적인 즐거움을 위해서도 요구된다.

이와 대조적으로 학교교육은 지식과 역량의 관점에서 미래의 학습과 삶의 기반을 마련하는 데 초점을 맞추고 있다.

1. 기초 지식(Foundational knowledge): 더 많은 것을 학습하게 되거나 실제 생활에서 학습한 내용을 적용할 때에 필요한 지식의 기초이다.
a. 핵심 개념(core concepts): 학습과 문제 해결의 연결고리를 만들거나 전이(transfer)[1]할 때 의미를 활용하기 위해 학생들이 이해해야 하는 개념이다.
b. 필수 내용(essential content): 개념을 내실화하고 삶 속에서 지식에 입각한 결정을 내리기 위해 배워야 하는 내용적 지식(content knowledge)이다.

2. 기초 역량(Foundational competencies): 지식을 필요로 하거나 관련된 맥락에서 효과적으로 활성화하기 위한 동기 및 능

| 1 전이: 지식을 학습한 맥락(context)과는 다른 맥락에서 활용하는 과정.

력이다.

a. 기술(skill) : 우리가 알고 있는 것을 실행하는 것으로 창의성, 비판적 사고, 의사소통, 협업능력에 해당한다.

b. 인성(character) : 우리가 세상에서 어떻게 행동하는지와 관련된 마음가짐이며 호기심, 용기, 탄력성, 윤리, 그리고 리더십이다.

c. 메타 학습(meta learning) : 우리가 가진 지식을 삶에 적용하고 변화에 적응하기 위한 메타 인지와 성장적 사고(growth mindset)를 의미한다.

교사, 학교장, 정책 입안자, 또는 산업계 인사들이 참여하는 미래 교육 워크숍을 개최한다고 가정해보자. 이 워크숍의 핵심적인 질문은 "학생들이 미래를 준비하기 위해 배워야 할 중요한 내용은 무엇인가?"가 될 것이다. 이에 대해 영어 수업에서 특정한 책을 배워야 한다거나, 역사 수업에서 어떤 특정한 시대에 대해 배워야 한다고 주장하기는 어렵다. 수학의 한 분야나 생물에서 미토콘드리아를 배우는 것이 학생들에게 가장 중요하다고 볼 수도 없다. 미래를 준비하기 위해서는 '비판적 사고, 시스템 사고, 창의성, 윤리, 의사소통, 학습역량'을 학습해야 한다고 말하는 경우가 대부분일 것이다.

우리는 직관적으로 학생들이 학교 교육을 통해 학습하는 내용적 지식(content knowledge)이 그렇게 중요하지는 않을 수도 있다는 것을 느끼고 있다. 그리고 내용적 지식은 졸업 후에 대부분 망각되는 경우가 많다.[2] 그럼에도 불구하고 학교는 내용적 지식을 담고 있는 교육과정을 운영하는 데 매우 많은 시간과 노력을 할애하고 있으므로

---

2 Subirana, B., Bagiati, A., & Sarma, S. (2017). "On the forgetting of college academics: At "Ebbinghaus Spped"? *Center for Brains, Minds, and Machines Memo* (68): 1-12.

가장 중요한 활동을 할 수 있는 여지가 거의 없다.

학교교육의 활동은 '학생들이 더 높은 수준의 내용을 학습하기 위해서는 기본적으로 언어능력과 수리능력이 필요하다'는 기본적인 생각에서 출발한다. 하지만 한 분야의 전문가가 될 사람들에게 필요한 내용까지 모든 학생이 배워야 하는 것인지에 대해서는 합의되지 않고 있다. 대다수의 학생이 학습해야 할 기본적인 내용에 대한 합의도 이루어지지 않고 있다.

현장의 교사들은 협력과 같은 역량을 가르치고 있지만 대부분은 내용적 지식을 가르치는 부산물(byproduct) 정도로 생각하고 있다. 다양한 학생들의 역량을 교사가 의도적이고, 체계적이며, 결과에 대해 평가할 수 있는 수준으로 가르칠 여건이 되지 않는다. 내용적 지식을 가르치고, 역량은 학생 스스로 내재화하기를 기대하는 현실이다.

유네스크(UNESCO)에서는 좋은 교육체제에 대해 다음과 같이 정의한다. "좋은 교육체제에서는 학습자들이 새로운 역량을 지속적으로 습득하고 개발하면서 내재적으로 적응하도록 한다. 이러한 역량은 핵심 기술, 내용적 지식, 인지 능력, 생활 기술, 직업 기술에 이르기까지 다양하다. 역량을 갖춘 학생은 복잡하고 다양한 문제의 상황에서 성공적이고 효과적으로 과제를 수행할 수 있다. 역량과 문제해결의 유형과 접근방법은 국가, 조직, 개인의 수준에서 다양하게 정의될 수 있다."[3]

CCR(Center for Curriculum Redesign)에서 출판한 4가지 측면의 교육(Four-Dimensional Education[4])에서는 전 세계 35개 지역과 조직의 교육과정을 종합적으로 검토하고 교사 및 학교장, 기업인, 경제학자, 미래

---

3 UNESCO, http://www.unesco.org/new/en/education/themes/strengthening-education-systems/quality-framework/desired-outcomes/competencies
4 Fadel, C., Bialik., M, & Trilling, B. (2015). *Four-Dimensional Education: The Competencies Learners Need to Succeed*. Center for Curriculum Redesign.

학자의 의견을 반영해 다음과 같은 통합적 체계를 제시했다.

- 종합성(Comprehensive): 주요 요소가 누락되지 않도록 구성
- 간편성(Compact): 실행 가능성이 높도록 구성
- 독립성(Uncorrelated) : 중복이나 혼재됨이 없도록 구성
- 적절한 추상성(Abstracted to the appropriate level): 내용을 조직적으로 구성
- 보편타당성(Globally relevant) : 세계적으로 수용할 수 있도록 구성

또한 교육의 목표를 4개의 차원으로 나누어 제시했다.

1. 지식(Knowledge) : 우리가 알고 이해하는 것
2. 기술(Skill)[5] : 우리가 알고 있는 것 중에서 우리가 할 수 있는 것
3. 인성(Character)[6] [7] : 우리가 실제 행동하고 세상에 참여하는 방식
4. 메타학습(Meta-Learning)[8] : 우리가 반성적으로 적응하는 방식

우리는 21세기 교육의 목표를 나타내기 위해 많은 연구와 교육

5 Bialik, M. & Fadel, C. (2015). "Skills for the 21st century: What should students learn?" Center for Curriculum Redesign.
6 사회감정적(socio-emotional skills) 기술, 비인지 기술(non-cognitive skills), soft skills 등으로 대체되어 불리기도 하며 자세한 정보는 다음의 사이트를 참고하기 바람: http://curriculumredesign. org/wp-content/uploads/CCR-Decision-matrix-for-Character-terminology-FINAL. pdf
7 Bialik, M., Bogan, M., Fadel, C., Horvathova, M. (2015). "Character Education for the 21st Century: What Should Students Learn?" Center for Curriculum Redesign.
8 Bialik, M., & Fadel, C. (2015). "Meta-Learning for the 21st century: What should students learn?" Center for Curriculum Redesign.

[그림 1] 21세기 교육의 목표 역량

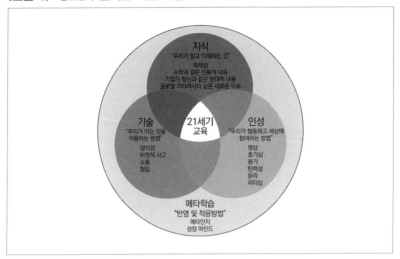

제도, 교육의 기준들을 분석해서 지식 등 총 12개의 역량을 도출했다. 역량들은 [그림 1]을 통해 살펴볼 수 있다.

　인성, 기술, 메타학습 등의 역량은 상당히 복잡할 수 있으므로 우리는 개념화된 방식에 대한 심층 분석을 거쳐 하위 역량9으로 세분화했다. 현재 작업은 한 단계 더 나아가 이러한 하위 역량을 교실에서 행동적으로 학습하여 체화하는 것을 포함하고 있다.

　현실적으로 하위 역량들을 각각 독립적으로 가르치기 위해 만들어진 수업은 존재하지 않기 때문에 매우 도전적인 과제이다. 하위 역량들을 실제로 지식의 맥락에서 잘 가르칠 수 있다면 좋은 사례가 될 수 있다. 따라서 이 책에서는 역량에 대해 더 자세히 설명하기 위한 수업 사례를 제시하지는 않는다. 지식은 기술 변화에 가장 직접적이고 즉각적으로 영향을 받는 차원이며, 그 자체로 신중히 검토할

---

9 http://curriculumredesign.org/framework-of-competencies-subcompetencies

가치가 있으므로 지식의 요소에만 집중하고자 한다.[10]

② 기초 지식: 학생들이 배워야 할 것은 무엇인가? (Foundational Knowledge: What Do Students need to Learn?)

예를 들어, 비록 고등학교 미적분학은 STEM(역자주: STEM은 Science, technology, engineering, mathematics의 약자로 이공계 분야 및 융합 분야를 의미함. 여기서는 이공계 분야를 지칭하고 있음.) 전공으로 대학에 입학하고 미적분학을 수강할 것으로 예상되는 대학생들[11]의 20~30%[12]에게 도움이 되지만, 나머지 70~80%에게는 도움이 되고 있는지 확인이 필요하다. 더욱이 대학에 입학하지 않는 약 30%의 고등학생들에게 필요할 것인지 논의가 필요하다. 본인의 진로가 미적분학을 활용하는 분야에 해당하지 않더라도 대학 전공의 필수조건으로 미적분을 택하는 많은 학생들에게 미적분학을 학습하는 것이 도움이 되는지에 대해 논의해야 한다. 현재 많은 나라에서 적용되고 있는 학교의 교육과정에서 학생들은 대학의 전공 분야를 선택하기만 하면 다시는 활용하지 않을 지식과 내용들을 학습하는 데에 많은 시간을 사용하고 있다. 미적분학뿐만 아니라 다른 과목도 마찬가지이다.

학교에서 가르치는 지식은 모든 학생들에게 관련 있고, 동시에

---

10 다른 세 차원이 궁금하다면 다음의 사이트를 참고하기 바람: http://www.curriculumredesign. org/our-work/papers.
11 Chen, X. (2013). *STEM Attrition: College Students' Paths into and out of STEM Fields. Statistical Analysis Report.* NCES 2014-001. National Center for Education Statistics.
12 National Center for Education Statistics, http://nces.ed.gov/fastfacts/display.asp? id=51

각 학생들이 선택한 진로가 요구하는 필수 지식을 심도 있게 공부할
수 있도록 해야 한다. 이러한 방향으로 학교의 교육과정에 대한 혁
신의 노력이 필요한 상황이다.

③ 핵심 개념의 개관(Overview of Core Concepts)

학교에서 배우는 내용은 학생들이 졸업한 후의 실생활에서 더
유용해야 한다. 실제 생활에서의 적용이든, 특정 전공 분야에서 더
발전된 내용을 학습하든 이미 배운 것을 활용할 수 있어야 한다. 어
느 경우든 현존하는 지식은 새로운 맥락에서 효과적으로 사용되어
야 한다. 한 분야의 전문가로서 어떤 주제의 핵심 개념을 이해하면
다른 분야의 내용도 배우기가 용이하다.[13] 따라서 학생들의 이해력
을 어떻게 발달시킬 수 있을지가 중요하다.

하버드 대학의 데이비드 퍼킨스(David Perkins) 교수는 그의 책 'Future
Wise'[14]에서 개별 과목의 모든 전문적 내용을 학생들에게 주입하려
고 하기보다는 핵심 개념을 이해(expert amateurism)하는 교육과정을 지
향해야 한다고 주장한다. 핵심 개념의 이해는 '기본에 대한 탄탄하고
(robust) 유연한 이해'를 목표로 하고 있다. 학생들은 각 분야의 핵심
개념이라고 부를 수 있는 가장 중요한 개념을 내면화함으로써, 다면
적인 문제를 다루고 세상을 해석할 수 있는 다양한 지식을 갖추게
된다고 보는 것이다.[15]

---

13 Bower, G. H., & Hilgard, E. R. (1981). *Theories of Learning.* Eaglewood Cliffs, NJ;
   Prentice-Hall.
14 Perkins, D. (2014). *Future Wise: Educating Our Children For A Changing World.*
   John Wiley & Sons.
15 한 가지 중요한 고려 사항은 세계가 빠르게 변화하고 있으며, 세계와 상호작용하는 데 필요한

그러나 교사들은 정해진 시간 내에 강의노트에 있는 모든 내용을 가르치고, 학생들은 교과서를 한 장씩 넘기면서 모두 학습하는 현실을 벗어나기 어렵다.[16] 심지어 핵심 개념으로 시작해야 할 교육과정은 더 세분화된 내용으로 구분해 교육과정에 반영되고, 평가의 과정에서는 분절된 내용에 대한 이해 수준을 평가하고 있다.[17]

전문가들은 교육과정 내용의 세부사항과 상위 수준의 개념 사이의 연결을 쉽게 이해하지만, 초보자인 학생들은 그렇지 못하다. 사실, 어떤 분야에서 세분화된 정보의 조각들 사이의 연관성을 발견하는 것은 전문가의 역할이라고 할 수 있다.

만약 초보자들이 각 교과의 세부적이고 단편적인 지식에 대해서 배우고 평가된다면, 그들은 그 내용을 이해하는 것처럼 보일 수 있지만 배운 것을 활용할 수는 없을 것이다. 배운 지식을 새로운 맥락에서 적용하거나 이전이 가능한 더 큰 개념으로 활용하기 위해서는, 학생들이 의미를 만드는 데에 도움이 되도록 내용을 개념과 연결해야 한다(주제를 핵심 개념으로 연결하는 예시는 부록 1을 참조하라).

각 분야에서 가장 유용한 지식은 그 분야의 전문가가 두 번 생각하지 않고 그 분야의 핵심 내용으로 실제 적용하고 있지만, 일반적으로 말로 표현하기는 어려운 내용이라는 점에서 어려움이 있다(역자 주: 이러한 내용의 지식을 방법적 지식 혹은 암묵지라고 표현한다). 이로 인해 전문가들이 핵심지식 중심의 교육과정을 만드는 데에 어려움을 겪는다.[18] 우리의 일상생활 경험 중에서 '걷는 동안 균형을 잡는 방법'이나 '음식

지식도 이에 따라 변하고 있다는 것이다(이에 대해서는 추후 더 다룰 예정이다).
16 Wiggins, G. & Mctighe, J. (2005). *Understanding by Design*, Expanded 2nd Ed. ASCD.
17 Cooper, M. M., Posey, L. A., Underwood, S. M. (2017). "Core ideas and topics: Building up or drilling down?" *Journal of Chemical Education*.
18 http://en.wikipedia.org/wiki/Curse_of_knowledge

을 씹는 방법'을 설명하라는 질문에 답을 하기 어려운 것과 같다. 이러한 종류가 삶에 가장 유용한 지식임에도 학교의 교육과정에 담아내는 데 가장 어렵고 때로는 간과되는 이유이다.

4 핵심 내용의 개관(Overview of Essential Content)

학생들이 학교에서 배워야 할 지식 기반을 설정할 때 가장 중요한 것은 학생들이 선택하게 될 세부적인 전공이나 문제 해결을 위한 다양한 방법에 그 지식 기반이 적용될 수 있어야 한다는 것이다. 다시 말해서 학생들이 핵심 개념이나 핵심 내용을 융합적으로 활용할 수 있는 다양한 상황을 경험하도록 해야 한다. 학생들이 성취하고자 하는 다양한 삶과 진로를 위해서는 어떠한 노력이 필요한지 결정을 내리는 데 도움이 될 지식이라야 한다는 것이다.

핵심 내용은 중장기적인 관점에서 사회와 새로운 정보의 관계에 근거해 검토되어야 한다. 인간의 역사를 돌이켜 볼 때, 상당한 기간 동안은 인간의 역사와 지식이 저장되지 않았지만, 인쇄술의 발전으로 책이 나오면서 대량으로 정보가 축적되었다. 이후 개인용 컴퓨터와 인터넷의 발전으로 다룰 수 있는 정보의 양이 기하급수적으로 증가했다. 컴퓨터를 활용한 기술은 더욱 발전했고, 어떠한 정보든지 온라인을 통해 쉽게 찾을 수 있게 되었다. 일반적으로 사람들은 2년마다 학교에서 배운 지식의 50%를 잊어버린다.[19] 또한 기억하고 있는 내용도 전문적인 상황에서 활용할 시기가 되면 이미 시대에 뒤떨어진 것이 될 수도 있다. 어떤 분야든지 기존의 지식은 새로운 지식으

---

19 Subirana, B., Bagiati, A., & Sarma, S. "On the forgetting of college academics" 1-12.

로 대체되고 있다.[20] 이러한 지식의 발전 맥락에서 볼 때, 전문가로서 학습해야 하는 것이 아닌 좀 더 많은 상황에서 적용할 수 있고 일반적인 핵심 내용은 무엇인지 논의가 필요하다.

핵심 내용의 일부는 핵심 개념을 통해 인지해야 한다. 핵심 내용은 여러 상황과 맥락에서 가장 전형적인 내용을 개념화함으로써 일반화가 가능한 것일 수 있기 때문이다. 핵심 개념은 학생들이 미래에 닥치게 될 상황에서 실제 문제와 똑같지는 않더라도 추상적 개념을 적용하여 문제를 해결할 수 있도록 하는 것이다. 하지만 한편으로는 더 복잡한 지식을 쌓거나 일상의 문제를 해결하기 위해 기반적 지식이 되는 내용을 포함해야 할 수도 있다.

급변하는 세계와 사회에 대한 관련성을 높이기 위해서 핵심 내용은 두 가지 방법으로 혁신적 변화를 이룰 필요가 있다. 첫째, 국가 교육과정에 포함시키지 않았던 현대의 주요 학문 분야의 성과를 포함해야 한다. 이 과정에서 현재의 교육과정에서 더 강조해야 할 부분과 삭제해야 할 부분에 대한 검토가 이루어져야 한다. 둘째, 전통적인 부분을 포함해 가르치는 방법의 혁신이 필요하다. 예를 들어 플립러닝(Flipped learning)이 적용되는 교실은 다양한 기술을 활용해 학습의 방식을 근본적으로 혁신할 수 있다는 아이디어가 담겨 있다. 이 책의 2부에서 제시되는 기술의 발달은 단순히 기술을 대체하는 것을 뛰어넘어서 교수와 학습의 과정이 혁신적인 변화를 해야 한다는 것을 보여준다.

교육과정은 지식의 내용에 대한 이해라는 구체적 목표를 넘어서 학생들이 자신의 진로가 아닌 분야에 대해서도 이해하며 인정할 수 있는 역량을 갖추고, 사회적으로 적극적으로 참여하면서, 개인의

---

20 Arbesman, S. (2013). *The Half-Life Of Facts: Why Everything We Know Has an Expiration Date*. Penguin.

수준에서 다른 사람과 소통할 수 있도록 일반적 역량도 길러주어야
한다.

또한 교육과정의 다양한 목표를 충족시키기 위해서 학생들이 특
정 분야의 다양한 아이디어와 주제에 대해 경험하도록 하는 과정으
로 한 분야에 대해 전반적으로 이해할 수 있도록 설계해야 한다. 학
생들에게 단편적인 지식과 정보를 제시하는 기존의 교육과정은 기
존의 지식 기반을 바탕으로 새로운 정보를 이해하거나 새로운 문제
를 해결하는 데에 어려움을 주기 때문이다.

단편적인 지식과 정보를 기억하는 것을 대체하는 목표는 의미를
이해하는 것이다. 필립 피닉스(Philip Phenix)는 그의 책, '의미의 영역
(Realms of Meaning)'[21]에서 의미를 구성하는 것은 인간의 필수적인 활
동이라고 강조한다. 교육의 과정을 통해 학생들이 인류가 역사적으
로 발전시켜 왔던 새로운 의미의 구성 과정에 대해 배우도록 해야
한다는 것이다. 이러한 관점에서는 학생들이 다양한 영역에서 의미
를 구성하는 과정을 경험하도록 하는 것이 중요하다.[22]

미래의 학습 과정에서 지식 기반을 쌓는 것은 의미를 이해하는
과정이 유용한 원칙이라고 할 수 있고, 이 학습 활동은 목적을 깨닫
고,[23] 내용을 이해하며,[24] 직접 참여(engagement)[25]하도록 하는 것이
중요하다. 지식의 의미와 연구분야의 논리에 대한 이해는 필요할
때 찾아서 활용하는 것이 아니라 상황과 맥락에 따라 직관적으로

---

21 Phenix, P. H. (1964). Realms of Meaning a Philosophy of the Curriculum, for
   General Education. McGraw-Hill.
22 의미의 영역들은 관련이 있지만 서로 독립적이다.
23 Frankl, V. E.(1985). *Man's Search For Meaning*. Simon and Schuster.
24 이해는 항상 학습자의 입장에서 활동적이어야 하기 때문에 의미를 만드는 것과 같이 매우 실제
   적인 뜻에서 이루어진다.
25 Shernoff, D. J., Csilszentmihalyi, M., Schneider, B., & Shernoff, E. S. (2003).
   "Student engagement in high school classrooms from the perspective of flow
   thoery." School Psychology Quarterly, 18(2): 158-176.

활용할 수 있는 지식이 될 수 있다. 이러한 종류의 지식은 단편적으로 기억하는 지식과 달리 쉽게 잊어버리지 않으며, 시간이 흘러도 변화하지 않는다고 할 수 있다.

5 의미 구성과 알고리즘의 영향
(Making Meaning and the Impact of Algorithms)

학교는 학생들이 전문지식을 습득할 때 추후 활용할 수 있는 기초적인 이해를 쌓도록 도와왔다. 학생들이 학교에서 배운 지식을 새로운 맥락에서 얼마나 의미있게 활용할 수 있는지의 역량을 갖추는 것이 강조되었다. 특히 기후 변화, 사회적 혁신, 기술의 발달, 고용 기회의 변화와 관련된 학교교육의 효용성에 대해서도 지속적으로 논의되고 있다. 알고리즘이 다양한 사회적 변화와 함께 보편적으로 활용되면서 학생들이 학교에서 배운 지식을 활용해 변화하는 직업세계에 적응할 수 있을지가 가장 큰 문제로 대두되고 있다.

고용 가능성(Employability)

학생들이 학교의 교육과정을 이수하고 직업 세계에 나가기 위해 고려할 사항은 자동화와 아웃소싱(outsourcing) 등으로 인해 취업의 환경이 빠르게 변화하고 있다는 것이다. 따라서 오늘날 학생들의 준비 과정이 실제 졸업할 때에도 유용한 지식인가라는 질문이 핵심이다. 모든 직업 분야에서 자동화가 이루어지고 있는 것은 아니다. 최근까지 자동화가 빠르게 이루어진 분야는 정형화되고 표준화된 업무와

[그림 2] 직업에 요구되는 업무 종류의 시간에 따른 변화

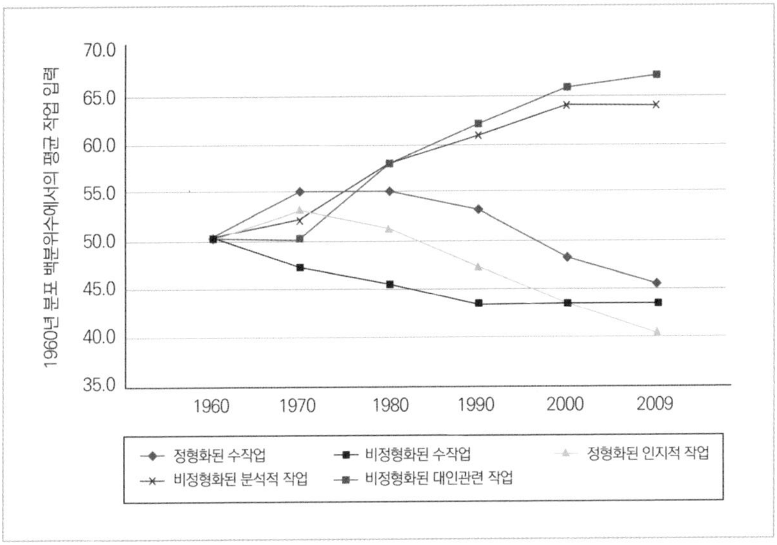

출처: Author and Price.

관련된 제조업이라고 할 수 있다.[26]

컴퓨터는 규칙에 따라 일련의 단계를 실행하는 것을 학습할 수 있기 때문에 일상적인 작업을 쉽게 자동화할 수 있다. 그러나 컴퓨터에 의한 자동화는 직업의 비율이 변화하는 것을 살펴보면 명백하게 나타난다. 정형화되어 있지 않은 대인관계 역량이 필요한 컨설턴트나 분석적인 일을 하는 기술자의 비율이 증가한 것으로 나타났다. 반면 정형화된 업무를 담당하는 공장의 노동자나 문서 작성을 담당하는 직업은 감소했다. 비정형화된 육체노동에 해당하는 배관공 같은 직업은 감소했지만 더 이상 줄어들지 않는 안정성을 유지할 것으로 예상된다.

26 Author, D. & Price, B. (2013). "The changing task composition of the US labor market: An update of Autor, Levy, and Murnance." MIT Mimeograph.

그간 옥스퍼드 대학교,[27] OECD,[28] PwC,[29] 맥킨지(McKinsey)[30]와 같은 기관에서 자동화가 직업세계에 미치는 영향에 대해 계량적으로 분석하려는 노력을 해왔다. 이에 대해 OECD는 9%, 옥스퍼드 대학교는 약 50%까지 대체될 수 있다고 예상하고 있다. 자동화로 인한 직업세계의 변화는 미래 사회가 유토피아가 될 것이라는 장밋빛 전망과 인간세계의 종말이라는 비극적 전망 사이의 다양한 미래 전망 스펙트럼에서 활용되며 대중적 관심을 끌고 있다.[31]

인공지능의 발전은 기술적 문맹인 일반 대중들까지 놀라게 할 정도로 큰 영향을 미치고 있다.[32·33] 이는 블룸(Bloom)의 학습분류학

27 Frey & Osborne. (2013). *The Future of Employment: How Susceptible are Jobs to Computerization?*, University of Oxford.
28 Arntz, M., T. Gregory & U. Zierahn. (2016). *The Risk of Automation for Jobs in OECD Countries: A Comparative Analysis.* OECD Social, Employment and Migration Working Papers, No. 189, OECD Publishing.
29 Berriman, R. & Hawksworth, J. (2017). *Will Robots Steal Our Jobs? The Potential Impact Of Automation On The UK And Other Major Economies.* UK Economic Outlook. http://www.pwc.co.uk/economic-services/ukco/pwcukco-section-4-automation-march-2017-v2.pdf
30 McKinsey Global. (2017). "Automation and the future of work-briefing note prepared for Necker Island meeting on education."
31 다음을 참고하기 바람: Brooks, Rodney. (2017). "The seven deadly sins of AI predictions." *MIT Technology Reviews.*
Chui, Michael, Manyika, James, and Miremadi, Mehdi. (2015). "Four Fundamentals of Workplace Automation." *McKinsey Quaterly.* http://www.mckinsey.com/business-functions/digital-mckinsey/our-insights/four-fundamentals-of-workplace-automation
Hensel, A. (2017). "How robots will really take our jobs." *VentureBeat.*
Jones, M. (2017). "Yes, the robots will steal our jobs. And that's fine." The *Washington Post.*
Shewan, D. (2017). "Robots will destroy our jobs-and we're not ready for it." *The Guardian: Technology.*
Surowiecki, J. (2017). "Robopocalypse Not" The Great Tech Panic of 2017. Wired.
32 역사적으로 기술의 기하급수적 가속은 하드웨어 속도에 의한 약 66%, 솔리드 데이터 세트로 인한 약 20%, 알고리즘 자체에 대한 약 10%의 세 가지 주요 요인에 의한 것으로 추정된다. 하지만 이제는 학습을 위한 기본 알고리즘의 발전이 진보의 주요 동인이 되고 있다.
33 Anthes, G. (2017). "Artificial intelligence poised to ride a new wave." *Communications of the ACM* 60(7): 19-21. https://cacm.acm.org/magazines/2017/7/218862-artificial-intelligence-poised-to-ride-a-new-wave/fulltext

[그림 3] 정서적, 인지적, 심동적 영역에서 자동화의 발전

출처: CCR.

(taxonomies)에서 확인할 수 있다. 인공지능의 발전이 인지적,[34] 정서적,[35] 정신운동적[36] 영역까지 변화시키고 있다는 것이다. 블룸의 학습분류학은 인간의 인지적, 정서적, 정신운동적 측면이 발달하는 과정을 이해하기 위해 만들어졌다. 앞의 [그림 3]을 살펴보면 컴퓨터의 알고리즘이 이미 인간의 학습 능력의 상당한 부분까지 따라오고 있으며, 이것은 충격적인 변화의 시작에 불과하다는 것을 보여준다.

증강 지능(Augmented Intelligence)

인간이 담당해야 할 일과 컴퓨터가 담당할 수 있는 일의 구분이 어느 정도 명확할 수 있을까? 일단 자동화가 급속하게 진행된다면 최종적으로 인간에게 남겨질 역할은 무엇일까? 서양의 장기인 체스는 총체적인 역량을 집중해 계산하는 인간의 인지적 과정이 활용되는 놀이라는 점에서 의미있는 예가 될 수 있다. 1997년 딥 블루(Deep Blue)라는 컴퓨터 프로그램이 체스 세계 챔피언인 개리 카스파로프(Garry Kasparov)를 이겼을 때, 컴퓨터가 인간을 능가하는 영역에 체스를 추가하게 되었다. 비슷하게 2016년에 알파고가 인간 이세돌 9단을 이기면서 컴퓨터가 인간이 사용하지 않았던 혁신적인 전략을 사

---

34 Krathwohl, D. R. (2002). "A revision of Bloom's taxonomy: An overview." *Theory Into Practice* 41(4): 212-218.
35 Krathwohl, D. R., Bloom, B. S., & Masia, B. B. (1964). *Taxonomy of Educational Objectives, Handbook II: Affective Domain*. David McKay Co.
36 Simpson, E. (1971). "Educational objectives in the psychomotor domain. Behavioral objectives in curriculum development: Selected readings and bibliography." 60(2). https://files.eric.ed.gov/fulltext/ED010368.pdf
다음을 참고하기 바람: Hill, K., Fadel, C., & Bialik, M. (2018). *Psychomotor Skills For The 21st Century: What Should Students Learn?* Center for Curriculum Redesign. https://curriculumredesign.org/wp-content/uploads.Psychomotor-Skills-CCR-May2018.pdf

용하는 알고리즘의 단계에 이르렀다는 평가를 받고 있다.[37]

　그러나 여전히 인간이 컴퓨터를 활용하는 조합이 더 효과적일 수 있다는 사례들도 있다. 아마추어 체스 대회에서 컴퓨터를 사용한 선수가 컴퓨터를 이기기도 하고, 최고 수준의 체스 대회에서 컴퓨터를 활용한 선수가 일반 선수를 이긴 사례도 있다.[38] 이것은 인간에게 도전하는 컴퓨터에 대해서 안심할 수 있는 사례이다. 알고리즘을 잘 알고 도구로 활용한다면 더 좋은 성과를 낼 수 있다는 사례이기도 하다. 이 아이디어를 컴퓨터를 활용한 '증강 지능'이라고 부르며, 이는 컴퓨터를 활용하는 인간의 역할을 이해하는 열쇠가 될 수 있다. 이는 교육의 목표에 영향을 미칠 수 있다.

　컴퓨터의 발달은 직업 세계에 많은 변화를 초래했다. 발달한 계

[표 1] 컴퓨터팀, 인간팀, 인간 - 컴퓨터팀 사이의 비교

팀	장점	단점
컴퓨터팀	• 거대한 탐색공간에서 빠른 해답 생성과 검증 • 빅데이터의 빠른 처리	• 실제 세계에서의 해답 생성이 불완전함 • 데이터가 실제 세계를 불완전하게 표현함
인간팀	• 실제 세계에서 삶의 경험 • 여러 분야 학제간 팀들의 다양한 경험	• 조직하는 데 있어서의 비용
인간-컴퓨터팀 (가장 좋은 성과)	• 컴퓨터와 인간 각각의 단점들을 보충하는 상호보완적인 인식으로 성과를 향상시킴	• 인간-컴퓨터팀을 만들기 위해 더욱 발전된 이론과 실행이 필요

출처: Kefik, M. (2017). "Half－human, half－computer? Meet the modern centaur." PARC Blog.

37 https://en.wikipedia.org/wiki/AlphaGo
38 Brynjolfsson, E., & McAfee, A. (2014). *The Second Machine Age: Work, Progress, and Prosperity in a Time of Brilliant Technologie*s. WW Norton & Company.

산기는 수학자들을 대신하지 않고 오히려 그들의 역량과 성과를 향상시켰다. 워드프로세서가 발명되면서 작가를 대체하는 것이 아니라 오히려 작가들이 글을 쓰고 편집할 수 있게 도와 더 많은 성과를 가져다 주었다. 인공지능으로 인한 변화는 기존의 변화보다 더 혁신적이며, 다음 세대가 인공지능 기술을 효과적으로 교육받는다면 인공지능 역시 도구로서 잘 활용될 것으로 예상한다.

그렇다면 기계가 가장 적합한 곳, 그리고 인간이 영구적인 역할을 기대하며 기계의 힘을 활용할 수 있는 곳은 어디일까? 현재 상황을 토대로 정리하면 다음과 같다.

기계가 인간을 이기는 영역 :
- 반복적으로 예측하는 일
- 정확한 계산에 의존하는 일
- 엄청난 양의 데이터와 입력 정보를 분류하는 일
- 확정된 규칙에 따르는 기계적 의사결정을 하는 일

인간이 기계를 이기는 영역 :
- 감정을 경험하고 관계를 형성하는 일
- 복잡한 규모와 출처를 활용해 질문하고 답변하는 일
- 기계들이 해야 할 작업이나 기계에 제공할 데이터를 결정하는 것처럼 제한된 자원을 전략적으로 사용하는 방법을 결정하는 일[39]

---

39 덧붙여 인간은 편견을 가지고 있으며, 그들의 알고리즘과 데이터 세트가 그것들을 반영할 수 있기 때문에, 정보가 구조화되고 결합되는 방식의 의도하지 않은 결과를 설명하는 것이 중요할 것이다.

- 제품을 생산하고 그 결과를 활용할 수 있도록 그 내용에 대해 소통하는 일
- 추상적인 가치와 관련된 문제에 대해 의사결정을 하는 일

만약 세상의 모든 일이 완벽하게 객관적으로 세분화될 수 있다면 알고리즘은 모든 것을 다룰 수 있다. 그러나 대부분의 경우 인간은 문제를 규정하고, 데이터를 선택하고, 다양한 가치의 조각들이 서로 잘 맞는지 결정하고, 그 가치를 다른 사람에게 전달하고, 가치에 따라 최종적으로 판단한다. 인공지능 기술이 표준화된 알고리즘의 제약으로부터 벗어나 좀 유연한 판단을 할 수도 있지만, 더욱 큰 프로세스나 시스템의 안에서 설계되고 학습되고 역할을 수행해야 할 것이다. 인간의 직업에 관해 많은 부분을 자동화할 수 있겠지만, 만약 적절하게 대비한다면, 여전히 인간이 수행해야 할 중요한 역할들이 존재할 수 있다.

교육에 대한 함축적 의미와 학생들이 알아야 할 것
(Implications for Education and What Students Need to Know)

인공지능 기술의 기하급수적인 발달로 일어날 파괴적 혁신, 그리고 그것이 사회적으로 초래할 변화에 대한 불안감이 제기되고 있다. 그렇다면 교육 분야에서 채택해야 할 현명한 대응 전략은 무엇일까?40

교육분야 대응 전략에서 중요한 논리는 예측할 수 없는 변화의 시기에는 적응력(adaptability)과 자원의 풍부함(resourcefulness)이 필수적

---

40 분명히, 교육은 모든 것을 해결할 수 없으며 정치적, 입법적 논의가 있어야 한다. 그러나 여기에서는 교육에 초점을 두었다.

이라는 것이다. 학생들이 교육과정에서 많은 영역에 배운 것을 적용할 수 있고, 새로운 문제에 적응해 성과를 내는 데 필요한 기술과 특성을 갖추어야 한다는 의미이다. 교육이 그동안 견지해왔던 목표이지만, 예측할 수 없는 변화에 직면한 상황에서는 더욱 효과적으로 이루어야 한다.

IBM의 짐 스포러(Jim Spohrer)는 지식의 폭이 넓고 깊은 사람을 표현하기 위해 T자형 인간(T-shaped person)[41]이라는 용어를 만들었다 (역자주: T자형 인간은 넓은 영역의 지식 기반을 갖추고 하나의 특정 영역에서 깊이 있게 전문성을 갖춘 인재를 의미함). 최근에는 직업세계에 예상되는 변화를 반영해, 평생 몇 개의 영역에서 전문성을 갖추어야 한다는 의미에서 M자형 인간(M-shaped person)이라는 용어로 이 모델을 확장했다.

교육은 항상 지식을 학습한 맥락과 다른 맥락에서 활용할 수 있는 전이(transfer)가 가능해야 하고, 특정 분야의 정보를 인지하고 해석하는 방법을 포함해 고도로 발달한 수준의 전공 지식을 갖추는 전문

[그림 4] T자형 인간과 M자형 인간의 비교

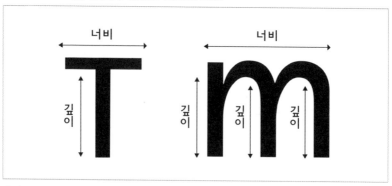

출처: CCR based on Spohrer.

41 https://www.slideshare.net/spohrer/t-shaped-people-20130628-v5

[그림 5] K-12의 목적을 이루기 위한 두 가지 방법: 전이는 오로지 전문성의 결과라는 전통적인 방법(곡선)과 전이와 전문성의 습득사이의 관계를 강조하는 방법(물결모양의 선)

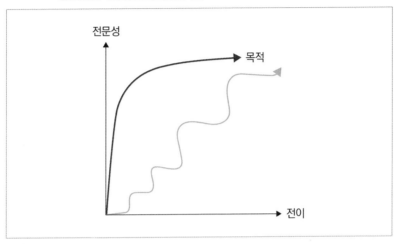

출처: CCR.

성을 목표로 해왔다.[42] 그러나 지금은 그 어느 때보다 전문성과 전이의 관계를 재규정하고, 지식과 정보를 문제 상황에 맞게 의도적·체계적·포괄적으로 입증할 수 있도록 하는 것[43]을 교육의 초점[44]으로 설정할 필요가 있다.

다음에 제시되는 [그림 6]은 발전하는 기술을 활용한 플립드 교육과정(flipped curriculum[45])이 필요하다는 점을 보여준다. 학생들은 쉽

---

42 예시로는 다음을 참고하기 바람: Simonton, D. K. (2000). "Creative development as acquired expertise: Theoretical issues and an empirical test." *Developmental Review* 20(2): 283-318.
43 CCR의 교육 목표는 지식과 정보를 활용해 "의도적, 체계적, 포괄적으로 입증할 수 있도록" 하는 것이다.
44 전문지식에 초점을 맞추는 것이 중요하다고 항상 이해되어 왔지만, 이상적인 균형에서는 전문지식과 이전이 함께 강조될 것이다.
45 여기서 우리는 거꾸로 교실(flipped classroom)의 언어를 적용하고 있지만 실제로 플립(flip)은

[그림 6] 검색과 인공지능시대의 도래에 대응하기 위한 플립드 교육과정
(Flipped curriculum)

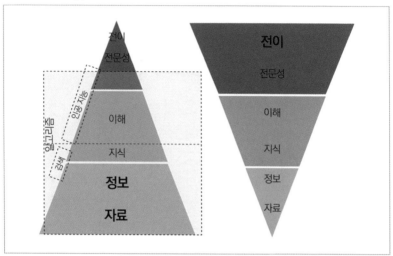

출처: CCR.

게 접근하고 조작할 수 있는 학습 내용을 배우는 것보다는 개념을
통해 다른 맥락에 활용할 수 있는 전이의 능력과 전문성 계발에 더
많은 시간을 보내야 한다. 이것은 거꾸로 교실(flipped classroom)의 수
업시간에 경험 중심의 개념 학습을 위해 기술을 활용하는 것과 유사
하지만 수업의 방법(how)보다는 수업의 내용(what)에 더 중점을 두고
있다는 점에서 차이가 있다.[46]
　　이러한 혁신적 시도는 기술의 발달과 직접 관련이 있다. 컴퓨터
와 인터넷을 활용한 검색과 인공지능의 알고리즘이 처음에는 기본
적인 사실을 확인하고 암기하는 측면에서 역할을 수행해 왔지만 이
제 특정 분야의 전문적 지식수준에 도달하고 있다. 알고리즘은 지식

교실의 실제 상황보다 높은 우선순위에 있는 교육의 가치가 변화해야 한다는 것을 의미한다.
46 https://en.wikipedia.org/wiki/Flipped_classroom

의 의미를 학습하는 기회를 제공하는 수준으로 발달하고 있는데, 이는 학교교육에서 위협의 요소이기도 하지만 기회의 측면으로 활용할 필요가 있다. 이로 인해 이제까지 교실 활동의 대부분을 단편적인 정보와 지식을 수집하고 기억하는 데 활용하던 것에서 혁신적인 변화가 가능하다. 교실에서 더 고차원적인 학습을 이루어 학생들이 전문성과 전이 능력을 기르고 실제 삶의 문제를 해결할 수 있는 역량을 기르는 데 많은 시간을 활용해야 한다.[47]

교육 분야에서 꼭 필요한 혁신을 이루기에 중요한 방법은 현재 교육과정 중에서 일부를 빼내는 것이다. 많이 알려진 게임인 젠가(Jenga)[48]는 이러한 방향을 보여주는 좋은 예시인데, 이 게임에 참여하는 사람들은 무게의 압력이 많이 걸리지 않는 블록을 제거해 본질적인 구조를 유지해야 한다. 젠가 게임에서는 필수적인 요소를 남겨두고 불필요한 블록을 제거하는 것이 효율적인 전략이다. 교육과정에서도 불필요한 내용을 최대한 제거하고 핵심을 남기되 새로운 내용을 추가해야 한다. 또한 교육내용의 혁신과 더불어 교수-학습의 방법이 혁신적으로 변화해야 한다. 교사들은 기존의 방식을 선호하는 경향이 있지만 전문적인 방법으로 새로운 전환이 필요하다.

내용(content)이 개념을 압도할 수 있는 것처럼, 전문성은 전이를 희생하면서 교육의 초점이 되어 왔다. 수학의 예를 들어보면, 호가 있는 삼각 방정식을 손으로 푸는 절차는 아날로그 시대에 토지 측량사를 훈련시키는 데 유용하게 활용되었다. 생물에서 크렙스 회로(Krebs cycle)를 배우는 것은 생물학 분야로 진출하는 사람들에게 유용하지만 공학을 공부하는 사람들에게도 유용하게 활용될 수 있다. 하지만 요즘 학생들에게 위의 두 예시는 실생활의 문제를 해결하는 데

47 이것은 중요하지만, 유일한 목표는 아니다.
48 https://en.wikipedia.org/wiki/Jenga

별로 도움이 되지 않을 수 있고, 그 분야의 전문가들에게도 인터넷 검색이나 컴퓨터를 사용함으로써 쉽게 해결될 수 있는 지식과 정보에 해당한다.

전통적인 학교교육에서 전문지식을 학습하는 데 초점을 맞추고 결국 지식을 다른 분야로 전이하는 방식으로 활용하는 접근법은 전이와 전문지식의 결합이라는 목표에 도달하는 유일한 방법은 아니다. 또한, 그 과정에서 상당한 문제점을 안고 있다. 만약에 학생들이 고등학교 단계의 교육까지 마치고 해당 분야에 진출하지 않는다면 학교에서 습득한 지식을 실제 다른 분야에 전이할 가능성은 크지 않다. 교과에 대한 세부적인 이해는 학습된 영역에만 한정되어 있고 실제 유용성이 떨어진다.

앞에서 제시한 그림의 T자형 인재와 같이 '전이를 위한 학습(breadth)'과 '전문지식을 위한 학습(depth)'을 번갈아 할 수 있다. 만약 해당 분야의 학습을 멈춘다고 하더라도, 여전히 중요하고 전이할 수 있는 이해를 얻을 수 있다.[49] 예를 들어, 과학 분야에서 박사학위를 취득하고, 관련 배경 지식을 습득하고, 연구물들을 읽고, 연구를 설계하고 실행해 전문성을 발달시킴으로써 세상을 보는 과학적 방법에 대한 이해를 얻는 것은 가능하다. 하지만 과학이라는 학문 분야에 내재되어 있는 중요한 가치인 '시험 가능성(testability)'과 '주장의 불확실성(uncertainty of claims)'을 고려할 수 있는 역량이 빠르게 내면화되는 것이 더 중요하다. 따라서 과학의 교육과정에서 세부적인 지식을 가르칠 때 가장 중요한 가치가 전달될 수 있도록 설계될 필요가 있다. 현장의 실무자들은 특정한 방식으로 사고하는 것을 배우는 것이 세부적인 정보를 배우는 것보다 중요하다고 주장한다. 이렇게 특

| 49 다른 분야들이 약간 다른 곡선을 가지고 있는 경우일 수 있다.

정한 방식으로 생각하는 것은 컴퓨터가 접근하기 어려운 부분이라고 말하기도 한다. 실제로, 생활에서 우리가 평가해야 할 정보들이 넘쳐나고 있으므로 교육과정에서 우리가 올바른 질문을 할 수 있는 사고의 틀을 배우는 것이 중요하다. 학교의 교육과정이 세세한 정보를 기억하는 것 이상으로 각 교과에 근본적으로 내재화되어 있는 논리와 사고체계를 배울 수 있도록 재구성될 필요가 있다.

의미의 중요성(The Importance of Meaning)

지식의 기초를 탄탄하게 하는 것은 무엇인가? 무엇이 그것을 깨지기 쉽게 만들까? 핵심은 의미를 구성하는 것이다.

유용한 이해는 의미를 담고 있다. 인간의 다양한 생각들은 그들의 관계와 적용가능성에 따라 연결된다. 어쩌면 의미를 구성하는 것과 이해하는 것은 동의어라고 할 수 있다. 자기 분야를 아주 깊게 연구해 특정한 의미를 구성하는 방법에 일생을 바친 전문가들은 직관으로 자기 분야에서 새로운 도전에 접근하는 방법을 구성할 수 있을 정도로 깊은 이해를 발달시킨다. 어떤 특정한 개념을 많은 각도에서 깊이 있게 배운다면, 학생들이 그것에 대한 직관이 발달되는 것은 자연스러운 일이다.

어떤 분야에 전문성을 갖고 있지 않은 사람들이 교과의 핵심적인 가치에 대한 직관을 개발할 수 있을까? 학생들은 자신의 지식을 직용할 수 있는 상황을 인식하도록 학습할 수 있을까? 그리고 모든 과목에서 세부적인 전문지식 전달을 벗어나 관련 분야의 미지의 영역에 적용하는 방법을 학습할 수 있을까?[50] 만약에 교과별로 지식의

| 50 당연히 불가능하다.

의미를 구성하는 데 용이한 방법을 제시하는 근본적인 변화가 이루어진다면 학생들이 이러한 학습을 할 수 있다고 생각한다.

직관(Intuition)

당신이 한 도시에서 오랫동안 살아온 주민이라면 평생 그 도시에서 생활하고, 체화한 지식으로 거리를 이해하고 있다고 할 수 있다. 당신은 그 도시의 각 지역에 대해 알고 있으며 아마 그 도시의 도로와 주요 건물 배치에 대해서는 전문가 수준일 것이다.

만약에 당신이 도시를 방문한 사람들에게 그 도시에 대해서 가르쳐야 한다고 가정해보자. 당신은 그들에게 지도를 제공하고 맨 위쪽부터 시작해서 정사각형 또는 픽셀 단위로 외우도록 할 수 있다. 이 과정을 제대로 마치면, 그들은 아마도 도시에 대해 매우 깊고 세밀하게 이해할 수 있을 것이다. 또는 그들이 어떤 곳에 방문할 필요가 있을 때마다 이동할 수 있는 정확한 방향과 지역 명소들을 말해 줄 수 있다. 만약 그들이 충분히 오랫동안 도시에 머무르게 되면 그들은 아마도 나름대로 합리적인 '정신적 지도(mental map)'를 만들 것이다.

반면에 당신은 그들에게 간단히 도시에서 가장 큰 규모의 기관과 유명한 랜드마크를 알려줄 수 있다. 예를 들어, 강이 도시를 남북으로 나누고, 강에서 뻗어 나온 중심가와 동네가 있고, 시내 주변을 따라 순환하는 버스가 있다고 설명해 줄 수 있다. 이 방법은 도시로의 이주를 계획하든 관광으로 방문했든 낯선 사람이 도시에 대해 더 많이 알게 되고, 의미를 더 확장할 수 있는 지식의 기반을 제공받을 수 있다. 도시의 기본 배치와 랜드마크를 통해 의미를 만드는 방법에 대한 직관을 발달시키는 데 도움을 주기 때문에 도시의 가장 필수적인 요소들을 설명하는 것은 더 유용할 수 있다. 방문자들은 잘 모르는 도시에서 지식기반을 바탕으로 강을 찾을 수 있고, 길을 찾을 수 있고, 그 도시에 대한 그들의 이해에 대한 경험을 통해 이해를 구성해나갈 수 있다.

직관은 기반이 되는 지식의 내용으로 구성된다. 새로운 지식과 정보가 기존의 지식구조에 추가되는 경우도 있지만 기존의 지식구조를 무너뜨릴 수도 있다. 만약에 새로운 지식과 정보의 조각들이 기존의 구조와 가치있는 관계를 형성해 추가되면 의미가 더욱 분명해진다. 새로운 지식과 정보를 미래에 일어날 미지의 문제에 연계할 수 있을 것이라는 막연한 희망으로만 학습한다면 기억해야 할 새로운 정보 이상의 역할을 하기에 어려움이 있을 것이다.

학교 교육과정의 많은 내용은 너무 전문적이고, 대부분 의미를 구성하는 중요한 부분이라서 전체적으로 세부 내용을 학습하지 않으면 직관을 개발하기 어렵다. 하지만 전문가들은 현재 교육과정의 내용을 포괄적으로 이해한 상태이고, 그들이 전문성 개발 과정에서 경험한 방법이 모든 사람에게 적용될 수는 없다고 알고 있다.

그럼에도 불구하고 학생들에게 그들의 중요한 학문적 직관을 어떻게 전수할 것인지에 대한 방법을 찾아내는 데에는 어려움이 있을 수 있다. 해당 분야 전문지식의 일부를 추려내서 가르치는 것에 어려움을 느낄 수 있어서 모든 지식을 가르쳐야 한다는 "지식의 저주(curse of knowledge)"[51]에 빠질 가능성이 크다. 그 결과로 해당 분야의 초보자들에게 그 분야의 내용을 어떻게 이해시키고, 어떻게 구성해야 할지 모를 수 있다. 해당 분야의 전문적 내용에 대해 열정을 가지고 있고, 그 과정을 쉽게 이해하는 전문가는 기본만 다루기를 원하

---

51 Wieman, C. (2007). "The 'curse of knowledge', or why intuition about teaching often fails." *APS News 16*(10).

는 사람이나 기본적인 내용을 이해하는 데 어려움을 겪는 학습자의
상황을 이해하기 어려울 수 있는 것이다.

관련성: 지식 활용(Relevance: mobilizing knowledge)

연구들은 정보가 우리의 관점과 목표에 근거해 우리의 인식을
통해 여과되어 이해된다는 것을 보여준다. 이것은 인식의 하위 수
준[52]뿐만 아니라 가장 높은 수준의 인식[53]에도 적용된다. 학생들의
두뇌가 정보의 유용성을 찾지 못한다면, 의미 있는 방법으로 정보를
통합하고 이해하는 것은 더 어려울 가능성이 크다. 지식의 관련성을
인식하기 위해서 반드시 구체적인 방법으로 유용해야 하는 것은 아
니다. 지식의 관련성은 추상적인 문제를 해결하거나 혼란스러운 생
각을 이해하는 데 유용할 수 있다.

관련성은 학생들의 동기 부여와 직접적인 관계가 있다. 호기심
의 정보격차 이론(information gap theory of curiosity)[54]은 이해의 간극에
대한 인식을 하게 될 때 강력한 형태의 동기가 발생한다고 가정한
다. 그러나 그 이해의 간극은 다룰 수 있는 수준이어야 한다. 이해의
간극이 너무 크거나 너무 작으면 학생들이 흥미를 잃거나 겁을 먹을
수도 있다.[55] 사람들은 자신이 생각하고 있는 주제에 대한 정보를 찾
으며, 생각하지 않는 주제에 대한 정보는 회피하는 경향이 있다. 이

---

52 예: Gauthier, I., Skudlarski, P., Gore, J. C. & Anderson, A. W. (2000). "Expertise for
   cars and birds recruits brain areas involved in face recognition." *Nature Neuroscience*
   3(2): 191-197.
53 예: Mack, A. and Rock, I. (1998). *Inattentional Blindness*. MIT Press.
54 Loewenstenin, G. (1994). "The Psychology of curiosity: A review and reinterpretation."
   Psychological Bulletin 116(1), 75-98.
55 McClelland, D. C., Atkinson, J. W., Clark, P. W. & Lowell, E. L. (1953). *The Achievement
   Motive*. Appleton-Century-Crofts.

러한 현상을 타조 효과(ostrich effect)[56]라고 부르는데, 잠재적으로 관련되어 있더라도 불쾌한 정보에는 접근하지 않는 경향을 설명한다. 특히 관련성이란 본인의 감정적 가치를 고려하는 과정이며 매우 주관적이다.[57]

데이비드 퍼킨스(David Perkins)는 "지식은 자전거와 같다. 즉, 지식은 목표를 향해 나가기 위한 수단이다. 만약 우리가 프랑스 혁명(French Revolution), 민주주의, 베이지안 확률(Bayesian probability), 기회비용에 대해 안다면, 우리는 그것을 활용하고 싶은 마음을 갖게 된다. 우리는 지식을 활용해 문제를 이해하거나 의학적 결정을 하거나 프로젝트를 효과적으로 수행하려고 할 것이다. 마치 자전거를 타듯이 알고 있는 것을 활용해 어딘가를 향해 달려가고 싶어한다.[58]"

목적지를 정하지 않고 즐거움을 위해 자전거를 탈 때에도 자전거의 기능은 활용된다. 마찬가지로 지식은 무언가 유용함을 갖고 있어야 한다. 그렇지 않으면 공허함을 느끼게 된다. 유용한 지식의 활용은 컴퓨터와 경쟁하는 데에 매우 의미가 있다. 컴퓨터는 지식과 정보를 새로운 맥락에 활용하는 연결고리를 스스로 찾지 못한다. 인간은 새로운 문제를 규정하고 그 새로운 문제를 해결하는 데 컴퓨터를 활용할 수 있다.

실용적 지식의 개념은 종종 능동적인 학습에 초점을 맞춘 다양한 교육과정과 연결된다.[59] 존 듀이(John Dewey)는 "농부, 선원, 상인, 의사 또는 실험실 연구원의 삶에서 지식은 주로 활용하지 않는 정보

56 https://en.wikipedia.org/wiki/Ostrich_effect
57 Golman, R. & Loewenstein, G. (2015). "Curiosity, information gaps, and the utility of knowledge." Available at SSRN: https://ssrn.com/abstract=2149362 or http://dx.doi.org/10.2139/ssrn.2149362
58 Perkins, D. *Future Wise*.
59 자기주도학습, 실험학습, 원정학습, 경험학습, 탐구학습, 실습학습, 프로젝트 기반 학습, 문제 기반 학습, 발견학습 등을 포함한다.

의 저장을 의미한다."라고 말했다.[60] 이것은 앞서 논의한 벤자민 블룸(Benjamin Bloom)의 연구[61]에 의해 더욱 강조되었다. 이 교육목표 분류에 의하면 학습과정에서 인지적 복잡성은 기억, 이해, 적용, 분석, 평가, 창조에 이르기까지 학습자의 더 높은 수준의 지식 동원을 요구한다.[62] 따라서 많은 사람들은 학생들이 적극적으로 지식을 구성하고 응용하는 데에 초점을 맞춘 교육적 접근법을 통해 실용적 지식을 문제 해결에 활용할 수 있도록 하는 데 노력을 기울여 왔다. 이러한 접근방식은 교육을 지식의 전달에서 학생의 학습으로, "무엇을 아는 것"에서 "무엇을 할 수 있는 것"으로 바꾸기 위한 것이다. 결국 활용의 맥락에서 지식을 배우는 것은 적어도 학생들이 스스로 개념을 조직화해 사용할 수 있다는 의미를 갖는다. 하지만 지식의 활용은 전체적인 교육에서 부분적인 의미를 갖는다.

개념 도구상자 개발(Developing a toolbox of concepts)

어떠한 특정 지식은 이론상 다양한 상황에서 유용할 수 있지만, 그것을 사용하는 방법과 시기를 아는 것은 궁극적으로 학생의 몫이며, 이것은 교육의 목적이 되어야 하는 이해의 방식의 열쇠가 된다. 예를 들어, 학생이 '확인 편향의 정의(definition of confirmation bias)'에 대한 지식을 갖고 있다면 실제 학생들이 그것을 수용하고 있는지를

60 Dewey, J. (1916). Democracy and Education. https://www.gutenberg.org/files//852/852-h/852-h.htm
61 Bloom, B. S., Engelhart, M. D., Hill, H. H., Furst, E. J., & Krathwhol, D. R. (1956). *Taxonomy of Educational Objectives. The Classification of Educational Goals, Handbook I : Cognitive Domain*. David McKay Company, Inc. New York.
62 Anderson, L. W., Krathwohl, D. R., & others. (2001). *A Taxonomy For Learning, Teaching, and Assessing: A Revision of Bloom's Taxonomy Of Educational Objectives*. Pearson; and Krathwohl, D. R. (2002). "A revision of bloom's taxonomy: An overview. Theory Into Practice 41(4): 212-218.

확인하는 것이 중요하다. 이것은 학습의 결과가 개념의 도구상자 (toolbox)로 개발되어야 함을 의미한다. 일반적으로 도구상자의 도구들을 적절하게 활용하는 것처럼 학생들이 생각의 도구상자에 있는 개념들을 유용하게 사용해 숙련도를 높일 필요가 있다는 것이다.

한 분야의 개념들을 살펴보면 우열을 가릴 수 있다. 예를 들어 수학에서 '브루트포스(Brute Force) vs. 엘레강스(Elegance)'의 개념을 이해하는 것은 문제의 해결 과정에서 매우 유용하게 활용될 수 있다(역자주: '브루트포스'는 특정한 문제를 풀기 위해 가능한 모든 값을 대입해보는 것을 의미하고, '엘레강스'는 효율적인 방법을 활용하여 문제를 해결하는 것을 의미함). 이 개념은 과학, 기술, 공학, 수학 등의 다양한 분야에서 매우 유용한 도구로 활용할 수 있다. 이러한 개념은 강력한 도구(power tool)라고도 표현할 수 있다. 이렇게 핵심 개념은 여러 맥락에서 학습할 수 있으며, 학생들에게 유용하게 활용될 수 있다.

핵심 개념은 강력한 도구로서 교육과정에서 높은 우선순위가 부여되어야 한다. 미래 학습의 과정에 영향력이 적은 개념이나 단편적인 지식은 새로운 맥락에서 도구로 활용될 가능성이 적으므로 핵심 개념과 구분될 필요가 있다.

의미의 영역(Realms of meaning)

1964년 필립 피닉스는 그의 책 '의미의 영역'[63]에서 교육과정 설계 과정에 있어, 학생들이 의미를 구성해 가는 기회를 우선적으로 고려해야 한다고 제시했다. 따라서 교육과정의 내용은 학생들이 의

---

63 Phenix, P. H. (1964). Realms of Meaning a Philosophy of the Curriculum for General Education. McGraw-Hill.

미를 구성하는 방법, 학습 아이디어와 특징적인 구조에 따라 분류할 필요가 있다는 것이다. 예를 들어 수학과 언어학은 모두 상징적인 기호체계를 사용해 의미를 만들고 규칙을 구성한다. 학생들이 특정한 방식으로 의미를 구성하는 것이 성공적으로 이루어질 때 교육이 가치를 갖는다고 할 수 있다. 새로운 학문 분야로 부상한 컴퓨터 과학의 경우에도 '상징적인 영역(symbolic realm)'에 속한다고 할 수 있다.

의미를 구성하는 통합적 접근법이라는 점은 굉장히 추상적이다. 과학자들은 의미를 구성하는 경험적 방법을 내면화하고 있기 때문에 개인적인 삶의 문제에서도 증거를 찾아 설명하고자 하는 경향이 있다. 이러한 경험적 방법의 차이로 인해 여러 학문 분야 간의 학제적 작업은 쉽지 않다. 가치관과 연구방법에서 차이가 있으면, 공통의 출발점을 공유하거나 서로의 입장을 이해하는 것이 어렵다. 만약 유·초·중등교육에서 기초적 지식을 제공하려 한다면, 그 기초 지식은 가능한 여러 가지 방법들을 만드는 직관을 포함해야 한다. 의미의 영역은 다음과 같이 구분할 수 있다:

- 상징적(symbolic) : 형성 및 변환의 규칙이 사회적으로 인정되는 상징적 구조의 시스템(수학, 언어학, 컴퓨터 과학 등)
- 경험주의적(empiric) : 증거와 검증의 특정 규칙에 따라 그리고 분석적 추상화의 특정 시스템을 사용하는 개연성 있는 경험적 탐구(물리학, 생물학 등)
- 심미적(aesthetic) : 인간 내면의 생활 방식(미술, 음악, 무용, 문학)
- 개인적(personal)[64] : 경험을 통해 배운 자기와 타인의 지식(심리

---

64 '의미의 영역(*Realms of Meaning*)'에서는 "시놉틱(Synoptic)"이라고 불림.

학, 철학, 문학, 종교학, 실존철학)
- 윤리적(ethical) : 자유롭고, 책임감 있고, 신중한 결정에 근거한 개인적인 행동(철학, 심리학)
- 통합적(integrative)[65] : 다양한 관점에서 일관성 있는 전체로 통합(철학, 역사학, 종교학 등)

철학이나 심리학 등의 일부 학문들은 하나의 학문 안에 여러 분과학문이 포함되어 있어서 여러 의미의 영역에 포함된다. 예를 들어 심리학은 개인적인 의미를 만드는 방법, 윤리적 의미를 만드는 방법, 또는 실험과 분석을 통해 의미를 구성하는 엄격한 경험주의적 연구를 포함한다. 심지어 하나의 영역 내에 딱 들어맞는 것처럼 보이는 학문도 다른 영역을 중요하게 고려해야 할 수 있다. 예를 들어, 수학자들은 수학을 상징적인 영역뿐만 아니라 어쩌면 통합적이고 심미적인 영역에도 속한다고 생각할 수 있다.[66] 이렇듯 의미의 영역을 분류하는 것은 지식을 생산하는 방법에 대해 설명하는 것이다. 사회의 가치를 반영하여 질문을 만들거나 의사결정을 내리는 추상적인 사고 과정은 컴퓨터가 훈련에 의해 학습하기 어려운 영역이라고 할 수 있다.

문제가 있는 지식(Problematic Knowledge)

의미 없는 학습이나 문제 있는 지식을 학습하는 것은 깨지기 쉬운 지식(fragile knowledge), 단순 암기지식(rote), 레시피(recipe), 죽은 지식

---

65 의미의 영역에서는 "시놉틱(Synoptic)"이라고 불림.
66 Lockhart, P. (2009). *A Mathematician's Lament: How School Cheats Us Out of Our Most Fascinating and Imaginative Art Form.* Bellevue Literary Press.

[그림 7] 아는 것(Knowing)과 하는 것(Doing)의 부족은 레시피와 죽은 지식 등의 문제 있는 지식을 초래한다.

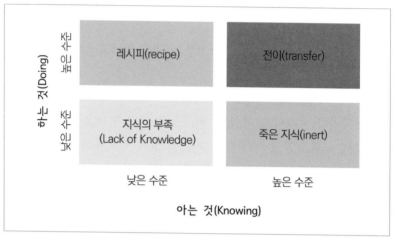

Source: CCR.

(Inert), 오해를 낳는 지식 등으로 표현될 수 있다. 이러한 문제가 있는 지식은 학습의 과정에서 이미 의미를 상실하게 된다.

가장 일반적인 깨지기 쉬운 지식은 행동에 기초한 지식이며 이는 약간의 스트레스에도 무너지고 유용성을 상실한다. [그림 7]에서 설명하듯이 단순 암기지식인 레시피는 기계적인 반복에 의한 학습의 결과이다. 이러한 지식은 학생들이 특정 활동을 해내는 것에 있어 개념적인 이해가 필요하지 않을 수 있고, 다른 맥락으로의 전이도 잘 이루어지지 않는다. 반면에 죽은 지식은 머릿속으로는 이해하는 것처럼 보이지만 필요한 맥락에서 그 지식을 유용하게 적용하지 못하는 것을 의미한다.

학생이 어떠한 추상적 개념을 알지 못하고, 문제 해결에도 실행하지 못한다면 그것은 왼쪽 아래의 위치에 있는 지식의 부족을 의미한다. 학생이 다른 맥락으로 지식을 적절하게 전이하기 위해서는 높은 이해력과 실행력을 동시에 가지고 있어야 한다.

일반적으로 구성주의 패러다임은 학생들을 위한 능동적 학습 경험을 강조하는 교육학적 관점[67]이라고 할 수 있다. 전통적인 교육의 방식은 하향식(Top-down) 형태이며 이 경우에는 학생들의 개념과 경험이 효과적으로 연결되지 않을 수 있다. 반면에 진보적 교육의 방식인 상향식(Bottom-up) 형태는 학생들에 의해 능동적으로 개념이 구성되지만 복잡성에 있어서 제한이 있다. 이러한 두 가지 교육방식의 균형은 교육과정의 운영에 있어서 매우 중요하다. 하향식(Top-down) 형태로 운영되면 대부분의 학습 결과가 죽은 지식이 될 수 있고, 상향식(Bottom-up) 형태로 집중되면 레시피 지식이 될 수 있다. 이 두 접근 방법은 결과적으로 새로운 맥락에서 학습의 결과가 전이되지 않는다는 공통점을 갖고 있다. 하향식(Top-down) 접근법과 상향식(Bottom-up) 접근법의 균형을 맞추어서 학생들이 의미 있고, 유용하며, 이해력을 갖출 수 있는 학습 경험을 할 수 있도록 해야 한다.

오해는 다른 말로 표현하면 의미가 제대로 구성되지 않은 이해를 의미한다.[68] 종종 학생은 반드시 배워야 한다는 반직관적인 (counterintuitive) 의견도 있지만, 학생들이 의미를 구성하는 것이 중요하다는 의견이 더 우세하다. 최근에는 많은 학교에서 확고하게 확립된 복잡한 지식을 전수하는 것보다 지식을 스스로 구성하도록 하는 것이 중요하다는 것을 실천하고 있다. 학생들이 힘의 개념에 대해 탐구적 학습을 하는 사례를 살펴보자.

---

67 학생들은 적극적으로 이해를 형성하고 단순하게 이해하지 않는다고 한 장 피아제(Jean Piaget)의 유명한 교육학적 패러다임이다.
68 이것들은 종종 그들이 여전히 의미를 가지고 있다는 생각을 지키기 위해 "대체 개념"이라고 불리지만, 단지 표준과 일치하지 않을 뿐이다.

… 학생들은 공중에 떠오르는 공을 계속 떠오르도록 하기 위해 어떤 노력이 필요할지 생각해 볼 수 있다. 밀어올리는 힘이 없으면 움직임은 멈출 것이므로 공에 지속적으로 영향을 미쳐야 한다. 학생들은 공에 미치는 힘에 대해 질문을 받으면 무의식적으로 "영향"과 "힘"을 생각해 낼 것이다. 공을 위쪽으로 올리는 힘과 아래쪽으로 내리는 힘이 균형을 이루게 되면 공은 최고점에서 멈추게 된다. 이처럼 학생들에게 힘에 대해서 질문하면 어떤 물건에 미치는 영향과 힘을 떠올릴 수 있고, 힘의 균형에 대해서도 이해할 수 있게 될 것이다.

궁극적으로, 학생이 주어진 문제나 상황을 어떻게 해석하고 지식을 적용하느냐에 따라서 다양한 지식을 더 견고하게 구성할 수 있다. 교육의 과정 중 맥락의 차이가 있는 상황에서 기존의 지식을 새로운 이해를 위한 도구로 사용할 수 있도록 유도하는 것이 매우 중요하다.

최적화(Optimization)

에빙하우스(Ebbinghaus)의 망각 곡선은 인간이 지식을 망각하는 것에 관한 고전적인 이론이다. 1880년 에빙하우스(Ebbinghaus)는 인간의 기억은 급격히 감소하고 그 다음 수평을 유지한다는 것을 보여주는 망각 속도에 대한 책을 발간했다.[69]

여기서 주목할 부분은 기억에 남아있는 내용들이다. 기억에 남는 내용은 기존의 기억과 관련성을 갖고 있기 때문에 이 연구에서는 무의미한 철자를 기억하는 것을 실험했다. 만약 가장 무의미하고 깨지기 쉬운 지식에 대한 것을 찾는 것이 목적이라면 이 연구는 의미

---

[69] https://journals. plos.org/plosone/article?id=10.1371/journal.pone.0120644

가 있다. 이 고전적인 실험은 학습을 이해하는 흥미로운 결과를 보여주었지만 학습에 대한 대표적인 연구 결과라고 하기 어렵다.

가능한 다양한 지식기반을 구성하고 전이를 활발하게 제공하는 지식을 찾는 것이 연구의 목적이라면 완전히 다른 방식의 연구설계가 필요하다. 최근 활발하게 연구를 이루는 '적응형 ITS(adaptive intelligent tutoring systems)'는 특정한 교과의 내용을 개별 학생들이 가장 효율적으로 학습하도록 하는 최적화된 시스템을 만들고자 하는 것이다.

6 핵심 개념(Core Concepts)

학습된 정보는 다른 정보를 이해하는 도구로 활용될 수 있다. 그렇다면 우리가 교육과정을 설계할 때 지식이 하나의 도구가 된다는 생각을 어떻게 활용할지가 중요하다. 각 분야별로 가장 강력한 도구인 핵심 개념을 찾아내 명시적으로 초점을 맞추어야 한다.

무엇이 가장 중요한가?(What is Most Important?)

교육과정을 설계할 때 가장 어려운 부분은 모든 학생에게 교육과정 내에서 모든 교과목에 걸쳐 가르칠 가장 필수적이지만 복잡하고 추상적인 개념을 선정하는 것이다. 그간 추상적인 개념을 강조해 학생들이 직관 능력을 형성하고, 전이하며, 더욱 일반화된 이해를 할 수 있도록 하기 위한 많은 노력이 이루어져 왔다. 생각의 틀을 형성하는 것과 개념화는 다르지만, 이러한 체계는 강력하고 유연한 이해를 촉진하기 위해서 교육과정의 구조화가 필요하다는 것을 의미한다.

아는 것과 하는 것(Knowing and Doing)

앞에서 언급했듯이, 전이는 실제로 학습했던 정보를 자원으로 활용할 수 있는 이해를 실행하는 과정이다. 그러므로 '아는 것'과 '하는 것'을 구별하는 것은 교육과정 설계에서 중요한 부분이었다. 이분 법적으로 나누어 본다면, '아는 것'은 어떠한 사람이 새로운 맥락에서 전이하거나 사용할 수 없는 지식을 가지고 있는 것을 의미하고, 반면에 '하는 것'은 깊고 개념적이지 않더라도 피상적이고 절차적인 지식을 어떤 것을 실행하기 위해 활용하는 것을 의미한다.

단어들을 암기하는 것을 넘어서 '다양하게 읽고 쓸 줄 알고 (literacy)',[70] '언어를 유창하게(fluency)'[71] 활용하기 위한 노력의 중요성은 이미 모두 동의하고 있다. 결과적으로 읽고 쓰는 능력은 새로운 정보를 이해하기 위해 기존의 지식을 도구로 활용하는 능력을 의미한다. 다시 말하면 언어 능력은 새로운 정보의 의미를 이해하는 능력이다.[72] 따라서 전문적 아마추어리즘(expert amateurism)을 위해 노력하고 미래 학습을 준비하는 것이다.[73] 알려져 있는 학문 분야의 핵심 개념을 숙달하는 것은 그 학식이 높은 사람 혹은 그 학문의 실천자처럼 생각하는 것을 의미한다.[74] 하지만 이러한 핵심 개념들은 앞에서 논의된 바와 같이 언어로 표현하기 쉽지 않아서 제시하기 어려운 매우 기본적 사고방식이다.

---

70 예시: financial literacy, media literacy, scientific literacy, graphic literacy.
71 예시: math fluency.
72 유창하기 위해서 어느 정도의 숙련도는 자동으로 같이 내실화되어야 한다.
73 과학자가 비과학자에게 무언가를 설명할 때, 약간 짜증나 보이고 "영어로 부탁해."라고 말하는 모습은 그들이 이 과학 주제에서 유창하지 못하거나 읽고 쓰지 못한다는 의미이다.
74 Wineburg, S., Martin, D., & Monte-Sano, C. (2014). *Reading Like A Historican*: Teaching Literacy in Middle and High School History Classrooms-Aligned with Common Core State Standards. Teachers College Press.

핵심 지식 체계(Key Knowledge Frameworks)

CCR(Center for Curriculum Redesign)에서 구안한 체계는 이전에 제시되어 왔던 내용을 활용했다. 새로운 것을 창조하는 것보다는 가능하면 기존의 내용들을 활용해 포괄적인 체계를 만드는 것을 목표로 했다. 많은 개념 기반(concept-based) 체계가 검토되었고, 최종 통합(synthesis)에 가장 중요한 것은 다음의 [표 2]에서 찾을 수 있다.

모든 체계가 공통적으로 가지고 있는 것은 내용에 대해 "적은 것이 더 많은 것을 포함한다(less is more)."라는 접근이다. 교육과정이 다루어야 하는 또 다른 요소를 추가하는 대신 현재의 내용을 우선적으로 고려하고, 기존의 내용을 통합하고, 더 효율적으로 구축하며, 전이의 효과를 강조하는 것이다.[75] 전이가 용이하도록 하기 위해서는 아는 것과 하는 것 사이의 균형을 맞추어야 한다. 극단적인 형태의 하는 것은 레시피 지식으로 귀결되는데, 이는 어떠한 일을 할 줄 알지만, 사실 깊은 이해를 활용하는 것이 아니라 단지 목표를 달성하기 위해 필요한 피상적인 행동의 절차를 기억하고 있는 것이다. 그러므로 레시피 지식의 체계는 유용한 지식의 핵심(the heart of useful knowledge)에 도달하기 위해 아는 것과 하는 것을 짝지을 때 의미가 있다. 마찬가지로 한 학문의 범위 밖의 내용을 생각할 수 있다는 것은 새로운 맥락으로의 전이를 의미하며, 지식 체계에서도 자주 언급되고 있다. 다음 표는 다양한 지식 체계가 어떻게 지식과 행동, 학문(disciplinary)과 비학문(non-disciplinary)이라는 이분법적 관점에서 서로 연관되는지 요약한 것이다.[76]

---

75 모든 추론(reasoning)/학습이 어느 정도 수준에서는 전이라는 주장이 제기되었다[암묵(metaphor, 비유(analogy)].
76 우리는 우리가 의미하는 전통적인 학문적 한계 밖에서 정확히 어떤 종류의 연결에 대한 논의를 피하기 위해 '학제간의(interdisciplinary)', '여러 학문 분야에 걸치는(cross-disciplinary)' 또

[표 2] 다양한 지식 체계는 어떻게 서로 연관되는가

	아는 것(지식)		하는 것(행동)	
	빅 픽쳐	스몰 픽쳐	빅 픽쳐	스몰 픽쳐
학문	• 빅 아이디어[a] • 근본적인 질문[a] • 이론[b] • 원리[b] • 중심 아이디어[c] • 학문의 핵심 아이디어[d] • 대표적인 아이디어[e] • 문지방 개념[f] • 영속적 이해[g]	• 근본적인 질문[a] • 작은 개념 (microconcept)[b] • 일반화[b]	• 핵심 과제[a] • 과정[b] • 핵심 과제[c] • 실제[d]	• 전략[a] • 기술[a]
비학문	• 이어지는 질문[c] • 근본적인 질문[a]	• 큰개념 (macroconcept)[b] • 개념[c] • 크로스커팅 개념 (cross-cutting concept)[d]	• 초학제 기술 (transdisiplinary skill)[c]	• 하위기술 (subset skill)[c]

지식을 기술하기 위해 사용되는 용어들의 종류를 요약한 표.
디자인에 의한 이해(a), 개념 중심 교육(b), 국제적인 대학 입학 자격시험(baccalaureate)(c),
차세대 과학 표준(d), 의미 영역(e), 마이어와 랜드(Meyer and Land)(f), 루비콘(Rubicon)(g).
출처: CCR.

예를 들어, 빅 픽쳐(big picture) 범주는 학문에서 필수적인 질문으로, 기본적인 것을 다루는 질문이다. 즉, 이러한 질문들은 한 분야의 생각과 한계를 의미한다. 예를 들어 "시간과 공간에 몇 개의 차원이 존재할까?"와 같은 질문이 이에 해당된다. 스몰 픽쳐(small picture) 범주는 학문 분야에서 필수적인 질문의 일종으로, 내용을 깊이 파고드

는 '학과를 뛰어넘는(transdisciplinary)'이라는 말과 반대로 "비학문(non-disciplinary)"이라는 단어를 사용한다. 그것은 매우 일반적인 의미에서 의도된 것이다.

는 데 필요한 질문을 다룬다. 예를 들면 "빛은 어떤 방식으로 파동처럼 움직일까?"와 같은 질문이 이에 해당한다.

빅 픽처 범주의 본질적인 질문은 세월이 흘러도 변치 않는 것을 다루는 것이다. "정의란 무엇인가."와 같은 이러한 질문들은 토론하기에 흥미롭고 계속해서 답이 변화할 수 있다.

아는 것과 하는 것을 이분법적으로 분리하는 것은 실제로 교육과정을 구성하는 데 있어 생산적인 논의가 아닐 수 있다. 결국, 어느 하나를 소홀히 하는 것은 깨지기 쉬운(fragile) 지식을 생성한다. 그러므로 우리는 이런 구별을 우리의 체계에 포함시키지 않고, 단순히 어떤 개념과 내용을 가르칠지 결정하는 과정을 설계한 뒤 그것들을 어떻게 체계화할 것인지에만 초점을 맞춘다. 개념을 배우는 것은 아는 것과 하는 것을 둘 다 다루어야 한다.

도구로서의 개념 목록(Concept Inventory as a Tool)

각 분야에서 더 깊은 개념을 수집하고, 조직화하고, 평가하기 위한 시도가 이루어지고 있다. 대학생들이 과학의 핵심 개념을 얼마나 잘 배우고 있는지를 평가하기 위한 개념 목록을 만들고자 하는 다양한 노력이 있다. 개념 목록은 특정 분야의 전문가와 교육자로부터 의견을 수집하고, 일반적인 오해(common misconceptions)를 확인하기 위해 정답 이외의 선택지로 학생들의 개념 구조를 진단하는 객관식 시험을 통해 만들어진다. 다음의 예시77를 보면 개념 목록에 대해 더 쉽게 이해할 수 있다.

---

77 Garfield, J. & Ooms, A. (2006). *Assessment Resource Tools for Assessing Students' Statistical Literacy. Reasoning, and Thinking*. Proceedings of the National STEM Assessment Conference.

당신이 박테리아 세포 안에 있는 ADP 분자라면, ATP를 생성하는 효소를 찾아내어 ATP 분자로 전환될 수 있는 방법을 가장 잘 설명한 것을 고르라.

이 문제는 확산(diffusion)이 분자의 무작위 이동(random motion of molecules)에 의해 발생한다는 것을 학생들이 이해하는지 확인하기 위해 만들어졌다.

> a. 나는 수소 이온(hydrogen ion)의 흐름을 따를 것이다.
> 이 대답을 선택한 학생들은 ADP가 어떻게든지 수소 이온의 기울기를 발견할 수 있다고 생각하는 것이다.
> b. ATP의 생성효소가 ADP(나)를 찾을 것이다.
> 이 대답을 선택한 학생들은 ATP의 생성효소가 ADP의 존재를 감지하고 적극적으로 ADP와 결합한다고 생각하는 것이다.
> c. 전기 음성도(electronegativity)가 ADP(나)를 ATP의 생성효소로 이끌어줄 것이다.
> 이 대답을 선택한 학생들은 전하(charges)가 ADP와 ATP의 생성효소를 서로 끌어당기도록 한다고 생각하는 것이다.
> d. ADP(나)는 정확한 영역(right area)으로 적극적으로 이송될 것이다.
> 이 대답을 선택한 학생들은 ADP가 어떻게든지 ATP의 생성효소와 근접하도록 정확한 영역에 위치된다고 생각하는 것이다.
> e. 무작위 이동(random movements)이 나를 ATP의 생성효소로 이동시킬 것이다.
> 정답이다. ADP는 ADP 분자들의 무작위 이동에 의해 ATP의 생성효소를 찾을 것으로 생각하는 것이다.

한편 학생 인터뷰와 반복적인 질문 개발 과정을 통해 주어진 주제에 대한 학생의 개념 이해를 진단하는 도구가 개발되었다. 첫 번째 개념 목록(concept inventory)은 1992년에 만들어진 Force Concept Inventory(FCI)[78]로 2008년까지 23개의 개념 목록이 과학계에서 개발되었으며, 고등교육 STEM 과목의 최상의 교수법(teaching practices)에 대한 논의를 불러일으켰다.

이러한 노력이 효과적으로 성과를 내기 위해서는 다음의 세 가지 방법으로 확장될 필요가 있다.

1. 단순한 진단 도구가 아니라 교육과정 설계 도구로 사용되어야 한다.
2. STEM 이외의 주제를 포함해야 한다.
3. 필요하다면 유·초·중등학교(K-12) 학생들에게 알맞게 적용되어야 한다.

이러한 확장은 디지털 기술을 활용하면 가장 효과적이며 지속적인 성장, 많은 기여자(multiple contributors), 상호 연결된 조직 시스템 등을 가능하게 할 것이다.[79]

조직 수준(Levels of Organization)

개념 중심의 지식 체계와 개념의 목록이 확장되어 전체 교육과정의 기초가 되면서, 우리는 개념의 위계(hierarchy)와 내용이 어떻게 결

---

78 Hestenes, D., Wells, M., & Swackhamer, G. (1992). "Force concept inventory." The Physics Teacher 30: 141-158.
79 한 가지 유망한 프로젝트는 Ed's tools인데, 이 도구는 어떤 주제에 대한 개념의 목록을 만드는 것을 돕는 컴퓨터 프로그램을 제공한다.

합되는지 고려해야 한다. 다른 수준의 내용에서 식별된 개념이 도출한 체계의 부분들을 잘 결합해야 한다. 이는 융합학문적(interdisciplinary), 학문 고유의 영역(discipline specific), 교과 고유의 영역(branch specific), 주제 고유의 영역(subject specific) 등이 결합해야 함을 의미한다. 유·초·중 등학교(K-12)에 걸쳐 학생들이 핵심 개념으로부터 가장 효율적이고 효과적으로 의미를 만들 수 있도록 이 내용과 개념의 관계를 명시적으로 만들어야 한다.

개념을 통한 내용의 구조화
(Structuring Content through Concepts)

개념 목록이 전체 교육과정의 기초가 되기 위해 확장됨에 따라, 서로 다른 수준의 내용에 걸쳐 구성되어야 한다. 만약 내용이 교육과정의 어떤 개념과 연결되지 않는다면, 그것은 학생들의 마음속 개념과 연결되지 않을 것이며, 유용하고 전이될 수 있는 지식의 일부가 될 수 없다. 수업은 과목의 넓은 범위를 다루기 위해 중요 내용으로만 설계되어 있다. 그러나 이러한 목표에 따라 수업이 구성된다면 단편적이고 분리된 내용만 다루게 될 것이다.

개념들이 학문 내에서 어떻게 학문의 경계를 넘어(across) 조직될 수 있는가? Force Concept Inventory는 운동학(kinematics), 자극(impetus), 작용과 반작용(action and reaction)[80]과 같은 항목의 집합을 분류하는 분류법(taxonomy)이다. 다른 사람들은 개념 클러스터(clusters)[81]

---

80 Hestenes, Wells, & Swackhamer, G., "Force concept inventory," 141-158.
81 Stief, P. S. (2004). "An articulation of the concepts and skills which underline engineering statics." In *Frontiers in Education*, 2004. FIE 2004. 34th Annual (pp.F1F-5). IEEE.

를 언급했고, 하위 검사(subtests)[82]를 사용했고, 거시적·미시적[83] 개념을 언급하거나 성숙도(maturity)[84]와 같은 학제간 개념을 탐구했다. 많은 체계들은 개념들 사이의 상호관계를 언급한다. 정확한 개념화는 각 체계가 조직되는 방식에 따라 달라지지만, 개념들은 상호 연관되어 있어서 하나의 개념에 대한 이해에 영향을 받고, 다른 것들에 대한 이해에 영향을 미친다는 것이 일반적인 견해이다.

내용의 개념을 분리하고, 각 내용 조직(content organization)의 수준에서 많은 학제 간 연결로 소수의 핵심 개념을 식별하는 구조가 필요하다. 주제(topics)는 가장 낮은 세분화 수준이며 내용 자체를 포함한다. 주제들을 직접적으로 가르쳐야 하며, 상위 수준에서 핵심 개념을 예시로 들고 탐구하고 적용하는 데 활용해야 한다. 이 접근법의 장점 중 하나는 특정 내용(예: 세포의 일부 등)을 높은 수준의 핵심 개념(예: 과학적 추론 등)과 심지어 다른 분야(예: 노동 분업)의 개념에까지 연결할 수 있다는 점이다. 이러한 조직은 교육과정 설계자들이 학습 목표와 교육에 사용되는 내용 사이의 차이를 추적해 다른 관점에서 중요한 개념을 재조명할 수 있도록 돕는다.[85]

82 Evans, D. L., Gray, G. L., Krause, S., Martin, J., Midkiff, C., Notaros, B. M., & Streveler, R. (2003). "Progress on concept inventory assessment tools." In *Frontiers in Education, 2003*, Vol. 1. IEEE.
83 Kinchin, I. M. (2010). "Solving Cordelia's dilemma: Threshold concepts within a punctuated model of learning." *Journal of Biological Education* 44 (2): 53-57.
84 Peter, M., Harlow, A., Scott, J. B., McKie, D., Johnson, E. M., Moffat, K. & McKim, A. M. (2014). "Threshold concepts: Impacts on teaching and learning at tertiary level." *Teaching & Learning Research Initiative*.
85 이것은 나선형 교육과정(spiral curriculum), 스트랜드 교육과정(strand curriculum), 교육과정 매핑(curriculum mapping) 등을 통해 이루어질 수 있다.

내용 구조(Content Structure)

각 분야마다 의미를 체계화하는 유용한 방법이 있을 수 있지만, 궁극적으로 종류(classes)자체를 재정비하는 도전이 중요한 것은 아니다. 오히려 의미를 만드는 비결(keys)은 조직의 다양한 수준에서 핵심 개념으로 통합될 것이다. 많은 학교에서 대규모의 구조조정은 불가한 가운데, CCR 체계는 가능한 한 간단하게 구현할 수 있도록 설계되었다.

따라서 우리는 그룹에 해당하는 일련의 이름들을 식별한다. 각각은 그 아래에 있는 것들로 구성되어 있다[예를 들어, 학문(disciplines)은 분야(branches)로 이루어져 있다].

- 학문(Disciplines) : 수학, 역사, 과학 등
- 분야(Branches) : 대수학(algebra), 서양 문명(Western Civilization), 생물 등
- 과목(Subjects) : 게임 이론, 러시아 혁명, 생태학 등
- 주제(Topics) : 죄수의 딜레마(Prisoner's Dilemma), 로마노프의 처형(Execution of the Romanovs), 수렵 채집(foraging) 등

어떤 존재론(ontology)이나 분류학(taxonomy)도 항상 모든 용도에 완벽하게 일관될 수 없다는 것을 이해해야 한다. 예를 들어, 과학과 생물학을 모두 학문적 수준에서 포함하는 것(count)이 유용할 수 있다. 따라서 학문적 유형의 두 층을 만든다. 각 수준에서, 범주는 내용의 특정한 집합을 나타내고 핵심 개념을 규정하는 특별한 집합이다.

한 분야로서의 생물학은 생명과 생물에 대한 내용의 집합이다. 생물학의 핵심 개념은 "구조와 기능이 상호 연관되어 있다.", "자연

[그림 8] 내용구조 각 단계에서의 핵심개념(단지 주제들만을 가르칠 수 있으므로 더욱 높은 범주의 핵심개념들을 포함해야 한다)

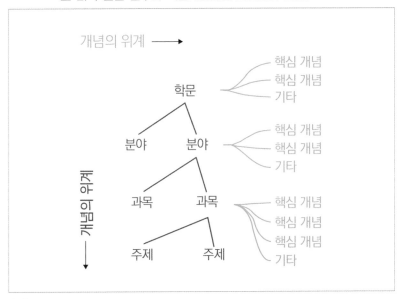

출처: CCR.

현상은 복잡한 시스템의 형태를 띠는 경향이 있다." 등이 될 수 있다. 그것은 지식이나 학문으로서의 과학에 대한 접근의 일부이며, "과학적 설명, 이론, 모델은 집합적 증거에 기초하고 항상 어느 정도의 불확실성을 포함하고 있다.", "과학은 종종 윤리적, 사회적, 정치적 의미에 적용할 수 있다.", "과학은 모든 결과에 하나 이상의 원인이 있다고 가정한다."와 같은 핵심 개념을 가지고 있다. 이러한 경험적이고 집합적인 지식의 구조(knowledge construction)에 대한 초점은 예술에서의 아름다움에 대한 관점이나, 인문학에서 도덕이나 서술 (narratives)에 대한 관점과 구별된다.

　분류법의 각 층에 핵심 개념을 할당함으로써 큰 혼란은 피할 수 있다. 교육과정은 종종 이러한 수준 중 몇 개만을 선택하고 그 안에 관련된 모든 핵심 개념이나 큰 아이디어를 포함해 중복성(redundancy), 불완전성(incompleteness), 혼란스러움을 초래한다. 예를 들어, 생리학[86]에서의 핵심 개념들은 해당 분야의 핵심 개념을 결정하기 위한 교수진들의 답변을 종합한 것이다. 비록 그 목록은 핵심 개념이 얼마나 광범위한지 좁은지에 근거해 구성되지 않았지만, [표 3]은 어떻게 15가지 아이디어를 3가지의 내용 기반 범주: 학문(disciplines), 분야(branch), 과목(subject)으로 구성했는지 보여준다.

[표 3] 생리학적 핵심 개념을 세 층의 추상화된 내용으로 분류

과학 [학문(discipline)]	생물학 [분야(branch)]	생리학 [과목(subject)]
인과관계: [살아있는 유기체]는 존재하는 인과관계를 기술함으로써 기능을 설명할 수 있는 인과관계 구조(mechanism)이다. 과학적 추론: [생리학은 과학이다]. [신체의 기능에 대한 우리의 이해는 과학적 방법의 적용에서 비롯되므로, 우리의 이해는 항상 잠정적(tentative)이다. 조직 수준(levels of organization): 생리학적 기능을 이해하는 것은 분자부터 사회까지 조직의 모든 수준에서 행동을 이해하는 것을 필요로 한다.	물리학/화학: 살아있는 유기체의 기능은 물리학과 화학의 법칙을 적용함으로써 설명할 수 있다. 에너지: 유기체의 생명은 지속적인 에너지 소비를 요구한다. 에너지의 획득, 변형, 수송은 신체의 중요한 기능이다. 진화: 진화의 메커니즘은 조직(organization)의 많은 수준에서 작용하며, 구조와 기능 사이의 현존하는 관계를 만들어 낸 적응적 변화(adaptive change)를 초래한다.	세포간의 소통(cell-to-cell communication): 유기체의 기능은 세포들이 그들의 활동을 조정하기 위해 정보를 콘(cone)에 전달하도록 요구한다. 이러한 과정은 내분비선 (endocrine)과 신경 신호(neural signaling)을 포함한다. 세포막: 원형질 막(plasma membrane)은 어떤 물질이 세포로 들어가거나 나가는지 결정하는 복잡한 구조물이다. 그것들은 세포 신호, 운반, 그리고 다른 과정에 필수적이다.

86 Michel, J. & Mcfarland, J. (2011). "The core principles ('big ideas') of physiology. Results of faculty surveys." *Advanced Physiology Education* 35: 336-341.

물질 수지(mass balance): 어떤 시스템이나 구획(compartment)의 내용은 투입(inputs)과 산출(outputs)에 의해 결정된다.	항상성(homeostasis): 유기체의 내부는 음성피드백 시스템(negative feedback systems)에 조직된 세포, 조직 및 기관의 기능에 의해 일정한 상태를 유지한다.	세포설: 유기체를 구성하는 모든 세포는 동일한 DNA를 가지고 있다. 세포는 많은 공통적 기능을 가지고 있지만 유기체에 필요한 전문적 기능도 가지고 있다.
	상호의존성(interdependence): 세포, 조직, 장기 및 기관계는 생명을 유지하기 위해 각각의 기능에 의존하여 상호작용한다.	유전자로부터 단백질까지 (genes to proteins): 모든 생명체의 유전자는 효소를 포함한 단백질의 합성을 위한 코드를 포함하고 있다. 모든 세포의 기능은 발현된 유전자에 의해 결정된다.
	구조/기능: 세포, 조직 또는 장기의 기능은 그 형태에 의해 결정된다. 구조와 기능은 본질적으로 관련 있다.	플로우다운 그래디언트 (Flow-down Gradients)[87]: 이온, 분자, 혈액, 공기와 같은 것의 운반은 유기체의 모든 조직 수준에서 중심적인 과정이며, 이 수송은 간단한 모델(simple model)로 설명할 수 있다.

출처: CCR adapted from Michael & Mcfarland.

수준에 따라 핵심 개념을 구성함으로써, 높은 수준의 개념이 그들의 낮은 수준의 요소들 모두에 적용되기 때문에 각 주제에 대한 수(number)는 관리가 가능해진다. 이 경우, 과목(subject)은 생리학이지만, 규모에 따라 구성되기 때문에 과학적 추론과 연역적 추론 중에서 선택할 필요가 없다. 다른 개념 중심 체계는 개념의 분류법에 근거해 부분적으로만 개념을 나눈다. [표 4]는 CCR(Center for Curriculum Redesign)의 접근 방식과 유사한 개념 중심 체계를 비교하는 방법을 요약한 것이다.

87 플로우다운 그래디언트(Flow-down Gradients)는 생리학보다 더 낮은 수준의 핵심 개념일 수 있다.

[표 4]

개념 중심 교육 (Concept-Based Education)	빅 아이디어 (Big Idea)	문지방 개념 (Threshold Concepts)	개념 목록 (Concepts Inventories)	연구 프로젝트 (Inquiry Porject)	CCR
학제간 (interdisciplinary) 거시 개념	"정의란 무엇인가"와 같이 중요하고, 지속적이고, 논쟁이 풍부하고, 계속 변화하는 본질적 질문들.	상전이(phase transition)와 같은 학제간 문지방 개념. 문지방 개념들은 교육과정에서 수평적 또는 수직적으로 통합될 수 있다.	없음	개념들 간에는 상호관련이 있다. 예를 들어 "수학은 과학과 밀접한 관련이 있다."	핵심 개념 (주제)
학문 (disciplines) 이론 원리 일반화	"시공간에는 얼마나 많은 차원(dimensions)이 있을까?"와 같이 기초적이고, 빅 아이디어와 학문의 최첨단을 지향하는 본질적 질문들.	문지방 개념들은 일반적으로 학문안에서 정의되며 혁신적, 통합적, 비가역적, 제한적이고 학생들에게 힘들 수 있다.	개념목록은 학문 안에서 개발되지만 그러한 개념들은 그 학문에서 널리 쓰일수도 인식일 수도 있다.		핵심 개념 (학문)
분야 (branch) 미시 개념	"빛은 어떤 식으로 파동처럼 행동할까?"와 같이 해당 내용을 배우는 데 필요하고 내용자체를 깊게 생각하게 할 수 있는 본질적 질문들.	분야와 학문의 문지방 개념은 거의 구별이 되지 않으며 모두 미시적(micro)인 문지방 개념으로 불린다.	대부분의 개념 목록들은 분야 또는 주제(subject)의 수준에서 정해진다. 예를 들어 전자공학 개념 목록은 장(fields), 파동(waves), 장과 파동(fields and waves)이라는 세가지 하위 평가영역(sub-assessments)을 가진다.	학습 성취(learning progressions)는 경험적으로 결정되고 서로 다른 스케일의 개념들을 다룬다.	핵심 개념 (분야)

⑦ 교육과정의 필수적인 내용(Essential Content)

CCR(Center for Curriculum Redesign) 컨퍼런스의 키노트(keynote) 참석자들과 CCR 세미나에 참석한 교사들에게 학생들이 수업에서 무엇을 얻어가기를 원하는지 물어보았을 때, 그들은 교육과정의 세부적인 내용은 거의 언급하지 않는다. 세부적 내용은 어떠한 것이라도 즉시 인터넷으로 검색이 가능하다. 어떤 내용이 교육과정에 필수적으로 포함되어야 하는가라는 질문으로 이어지고, 이에 답하기 위해서는 먼저 내용(content)의 목적을 살펴보아야 한다.

만약 어떠한 내용을 인터넷으로 검색할 수 있다면, 교실에서 배울 필요가 있는가?
(If You Can Search Anything, Why Learn Anything?)

학습은 맥락(context) 속에서 일어나며, 시간이 흐르면서 일반화되고 추상화되지만, 온라인에 있는 고립된 정보는 많은 경우에 맥락을 완전히 담아낼 수 없다. 다니엘 윌링햄(Daniel Willingham)[88]은 이것을 단어를 공부하는 것에 비유했다. 학생들은 단어를 배울 때 단지 의미를 정의하는 것이 아니라 문맥에서 어떻게 사용되는지를 배우기 위해, 문장에 새로운 단어들을 사용하도록 요구받는다. 이때 학생들은 온라인에서 동의어를 찾아보면서, 종종 그 단어들을 잘못 사용하게 되는데, 예를 들어 "그는 가장자리에서 세심하게 균형을 잡는다."라고 말한다("meticulous"를 "careful"과 같은 의미로 사용했다). 다니엘 윌링햄(Daniel Willingham)은 모든 내용 학습(content learning)에서도 동일한 논리

---

88 Willingham, D. (2017). "You still need your brain" *Gray Matter*. http://nyti.ms/2rKoSPt

가 적용되어야 한다고 주장한다. 단지 정보를 찾아내는 능력이 있는 것이 그 정보를 적절히 사용하고 적용하기에는 충분하지 않을 수 있다.

더닝 크루거 효과 피하기(Avoiding Dunning-Kruger Effect)[89]

지식의 한 가지 중요한 용도는 우리가 모르는 것을 설명하고, 더 많이 배우게 하는 것이다. 성인으로서 우리의 이해와 이해의 격차에 대한 대략적인 지도를 만드는 데 사용하는 중요한 지식이 있다. 배우 존 클리세(John Cleese)는 더닝 크루거(Dunning-Kruger) 효과를 "당신이 매우 어리석다면, 어떻게 당신이 매우 어리석다는 것을 깨달을 수 있는가? 당신이 얼마나 멍청한지 깨닫기 위해서는 상대적으로 똑똑해야 할 것이다."라고 재미있게 설명하였다. 대상 영역에 대한 최소한의 이해도 없이, 단순히 무지한 것은 인터넷 검색을 통해 해결될 수 있지만, 더 치명적으로 빠지기 쉬운 함정은 자신이 무지하다는 것에 대해 무지("meta-ignorance")[90]한 것이다.

예를 들어, 경제 정책에 대한 추론을 한다면 현실에 대해 정확하게 이해하고 이상적 상황과 비교해 가능한 변화를 고려하고, 다양한 경제적 미래를 추정해 보아야 한다. 2014년 미국에서 범죄율이 20년 만에 최저치를 기록했음에도 불구하고 갤럽(Gallup) 조사에 따르면 63%의 응답자가 범죄율이 증가하는 것으로 인식하고 있음이 드러났다. 이들은 더 엄격한 총기 규제법(gun control laws)을 지지하는 비율이

89 Kruger, Justin; Dunning, David (1999)."Unskilled and unaware of it: How diffi-culties in recognizing one's own incompetence lead to inflated self-assessments." *Journal of Personality and Social Psychology*. 77(6): 1121-1134.
90 Poundstonde, W. (2016). *Head in the Cloud: Why Knowing Things Still Matters When Facts are so Easy to Look Up*. Little, Brown.

8% 정도 낮은 것으로 나타났다.[91 · 92]

    만약 한 사람이 현실에 대한 추정이 잘못되었다는 것을 인식하지 못한다면, 그는 실제 정확한 숫자를 찾아볼 생각을 하지 않을 수도 있다. 연구에 의하면 미국의 두 주요 정당을 지지하는 것으로 나타난 참여자들은 불평등을 다른 방식으로 인식하고 있고, 이상적인 분배에 대해 서로 다른 방식으로 동의하는 것으로 나타났다. 그러므로 사실에 기반한 정보는 비판적이고 창조적으로 생각하는 능력에 중요한 역할을 한다.

    상황을 판단할 수 있는 능력을 갖는 것은 정보의 영향을 악화시킬 수 있다. 한 연구[93]에서 3가지 질문에 답하기 위해 구글(google)을 사용할 수 있었던 참가자들은 구글을 사용할 수 없었던 사람들보다 스스로를 더 똑똑하다고 인식했다. 이러한 결과는 올바르게 응답된 문제의 비율을 인위적으로 동등하게 만들어도 같은 결과를 보였다.

일상생활에서 사용되는 속도, 능숙도 및 무의식
(Speed, Fluency, and Automaticity Used in Daily Life)

    일상생활에서 필요한 각 학문의 기본적 수준이 있다. 예를 들어, 무게, 온도, 돈[94]과 같은 기본적인 수학의 능숙도가 필요한 이해 수

---

91 흥미롭게도 20년 전인 1994년에 범죄율이 9% 증가했다고 생각했던 사람들은 더 엄격한 총기 관련 법을 지지할 가능성이 컸고, 이는 수사(rhetoric)와 상호작용이 있다.
92 Kohut, A. (2015). "Despite lower crime rates, support for gun rights increases." Pew Research Center. http://www.pewresearch.org/fact-tank/2015/04/17/despite-lower-crime-rates-support-for-gun-rights-increases
93 Wegner, D. M., & Ward, A, F. (2013). "The internet has become the external hard drive for our memories." *Scientific American* 309(6): 58-61.
94 Patton, J. R., Crnin, M. E., Bassett, D. S., & Koppel, A. E. (1997). "A life skills approach to mathematics instruction: Preparing students with learning disabilities for the real-life math demands of adulthood." *Journal of Learning Disabilities* 30:

준이 있다. 정상적인 아이들에게 있어 이 수준은 큰 노력을 하지 않고도 성취되며, 교육과정의 어느 부분이 모든 학생들의 삶에 진정으로 유용할 것인지의 점검이 중요하다.

공유된 사회적 배경의 일부
(Part of a Shared Social Background)

길을 관광객에게 가르쳐주는 경우와 현지인에게 가르쳐주는 경우를 생각해보자. 관광객에게 말할 때 우리는 자연스럽게 어떠한 공유된 정보나 가정(assumptions)에 의존할 수 없다는 사실을 이해하고 있고, 공유된 정보나 가정이 있다면 당연하게 여길 내용들을 설명하는 데 훨씬 더 많은 시간을 사용해야 한다.95 반면 뉴스와 미디어는 가정하고 신뢰할 수 있는 배경 정보가 수집되어 있기 때문에 아주 기본적인 내용을 모두 설명하는 방식을 취하지는 않는다. 허쉬(E. D. Hirsh)는 문화적 리터러시(Cultural Literacy)96에 관한 연구에서 어떤 내용이(예를 들어 콜레스테롤, 절대 영점 등) 미국의 문화적 리터러시 범주에 들어가는지 알아내고자 했다. 비록 이 목록은 다양한 지역 사회와 전 세계의 다른 문화권 사람들을 위해 조정되어야 하지만, 교육과정을 설계할 때 중요한 과정이자 유용한 출발점이다.

178-187.
95 Poundstone, W. *Head in the Cloud.*
96 Hirsch Jr., E. D., Kett, J. F., and Trefil, J. S. (1988) *Cultural Literacy: What Every American Needs to Know.* Vintage.

더 복잡한 개념의 필요성
(Necessary for More Complex Concepts)

모든 복잡한 개념은 더 복잡한 이해에 도달하기 위해 요구되는 작은 정보의 조각들로 구성되어 있다. 누구나 언제 어떤 것이든 인터넷을 통해 정보를 찾아볼 수 있지만, 이는 미래의 학습과 문제 해결의 속도를 늦출 수 있다. 예를 들어 독서를 하면서 낯선 단어들을 모두 찾아볼 수 있지만, 이 과정은 독서의 속도를 늦춘다. 일반적으로 단어를 많이 알면 알수록 독해력이 높아진다.[97] 이 문제는 강의나 집단 작업(group works)과 같이 실시간으로 정보를 처리해야 하는 상황에서 더욱 중요하며, 필요할 때 자신의 속도로 상황을 살펴볼 수 있는 선택권이 없을 수도 있다.

낮은 수준의 구성요소에 대한 능숙도, 정확성, 속도가 부족하게 되면 높은 수준의 개념을 학습하는 데 걸림돌이 될 수 있다.[98] 선행 연구에서는 능숙도(fluency)가 "기술과 지식의 보유와 유지, 방해에 대한 인내력 또는 저항력, 교육의 전이에 대한 적용"[99]을 증가시킨다는 것을 보여주고 있다.

그러나 개념을 배우는 것은 보통 단순히 그것을 구성하는 작은 정보들을 축적하는 과정이 아니다. 이것은 학습 진행을 탐구하는 연구의 결과이다. 모셔(Mosher)의 리터러시(Literacy), 학습 진보(learning progressions)와 가르침(instruction)에 대해 생각하는 히치하이커의 안내서(A Hitchhiker's Guide to Thinking about Literacy, Learning Progressions, and

---

97 Schmitt, N, Xiangying, J, and Grabe, W. (2011). "The percentage of words known in a text and reading comprehension." *The Modern Language Journal* 95(1): 26–43.
98 Binder, C. (1993). "Behavioral fluency: A new paradigm." *Educational Technology.*
99 Ibid.

Instruction)에서는 "교육과정은 학생들이 특정 내용 및 주제에 대한 경험을 바탕으로 점점 더 복잡한 의미에 대해 체계적으로 노출되도록 설계되어야 한다."[100]라고 언급했다. 주제에 대한 학습의 결과는 순서나 경로에 따라 다른 방식으로 표현되고 저장되며, 다른 유형의 미래 학습을 위한 준비 역할을 할 것이다. 따라서 특정 지식이 교육과정에 포함될 수 있는 또 다른 이유는 그것이 특히 효과적인 학습과정의 일부라는 것이다.

핵심 개념을 위한 기질로서의 내용
(Content as Substrate for Core Concepts)

만약 교사가 학습내용의 대부분을 새로운 상황에 적용할 수 있는 개념의 형태로 만든다면, 학생들이 개념을 배우고 그 이해를 전이할 수 있도록 가장 잘 설명하는 내용으로 구성해야 한다. 특정 개념을 배우는 맥락은 학습자의 마음속에 구조화된 방식에 깊은 영향을 미친다.[101]

교육과정의 내용을 정리할 때는 범위(scope)와 순서(sequence)를 정해 구성한다. 이러한 순서에 근거해 뒤의 내용 요소는 앞에서 구축한 이해를 활용할 수 있으며, 교육과정은 시간에 따라 더 큰 복잡성(complexity)을 효율적으로 다루도록 구성될 수 있다. 내용 요소가 어떤 요소들과 함께 묶이냐는 측면에서 상대적인 범위(relative scope)를 차지하는 것은 교육과정의 맥락 안에서이다. 모셔(Mosher)에 따르

---

100 Mosher, F. (2017). A Hitchhiker's Guide to Thinking about Literacy, Learning Progressions, and Instruction. Consortium for Policy Research in Education. http://www.cpre.org/hitchhikers-guide-thinking-about-literacy-learning-progressions-and-instruction
101 https://en.wikipedia.org/wiki/Situated_cognition

면 앞서 언급한 바, 교육과정은 학생들이 특정 내용 및 주제에 대한 경험을 바탕으로 점점 더 복잡한 의미에 대해 체계적으로 노출 (exposure)되도록 설계되어야 한다. 그리고 그는 "특별한 가르침의 질서(order of instruction)는 필요 없지만 학교 시스템에서 합리적인 질서를 선택하는 것이 현명하고, 이는 선택권을 개인 교사들에게 맡기는 것보다 더 효과적일 것이다"라고 주장한다.

따라서 어떤 개념을 처음 도입할 때, 학생들이 일련의 직관들을 내면화할 수 있도록 개념을 자연스럽게 보여주는 예시[102]를 통해 이루어야 한다. 그것은 단지 하나의 예시가 아니며,[103] 그 개념과 관련된 특징들을 두드러지게 한다. 예시적인 내용은 안정적이고 접근성이 있어야 하며, 방해되는 요소를 최소화해야 한다.[104] 각 주제는 정보로 가득 차 있고 한 개념에 대한 신호(signal)는 다른 개념에 대한 잡음(noise)이기 때문에, 이 단계에서는 종종 학생들을 관련 특징으로 향하게 하는 일정한 양의 단계가 포함된다. 다른 내용을 통해 동일한 개념을 확인함으로써, 더 깊은 구조의 일부인 요소와 문맥의 부수적인 요소들이 명확해진다.[105]

그러나 그 후, 그 개념은 교사로부터 도움을 덜 받는 복잡한 맥락에서도 탐구될 수 있어야 한다. 이 단계에서 특정한 주제는 다른 개념들의 예시일 수 있지만, 실은 이미 소개된 개념들의 예시일 것이다. 주제는 개념을 설명하는 하나의 예시가 되지만 단지 많은 예

---

102 이것은 심리학 용어 사용과 일치한다. https://en.wikipedia.org/wiki/Exemplar_theory
103 Elgin, C. Z. (2017). *True Enough*. MIT Press.
104 Ibid.
105 For example, Quilici, J. L. & Mayer, R. E. (1996). "Role of example in how students learn to categorize statistics word problems." *Journal of Educational Psychology* 88(1): 144-161. http://doi.org/10.1037//0022-0663.88.1.144 and Tenenbaum, J. B., Kemp, C., Griffiths, T. L., & Goodman, N.. D. (2011). "How to grow a mind: statistics, structure, and abstsraction." Science 331(6022): 1279-85. http://doi.org/10.1126/science.1192788

시 중의 하나로서 다른 특징들을 가지고 있다. 다시 말하자면, 주제는 개념의 예시이지만, 전형적인 개념은 아니다.

만약 빨간색이 예시로서 색상환(color wheel)의 맥락에서 다루어졌다면, 신호등의 빨간색을 예시로 언급하는 것이 유용할 수 있다. 빨간색 신호등은 거리에서 교통질서를 배우는 예시가 될 수도 있다. 예시와 관련된 개념이 명확하지 않거나 여러 가지 개념에 걸쳐있는 경우에는 학생들이 개념을 일반화하고 이해를 높이는데 도움이 될 수도 있다.

이러한 개념과 예시의 구조는 과학을 학습하는 가장 강력한 방법이 될 수 있다. 개념과 예시가 결합된 방식으로 학습하는 것은 장기적으로 활용되는 학습으로 이어질 수 있다.[106] 개념과 내용이 연계되는 것은 기억에서의 청킹(Chunking)이나 개념의 기억 효과를 높이는 것으로 연결된다.[107]

학습된 개념은 개념적으로 동떨어진 주제에도 적용될 수 있다. 학생에게 도전적인 학습을 시키는 경우는 교사가 개념의 적용을 명시적으로 상기하지 않고, 실제 생활 상황에 더 밀접하게 시뮬레이션하지 않거나 그 개념이 맥락에서 두드러지지 않도록 제시하는 경우이다. 빨간색의 개념을 가르치는 예시에서 적용하는 내용은 빨간색을 포함하지 않을 수 있지만, 학생들은 주황색과 보라색을 만드는데 빨간색이 활용한다는 사실을 배울 수 있다. 서로 다른 개념들을 두드러지게 만드는 맥락들을 서로 엮음으로써, 개념 이해를 위한 비계(scaffold)를 구성해 복잡한 개념들이 동시에 그리고 체계적으로, 현

---

106 Rohrer, D. (2012). Interleaving helps students distinguish among similar concepts. *Educational Psychology Review*, 24(3): 355-367.

107 Those who have had experience working with Spiral Curricula may recognize that this framework would fit well with the notion of revisiting concepts, but that is just one way of conceptualizing the underlying structure.

실 생활의 맥락으로 전달될 가능성이 만들어질 수 있다. 이것은 결국 전문가들이 이러한 개념적 이해를 얻는 과정과 동일하게 학생들을 위한 교육과정을 설계하는 지침으로 명시적이고 체계적으로 사용될 수 있다.

　이 아이디어는 항상 한 번에 하나 이상의 개념을 가르치는 맥락에서 탐구 프로젝트에 활용될 수 있다: "한 사람은 항상 여러 개념의 일부(portion)를 고려한다. 하위 개념에 대해 체계적으로 학습을 하고, 개념을 재논의하는 과정을 통해서 적용할 수 있는 하위 개념과 맥락을 넓혀나갈 수 있다."108

역량 기반으로서의 지식
(Knowledge as Substrate for Competencies)

　비록 이 책에서 역량에 대해 자세히 논의하지는 않았지만(Four-Dimensional Education: The Competencies Learners Need To Succeed109 참조), 지식은 실생활과 단절된 상태에서 논의될 수 없다. 학생들에게 생각하는 법, 학습하는 방법, 사회-정서적 역량을 적용하는 방법을 가르치는 것의 중요성은 종종 어떤 내용을 먼저 가르쳐야 하는지에 대한 논의를 무색하게 만든다. 그러나 학습은 높은 위치에 있고 맥락 의존적이며, 따라서 역량은 일부 적합한 내용 요소 혹은 매체를 통해 가장 잘 학습된다는 점에 유의해야 한다.110 그리고 어떤 내용은 다

---

108 Wiser, M., Smith, C. L., Doubler, S., & Asbell-Clarke, J. (2009). "Learning progressions as a tool for curriculum development: Lessons from the Inquiry Profject." Paper presented at the Learning Progressions in Science (LeaPS) Conference, June 2009, Iowa City, IA.
109 Fadel, C., Bialik, M., and Trilling, B. (2015). Four-Dimensional Education: The Competencies Learners Need to Succeed. Center for Curriculum Redesign.
110 Garner, R. (1990). "When children and adults do not use learning strategies:

른 것들보다 어떤 역량을 가르치는 데 더 잘 맞춰질 수 있다고 믿는 이유가 있다.111

예를 들어 수학은 결과적으로 비판적 사고를 길러주지만, 실제 초보자에게는 이러한 성과를 파악하기 어렵고, 반복적으로 연습하도록 하기 때문에 수학이 비판적 사고를 가르치는 데 좋은 수단인지 불분명하다.112 사회학처럼 사실에 의거한 분야이거나 토론과 같이 더 접근하기 쉬운 학습 방법이 더 효과적일 수도 있다. 학문 분야별로 학습의 필요성과 성과에 대해 명시적이고(explicit) 암묵적인(implicit) 주장을 하고 있지만 이를 입증하기 위해서는 더 많은 연구가 필요하다.

현대화된 지식(Modernized Knowledge)

교육과정에 포함할 내용을 선택할 때 시대에 뒤떨어진 것은 아닌지 확인하는 것이 중요하다. 이것은 몇 가지 측면에서 도전적인 과업이다. 첫째, 더 많은 정보가 수집되고 종합된 범위를 관찰함에 따라 부정확한 지식에 대한 결론은 변화할 수 있다. 특정 분야 내에서는 예측 가능한 내용적 판단 기준이 있다고 말할 수 있다.113 하지만 어떤 사람이 한 분야의 중요한 내용을 모두 배웠다 하더라도, 시간이 흐르면서 학습된 지식의 많은 부분들이 부정확해질 수 있다. 배움은 끝이 없고, 항상 미래의 학습에 대한 기초가 될 수 있다.

Toward a theory of settings." *Review of Educational Research* 60(4): 517-529.
111 Lehman, D. R., Lempert, R. O., & Nisbett, R. E. (1988). "The effects of graduate training on reasoning: Formal discipline and thinking about everyday-life events." *American Psychologist* 43(6): 431-442.
112 Bialik, M., & Kabbach, A. (2014). "Mathematics for the 21st Century: What should students learn? Paper 4: Does mathematics education enhance higher-order thinking skills?" *Center for Curriculum Redesign.*
113 https://en.wikipedia.org/wiki/Half-life_of_knowledge and, in particular, Thierry Poynard's article in *Annuals of Internal Medicine* 136: 888.

둘째, 구할 수 있는 일자리의 종류가 변하고 있다. 노동시장의 불연속성과 변화를 정확하게 파악하기 어렵기 때문에 새로운 직업에 관한 예측도 어렵다. 공장의 자동화가 인간의 일자리를 대체해 노동을 근본적으로 변화시킬 것이라고 예측하기도 하지만, 한편에서는 자동화가 대체하는 만큼 다른 일자리를 창출할 수 있다고 예측하기도 한다. 결과적으로 오늘날 전 세계의 일자리를 살펴보면 20년 전과 비교할 때 종류가 달라졌다고 할 수 있다.[114]

1995년에서 2015년 사이에 나타난 노동자들의 일자리 종류의 변화를 [그림 9]로 보면 양극화가 뚜렷하다. 고기술직(즉, 경영직과 전문직)과 저기술직(서비스업과 소매업)은 증가하는 반면 중간기술직(무역업, 기계

[그림 9] 1995년부터 2015년까지 총 고용 중 퍼센트 포인트로 표현된 국가별 일자리 양극화. 모든 나라에서 중간 기술직(회색)이 약 10% 감소했고, 고기술직(파랑)은 약 8% 증가했고, 저기술직(빨강)은 약 2% 증가했다.

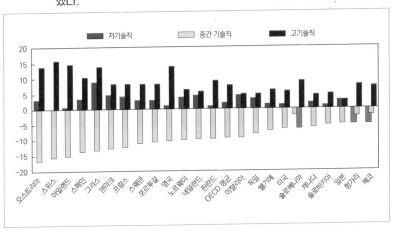

출처: OECD.

| 114 OECD. (2017). OECD Digital Economy Outlook 2017, OECD Publishing.

운영, 조립)은 사라지고 있다. 이러한 추세를 감안할 때 학생들이 복잡
한 내용 분야를 위한 강력한 기반을 구축하도록 돕고, 평생학습을
통해 새로운 기술을 배우는 것을 필요로 하는 상황에 대비해야 함이
점점 더 명확해지고 있다.

특히 예측 가능한 물리적 작업, 데이터 처리 및 수집과 관련된
업무는 자동화에 가장 취약한데 미국 노동자의 업무 중에서 약 50%
를 차지한다.[115] 자동화할 가능성이 가장 낮은 직업은 전문지식과 타
인과의 교류를 요구하는, 특히 관리 기술을 필요로 하는 직업이다.

[그림 10] 위의 도표는 현재의 기술을 적용해서 자동화시킬 수 있는 활동들에
쓰이는 시간의 배분율이며, 아래 도표는 모든 미국 내 직업에 쓰이는
시간의 백분율이다.

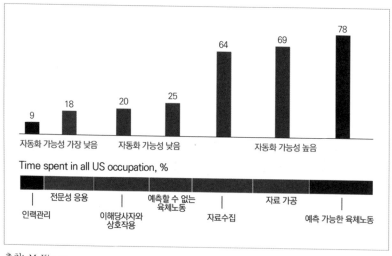

출처: McKinsey.

115 Chui, M., Manyika, J. and Miremadi, M. (2016). "Where machines could replace
humans-and where they can't (yet)." McKinsey Quarterly. https://www.mckinsey.
com/business-functions/digital-mckinsey/our-insights/where-machines-could-re-
place-humans-and-where-they-cant-yet

이것은 직관적으로 이해가 되는데 왜냐하면 알고리즘이 가장 많은 암기 작업을 먼저 떠맡게 될 것이기 때문이다. 사람들은 업무를 수행했던 것처럼 이 컴퓨터들이 업무를 수행할 때 관리할 필요가 있을 것이다.

셋째, 더 큰 사회적 변화의 추세 반영을 고려해야 한다. 교육과정에 포함해야 하는 내용을 바꾸는 요인인 세계의 기술, 환경, 국제화 수준이 빠르게 변화하고 있다. 이상적인 교육개혁은 노동, 사회, 삶의 변화하는 환경에 적응하기 위한 준비를 철저히 해주는 것이다. 현대 사회에 뒤떨어진 교육과정에는 새로운 내용을 추가하고, 학생들이 이러한 내용에서 무엇을 학습할 수 있는지에 초점을 맞추어 현대화를 추진해야 한다.

이러한 동향은 의미를 만드는 전체 영역에서 중요한 영향을 미칠 것이며, 다음과 같은 주요 변화들로 요약할 수 있다:

1. 기술: 특히 변화가 예상되는 동향은 다음과 같다:[116]
   a. 스마트 기계와 시스템(로봇 등)의 증가.
   b. 대용량 데이터 및 새 미디어(빅 데이터, 소셜 네트워크/미디어 등)
   c. 증강 인간(amplified humans)(인공지능, 로봇공학, 유전자 조작 등)

2. 환경: 기후변화는 새롭고 큰 도전(challenge)이며, 이에 대한 스트레스와 욕구는 반드시 다루어져야 한다.[117]

3. 세계화: 사람과 조직의 상호 연결이 심화되고 있으며, 이전에는 예상치 못했던 새로운 패턴을 만들어내고 있다.[118]

---

116 Davies, A., Findler, D., Gorbis, M. (2011). "Future work skills 2020." *Institute for the Future.*
117 Ibid.
118 Ibid.

4. 사회적 불안(Social unrest): 더 큰 불평등, 양극화, 불신(distrust)과 대규모의 변화로, 반드시 해결해야 할 세계적인 사회적 불안이 있다.

5. 학문의 발전(Advances in the disciplines): 교육과정은 이미 가득 차 있어서 새로운 발견을 포함하지 못하는 경우가 많다. 중요한 최신 발견(discoveries)을 포함하도록 현대화해야 한다.

이러한 변화를 포착하는 한 가지 방법은 앞에서 언급한 6가지 의미의 영역을 통해서이다. 각각의 영역은 대략 일련의 과정을 요약해 내용의 전체 범위를 고려하는 간단한 방법을 제공한다. 이 두 범주의 집합을 상호 참조하면 강조하거나 대량으로 추가해야 하는 주제나 학문의 유형을 보여주는 표가 만들어진다. 다음 표는 적절한 교차지점의 몇 가지 예시를 보여준다.

[표 5] 주제나 학문 유형의 적절한 교차지점 예시

주요 변화 의미영역	기술	환경	세계화	사회불안	분야의 발전
기호적 (Symbolic)	통계, 빅데이터, 프로그래밍	데이터 분석, 모델링	번역을 위한 자연어 처리, 국제법, 국제경제	정치과학, 사회정의이론, 철학, 법	게임 이론, 논리
경험적 (Empiric)	로봇 공학, 공학, 가전	태양광 패널, 풍력 터빈, 기후 변화	다른 언어들을 위한 자연어 처리	사회과학을 위한 정보 리터러시	양자 물리
미학적 (Aesthetic)	사적 vs 공적 자아상	자연의 아름다움에 대한 감사, 풍경화	음식, 예술, 음악, 삶의 방식 등 다른 문화에 대한 기호(taste)를 개발	우리와 다른 사람들의 삶에 대한 체험	뉴미디어, 새로운 예술 운동
개인적 (Personal)	소셜 미디어, 커뮤니케이션, 마케팅	생태 발자취, 시민의식, 행동주의에 대한 자각	사업가 정신, 문화적 감수성	공동체 조직과 이해에 바탕을 둔 적절한 논쟁에 대한 훈련	웰니스 (Wellness)
윤리적 (Ethical)	우리가 기계와 점점 결합해 감에 따른 자율성과 책임성119	미래 세대를 위해 지구를 현재보다 잘 보존하는 것	문화적 감수성	집단(tribe)과 관계없는 명확한 윤리적 틀 (framework)	도덕 심리학
통합적 (Integrative)	다양한 소스의 활용	상호 연결 시스템 (경제적, 생태적, 심리학적)은 서로 협력해 우리가 속한 대규모 트렌드를 만든다.	다양한 관점 (예를 들어 지적인 발견의 역사에 대한 국제적인 관점)	사회적 쟁점에 대한 다양한 관점의 통합	포스트 모더니즘과 그에 대한 반응 (reactions)

119 Botsman, R. (2017). *Who Can You Trust: How Technology Brough Us Together and Why It Might Drive Us Apart*. PublicAffairs.

8 교육과정에 추가해야 할 내용
(What Content Should be Added)

사회에서 일어나고 있는 변화를 반영하기 위해서는 최신의 학문 (disciplines), 분야(branches), 과목(subjects), 주제(topics) 등을 추가하는 것이 중요하며 관행에 의한 제약을 받지 않아야 한다. 현재 교육과정의 학문(disciplines)들은 전통적인 학문들에 의해 가득 차 있지만, 새로운 내용들의 유용성이 높아지면서 교육과정에 추가될 자격을 갖추고 있다. 이하의 내용은 아직 불완전한 상황이지만 널리 활용되고 있고 중요하기 때문에 교육과정에 포함해야 할 최신 학문 영역의 내용들이다.

기술 및 공학(Technology and Engineering)

컴퓨터 과학(특히 코딩, 로봇 공학, 인공지능), 생명공학[특히 유전자(genome) 조작, 합성 생물학(synthetic biology)] 그리고 CAD, 3D 프린팅을 포함한 첨단 기술 및 공학 분야를 포함해야 한다.

미디어(Media)

인터넷은 이제 막 사회에 영향을 미치기 시작했지만 변화무쌍하다. 모든 사람은 끊임없이 미디어를 소비하고, 창조하고 있으며 이제 실제 세계와 분리할 수 없게 되었다. 그럼에도 불구하고, 미디어를 적절하고 건강하게 사용하는 법을 배우는 사람은 아직 없다. 교육과정은 계속 바뀌어야 한다. 여기에는 저널리즘(journalism), 즉 현재 활용하기 시작한 다양한 매체와 오디오·비디오가 포함된다. 만약 모든 사람들이 어떤 내용의 비디오를 만들 수 있다면, 생산적으로 이 세계와 상호작용한다는 것은 무엇을 의미할까? 어떻게 하면 그들의 생생한 목소리를 발견할 수 있을까?

기업가정신 및 비즈니스(Entrepreneurship and Business)

필요한 기술 수준에 따라 일자리가 점점 양극화되면서 노동에 필요한 환경이 계속 바뀌고 있다. 또한 경제가 계속 성장함에 따라 학생들은 평생 자신을 드러내는 기회를 적절하게 활용하는 준비가 필요하다. 대학을 졸업하고 한 직장에서 은퇴할 때까지 일하는 것이 어려워지고 있으므로 학생들은 사업적인 관점(business perspective)에서 지속적으로 그들의 경력을 개발해야 한다.

개인 금융(Personal Finance)

일자리의 안정성이 낮아지고, 기회가 다양해지는 반면 법은 점점 복잡해지고 개인 부채는 계속 늘어나고 있다. 노동에 입문하는 사람들은 재정적인 삶을 어떻게 관리해 나갈 것인가에 대한 준비를 해야 한다. 이것은 아마도 학생들이 배울 수 있는 가장 적절한 지식이며, 모든 학생들에게 관련이 된다.

웰니스(Wellness)

심각한 문제에 닥쳐서 문제를 다루기보다는 정신적으로, 감정적으로, 그리고 육체적으로 스스로를 능동적으로 돌보는 방법을 학생들에게 가르쳐야 한다. 이것은 웰니스로 알려지고 있다. 매우 광범위한 범주에 속하며 종종 체육에서 건강 교육에 이르는 분야를 포괄한다. 우울증, 불안, 비만, 만성 요통과 같은 문제가 만연해 있는 사회에서 학생들은 자신을 잘 유지할 수 있도록 정보를 얻고 권한을 부여받아야 한다. 또한 학생들은 대인관계의 행복, 즉 무엇이 정서적 또는 심리적 학대를 구성하는지, 관계를 어떻게 형성하고 유지하는지, 그리고 그들 자신의 감정적 인식의 기초를 개발하는 연습을 해야 한다.

사회과학(Social Sciences)

사회과학은 인간을 주제로 체계적인 방법을 사용해 연구한다. 여기에는 사회학, 인류학, 심리학, 정치학, 미래학, 사회학 등이 포함될 수 있다. 이 연구 분야는 인간을 다루는 많은 직업에서 큰 발전을 이루어 매우 중요해졌을 뿐만 아니라 실제 세계의 의미를 만드는 독특한 방법을 수반한다. 전 세계 학생들은 점점 더 대인관계를 잘 준비해야 하며, 사회과학은 이러한 주제를 다룬다.

학습의 경로에 따라 관련된 학문(disciplines), 분야(branches), 과목(subjects), 주제(topics)를 지정하는 것은 첫 번째 단계에 불과하다. 학습해야 할 내용이 통합됨에 따라 핵심 개념과 이를 통해 효과적인 범위와 순서를 구분할 필요가 있다. 또한 최신의 학문들이 추가되어야 하지만, 이것은 전통적인 학문들을 포기해야 함을 의미하지는 않는다. 최신의 학문들을 추가하는 것은 통합의 행위가 될 수 있다. 즉, 이전의 분리된 주제에서 중요한 개념의 새로운 내용과 전통적 내용을 융합하고, 이해를 위한 가능성을 높이고, 내용을 더 심화시킬 수 있다.

⑨ 교육과정에서 삭제해야 할 내용
(What Content Should be Removed)

교육과정의 통합을 위해서는 일부 내용을 삭제해야 한다는 의미도 갖는다. 앞에서 논의한 바와 같이, 재설계된 교육과정은 더 효율적이어야 하며, 더 적은 자원으로 더 많은 것을 학습하도록 해야 한다. 많은 부분의 교육과정은 고대에서부터 고정적으로 유지되어 왔다(부록 1 참조). 교육과정의 내용을 분석해, 쓸모 없거나 중복되어 효율적이지 않은 내용을 삭제하는 것은 재설계 과정의 중요한 부분이다. 이는 가장 어려운 부분이기도 하다. 너무 오랫동안 존재했고 많은 다른 교육과정에 존재하는 어떤 내용을 삭제하는 것이 위험하다고 느낄 수 있기 때문이다. 또한 통합이 잘 이루어진다면 개념의 예로써 유용하게 활용할 수도 있다. 퍼킨스(Perkins)는 "교육과정은 가득찬 차고의 상황처럼 어려움을 겪고 있다. 일반적으로 낡은 자전거는 버리는 것보다 계속 두는 것이 더 안전하고 쉬워 보인다."[120]라고 말하였다. 그러나 논의된 바와 같이 교육과정의 핵심은 가능한 최소의 내용을 다루는 것이다. 버리는 과정이 없이는 혁신적인 변화가 일어날 수 없다.

비학제적 구조(Non-disciplinary Structures)

지금까지 교육과정의 구조에 대한 논의는 명확하게 구성된 학문을 가르쳐야 한다는 가정 아래 이루어져 왔으나, 꼭 그러할 필요는 없다.

| 120 Perkins, *Future Wise.*

학문은 지식을 체계화하는 데 편리한 방법이었다. 변화가 일어
나고, 내용이 깊이 있고 적절하며, 전이할 수 있는 개념을 배우기 위
해서는 학문 중심의 접근법이 필요하다. 결국 지식의 구조에서 가장
중요한 것은 아이디어를 구조화하고, 자원을 활성화할 수 있는 관계
적 특성을 이해하고, 내용을 통합하며, 더 많은 개념의 관계를 이해
하는 것이다. 예를 들어 수학에서 지수의 개념은 금융과 금융버블(역
사, 사회학)에서 융합적으로 가르칠 수 있고, 세균 생장(생물학)과 자원 소
모(환경 분야)를 융합해 가르칠 수 있다.

학제간 융합적 접근 방식은 학생들이 다른 맥락과 의미 및 개념
의 응용을 탐구하고 개인적으로 궁금한 문제를 찾을 수 있기 때문에
강력한 동기 부여의 도구가 될 수 있다. 학생들에게 성적이나 성과
와 같은 외적 동기보다는 내적 동기를 부여하는 개인적 관심으로 학
습을 지도할 수 있다.

미국국립과학아카데미(National Academy of Sciences in the United States)[121]
가 발표한 보고서는 오늘날 학제간 연구(interdisciplinary)의 4가지 추진
요인을 밝히고 있다:

1. 자연과 사회의 내재적 복잡성(inherent complexity)
2. 단일 학문(discipline)에 국한하지 않는 문제와 질문을 탐구하려
   는 욕구
3. 사회적 문제를 해결해야 할 필요성
4. 새로운 기술의 힘

---

121 National Academy of Sciences (2004). *Facilitating Interdisciplinary Research.*
Washington, DC: National Academies Press, 2, 40.

[그림 11] 1990~2007사이에 "학제간"이라는 용어가 제목에 사용된 논문들의 경향성

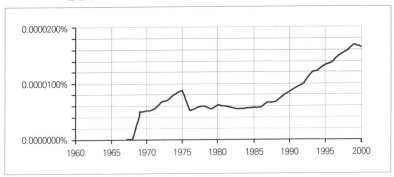

출처: Jacobs, Jerry, and Frickel.

이에 따라 1960년대 이후 학제간 연구와 융합연구에 대한 관심이 급격히 높아졌다.

학제간 연구는 이제 주요한 영역이고, 위의 그림에서 제시된 바와 같이 학제간 연구에 대한 관심은 계속해서 증가하고 있다. 지식의 전체적인 구도와 학문들이 서로 어떻게 유동적으로 연관되어 있는지에 대해 더욱 명확하게 이해하기 위해, 이 책의 전반부에서 논의되는 것과 같이 새로운 분석과 그래프를 사용하는 것도 가능하다.

교육과정 설계에 학제간 주제 포함
(Embedding Interdisciplinary Themes in Curriculum Design)

최근 유행하는 것은 모든 학문분야에서 예시로 제시될 수 있는 교차 주제(crosscutting themes)들이다. 이러한 것들은 그 특정한 학문의 관점에서 적용하는 방법을 다른 영역에 적용할 수 있다는 것이다. 앞에서 논의한 바와 같이, 이것들을 종종 리터러시라고도 지칭하는

데 이로써 자연스럽게 미래의 학습을 준비하고 "아는 것"의 활용을 촉진시킬 수 있다. 이런 의미에서 새로운 내용은 기존의 학문과 같은 규모이지만 초학문적 성격을 갖는다. 새로운 학문 분야로서 리터러시는 핵심 개념을 갖고 있으며 이 개념들은 주제별로 구성된 사고의 방식을 요약해 제시한다. CCR(Center for Curriculum Redesign)은 다음을 생산적인(fruitful) 주제로 제시했다(각 주제에 대한 자세한 설명은 부록 1 참조).

- 환경 리터러시(Environmental Literacy)
- 글로벌 리터러시(Global Literacy)
- 시민 리터러시(Civic Literacy)
- 정보 리터러시(Information Literacy)
- 디지털 리터러시(Digital Literacy)
- 시스템 사고력(Systems Thinking)
- 디자인 사고력(Design Thinking)
- 컴퓨팅 사고력(Computational Thinking)

이러한 범주는 교육과정을 설계할 때 여러 분야에 걸쳐 유용하게 활용될 지식을 개발할 때 고려해야 할 중요한 내용들이다. 기존의 학문처럼, 각각의 렌즈는 학생들이 다양한 내용을 통해 내면화할 것으로 기대되는 핵심 개념들을 가지고 있다.

학문의 변화(Changes in Disciplines)

학문 간의 정확한 연결성과 구분이 서서히 달라지고 있다. 시간이 지남에 따라 하위 학문 분야를 만들기 위해 나누어지고, 학제간

[그림 12] 신경과학이라는 학문분야의 출현

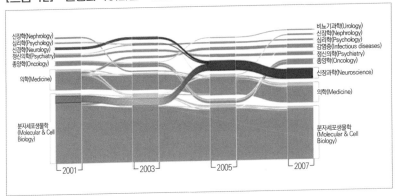

출처: Roswall, Martin, and Bergstrom.

분야를 만들기 위해 병합된다. 예를 들어, 위의 [그림 12][122]에서 신경과학 분야는 분자·세포생물학(cellular biology), 심리학, 신경학의 합성물로 나타나는 반면 비뇨기학(urology)은 의학(medicine)에서 나누어지는 하위 분야로 나타났다.

시간의 방향성을 무시함으로써 모든 학문은 기초가 되어 다른 학문에 기여하거나 다른 학문의 구성요소[123]가 될 수 있기 때문에 학제간으로 이해될 수 있다. 새로운 학문은 오래된 학문의 결합으로 구성되기도 하고[예: 광유전학(Optogenetics)은 광학(optics), 신경과학 및 유전학으로 구성)], 기존 학문에서 분리되는 하위 학문분야가 될 수도 있다(예: 토목공학).

기존의 교육과정은 뿌리가 되는 기초 학문분야에 초점을 맞추는 경향이 있었다. 하지만 새로운 학제간 학문의 내용을 더 많이 가르

122 Roswall, M., and Bergstrom, C. T. (2010). "Mapping change in large networks." PloS ONE 5.1. https://journals.plos.org/plosone/article?id=10.1371/journal.pone.0008694
123 Crease, R. P. (2010). "Physical Sciences." In The Oxford Handbook of Interdisciplinarity.

[그림 13] 기초학문과 융합학문들 사이의 학문간 상호성

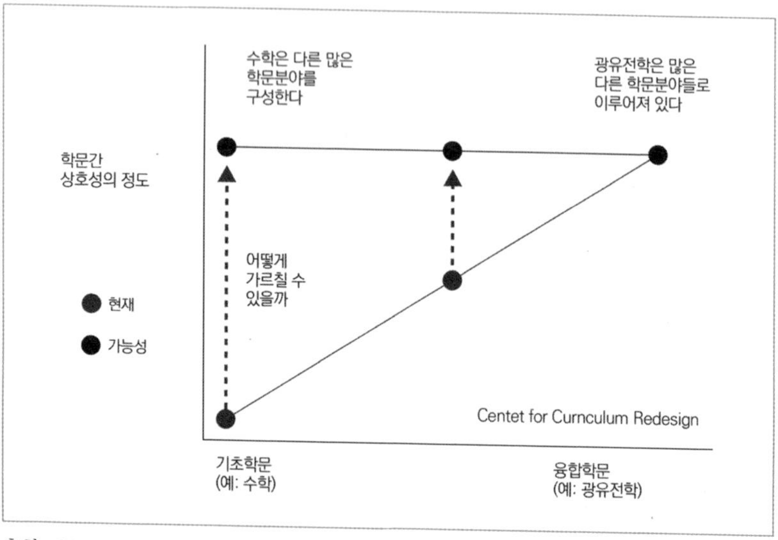

수학은 다른 많은
학문분야를
구성한다

광유전학은 많은
다른 학문분야들로
이루어져 있다

학문간
상호성의 정도

● 현재

● 가능성

어떻게
가르칠 수
있을까

Centet for Curnculum Redesign

기초학문
(예: 수학)

융합학문
(예: 광유전학)

출처: CCR.

칠 필요가 높아지고 있고, 이는 학문간 상호성을 더 강조하는 것이라 할 수 있다.

학문간 상호성은 교육과정에서 개념을 중심에 배치함에 따라 더욱 실현할 가능성이 높고, 더욱 추상적인 요소의 내용들을 제공하고, 전이가 이루어지도록 설계된다. 이렇게 상호성이 강조되는 경우, 예시는 의도적으로 선택할 수 있으며 기존 학문의 경계를 넘어 학생들이 융합적으로 학습할 수 있도록 준비시켜야 한다.

10 교육과정 개정시 현실적 고려 사항
(Practical Considerations)

교육과정의 내용적 학문 구성을 재설계하는 방법에는 다음과 같은 세 가지의 선택지가 있다.

1. 전통(traditional): 학문이 교과로 바로 조직되며, 최신의 학문은 단순히 관련 분야의 단원(units) 또는 선택과목(elective)으로 추가된다.
2. 하이브리드(hybrid): 학문은 그대로 유지하지만, 교과는 새로운 분류를 적용한다. 이는 앞서 논의된 바와 같이 의미의 주제 또는 영역일 수 있다.
3. 재설계(redesigned): 학문은 더 이상 교육과정의 조직화된 기본 구조가 아니며, 수업은 대부분 시스템 사고와 같은 혼합적 주제에 관한 것으로 구성된다. 이것은 새로운 학문을 추가하는 것을 자연스러운 과정으로 만든다.

각 학교가 선택한 교육과정의 경로는 그들의 목표, 능력, 수용, 압박 등의 결과물이 될 것이다. 전통적인 교육과정에서도 프로젝트를 통해 학문 간 상호성을 가르쳤고, 핵심 개념들의 상호 연결성도 가르쳤다. 그러나 정확한 교육과정 구조는 필수적인 내용과 핵심 개념을 파악하고, 그 주변의 학습 경험을 구조화함으로써 기초적 내용에 대해 튼튼하고, 유연한 이해를 목표로 하는 것이 중요하다.

의사 결정(Decision Making)

교육과정 설계의 가장 주요한 갈등은 다양한 결정이 내려지는
수준에서 나타난다. 학문 전문가와 정책 입안자가 가장 높은 수준에
있으며, 그 다음 교육과정 설계자, 이후 교사, 그리고 마지막으로 학
생들이 뒤를 잇는다. 양 극단을 본다면 모든 요소를 높은 수준에서
완전히 규정할 수도 있고, 모든 내용 요소를 학생들에게 완전히 맡
기는 것도 가능하다. 대부분의 교육과정은 양 극단의 중간 어딘가에
속하게 된다. 교육과정 구성의 책임은 주어진 권한의 제약과 참여자
의 선호에 따라 달라진다. 그러나 교육과정의 권한과 책임은 명시적
이어야 하고[124] 적절한 분업과 그에 상응하는 기대와 의사소통 경로
를 위한 지침으로 사용되어야 한다.

⑪ 소결(Conclusion)

핵심 개념들의 수준이 확립되면 구체적인 내용들이 하나씩 포함
될지, 배제될지 결정해야 한다.[125] 개념을 제공하지 못하는 내용은
배제해야 할 부분이다. 대부분의 내용은 실제 세계의 많은 측면을
이해하기 위해 잠재적 영향력이 있는 특정 개념을 예로 제시할 수
있어야 한다. 또한 교육과정의 내용은 다른 학문 영역에서 활용되는
개념의 좋은 예시 혹은 적용의 역할을 해야 한다.

개념 제공 외에도, 모든 수준의 초등 및 중등교육의 내용은 다음

---

124 Bialik, M. & Fadel, C. (2017). "Overcoming system inertia in education reform."
Center for Curriculum Redesign. https://curriculumredesign.org/wp-content/up-
loads/Inertia-in-Education-CCR-Final.pdf
125 실제로, 이 과정은 우리가 여기서 제안하는 것보다 더 반복적일 것 같다.

과 같은 부분을 고려해야 한다:

1. 최신 학문의 추가와 학문간 상호성을 포함해 전통적 학문에 대한 새로운 접근으로 현대화해야 함.
2. 체계적으로 복잡성을 증가시켜 학생들이 배워나감에 따라 더 추상적이지만 관련성 있는 개념으로 넓은 지식의 구조를 만들 수 있도록 요구해야 함.
3. 기술, 인성, 메타 학습을 포함한 역량을 가르치는 기반이 되어야 함.

우리의 목표는 교육과정에서 쓸모없는 정보를 제거하면서 동시에 내용을 현대화하고, 체계적으로 계열성을 유지하고, 역량이 높아질 수 있도록 구성하는 것이다. 학생들은 다른 학문들에 의해 개발된 세상을 보는 유용한 방법뿐만 아니라 특히 중요한 주제와 발견도 학습해야 한다. 또한 교육과정에서 의미를 부여하는 잠재력을 극대화하는 것이 목표이다. 학생들이 더 즐겁게 학교를 다닐 수 있도록 하기 위해서만이 아니라, 그들의 학습 결과를 나중에 더 유용하게 활용할 수 있도록 하기 위해서이다. 학습의 결과가 의미가 없으면 이해의 구조가 구축되지 않으며, 본래의 맥락 밖에서 적용할 수 있도록 학습이 내면화되지 않는다.

이러한 아이디어는 악기를 연주하는 법을 배우는 것을 비유로 설명할 수 있다. 더 의미 있는 학습으로의 발전 가능성이 없다면 음악 이론으로 학습을 시작할 필요가 없다. 구체적인 정보가 금방 사라지는 것처럼 음악의 이론들도 의미를 구성하지 못할 수 있다. "한 수학자의 탄식(A Mathematician's Lament)"126에서는 음악을 수학처럼 이론으로 가

---

126 Lockhart, P., *A Mathematician's Lament.*

르치는 것은 교육의 디스토피아와 같은 상황이라고 묘사했다.

    음악가들은 악보 형식으로 자신의 생각을 적어둔다고 한다. 그들은 반드시 특이한 검은 점들과 선들로 구성된 "음악의 언어"를 활용해야 한다. 음악적 역량을 갖추려면 학생들은 이 음악의 언어에 능통해야 한다. 실제 음악 표기법과 이론에 대한 철저한 학습 없이 아이가 노래를 부르거나 악기를 연주하기를 기대하는 것은 터무니없는 일이다. 독창적인 작품을 작곡하는 것은 말할 것도 없고, 연주와 음악을 듣는 것은 매우 발전된 주제이며, 일반적으로 대학이나 대학원 과정으로 미루어지고 있다. 초등학교와 중등학교에서는 학생들이 이 음악의 언어를 사용하도록 정해진 규칙의 집합에 따라 기호를 자유자재로 활용할 수 있도록 훈련해야 한다: "음악 수업에서 우리가 종이를 꺼내고, 선생님께서 칠판에 음표를 그리시고, 우리는 그것을 옮겨 적거나 다른 조로 옮기는 연습을 한다. 음자리표와 조 표기를 제대로 해야 하고, 선생님은 4분음표를 완전히 채워놓도록 까다롭게 지도하신다."

이론적 학습을 강조하는 방식이 여러 과목에서 오용되는 것을 막기 위해서는 교육과정의 내용들이 존재의 이유를 명확하게 설정하는 것이 중요하다. 학생들은 솔로 곡을 연주하기 시작할 때, 오케스트라의 한 파트를 연주할 때, 스스로 작곡을 할 때, 즉흥연주를 하려고 할 때 음계와 기호에 대해 학습한다. 실제 낮은 수준에서는 완벽한 음계를 이해하지 못하겠지만 작곡을 하거나 즉흥 연주를 하는 것처럼 더 높은 수준의 과정을 학습할 때 음계 이론에 대한 체화된 지식이 필요할 것이다. 그러므로 교육과정의 내용은 의미가 매우 중요하며, 이는 학생들이 다른 기초 지식을 바탕으로 새로운 내용도 효과적으로 내면화될 수 있으며 미래에 대한 대비를 더 잘 할 수 있도록 해줄 것이다.

PART 03

학생들은 어떻게 배워야 하는가?
: 교육과 학습을 위한 인공지능의 전망과 시사점

The How: Promises and Implications of
AI for Teaching and Learning

학생들은 어떻게 배워야 하는가?
: 교육과 학습을 위한 인공지능의 전망과 시사점

인공지능에 대한 소식들이 거의 매일 뉴스나 엔터테인먼트, 미디어에서 언급되고 있다. 예를 들면 인공지능이 복잡한 전략게임에서 세계 최고의 인간 선수를 이겼다거나, 새로운 할리우드 장편 영화가 로봇이 세계를 지배하는 디스토피아적인 미래를 그리고 있다거나, 선도적인 기술 분야 사업가들이 다음과 같이 공공연하게 의견 차이를 보인다거나 하는 소식들 말이다.[1]

저는 최첨단 인공지능 기술을 경험해왔으며 사람들이 인공지능을 정말로 걱정해야 할 때라고 생각합니다. 인공지능이야말로 매우 드물게 사후 대응보다는 선제적인 규제가 필요한 분야입니다. 사후 대응을 시작했을 때는 이미 늦었을 것이기 때문이죠.

— 엘른 머스크(Elon Musk)

1 E.g., https://www.nytimes.com/2018/06/09/technology/elon-musk-mark-zuckerberg-artificial-intelligence.html

저는 이러한 종말론적인 이야기들을 말하고 다니는 반대론자를 이해하기 힘듭니다. 그것은 너무도 부정적이고, 어떤 면에서 너무 무책임하다고 생각합니다.

— 마크 주커버그(Mark Zuckerberge)

마크 주커버그(Mark Zuckerberge: Facebook)와 엘런 머스크(Elon Musk: SpaceX, Tesla) 사이의 논란에서 볼 수 있듯이, 인공지능이 미래에 끼칠 영향은 여전히 매우 불분명하다. 인공지능은 정말로 과장된 것일까?[2] 그럼에도 불구하고 인공지능에 대한 투자와 개발은 기하급수적으로 증가하고 있으며, 결과적으로 인공지능은 시리(siri),[3] 오토저널리즘(auto-journalism),[4] 주가 예측,[5] 범죄 예측,[6] 안면 인식,[7] 의료 진단[8]에 이르기까지 우리 일상생활에 필수적인 일부분이 되어가고 있다.

여기서 특별히 관심을 끄는 것은 인공지능이 교실 속으로도 조용히 들어왔다는 점이다.[9] 학생들, 교사들, 학부모들, 그리고 정책 입안자들이 환영하든 그렇지 않든 소위 지능형, 맞춤형, 그리고 개인별

2 소피아(Sophia)와 같이 널리 알려진 프로젝트는 우리로 하여금 인간과 비슷하고 의식이 있는 진짜 인공지능이 가까이에 존재한다고 생각하게 한다. 그러나 실제로는 그렇지 않다. 실제 인공지능 연구의 상황은 우리가 믿게끔 만든 동화 같은 이야기에서 한참 뒤떨어져 있다. 만약 적절한 현실주의자 회의론을 가지고 인공지능을 다루지 않는다면 인공지능 분야는 이러한 동화와 같은 환상에 영원히 갇혀 있을 것이다.
3 https://www.apple.com/uk/ios/siri
4 E.g., https://www.washingtonpost.com/pr/wp/2018/06/12/the-washington-post-plans-extensive-coverage-of-2018-midterm-elections/?utm_term=.e66d88e4a716
5 E.g., https://equbot.com
6 E.g., http://www.predpol.com
7 E.g., https://www.cbp.gov/newsroom/national-media-release/cbp-deploys-facial-recognition-biometric-technology-1-tsa-checkpoint
8 E.g., https://www.babylonhealth.com
9 Luckin, R., et al. (2016). Intelligence Unleashed. An Argument for AI in Education. Pearson. https://www.pearson.com/content/dam/one-dot-com/one-dot-com/global/Files/about-pearson/innovation/Intelligence-Unleashed-Publication.pdf

학습 시스템은 전 세계 학교와 대학에[10] 점진적으로 적용되어 왔으며 엄청난 양의 학생 빅데이터를 수집하고 분석하면서 학생들과 교육자들의 삶에 큰 영향을 미치고 있다.[11] 많은 사람들이 인공지능 교육(AIED)은 로봇 교사들이 학생들을 가르치는 것을 의미한다고 생각하지만 현실은 여전히 변화가 별로 없고, 변화 가능성만 논의하고 있다. 그럼에도 불구하고 인공지능의 교육에의 적용은 광범위한 질문들을 제기하고 있다.

우리는 학생들에 대한 보살핌이 없는 교육을 할 때 어떤 일들이 일어날지에 대해서 생각해 봐야 합니다. 지능형 튜터링 시스템, 맞춤형 학습 시스템, 혹은 가장 최근에 그것이 어떻게 불리든지 간에 그러한 기계에 의해 모든 교육과정이 수행되는 경우 학생들의 생각과 글쓰기에 어떤 일들이 생길지 그리고 우리가 학생들에게 어떤 신호를 보내고 있는 것인지에 대해 생각해봐야 합니다.

— 오드리 와터스(Audrey Watters)[12]

인공지능 기술은 지난 약 50여 년 동안 교육적인 맥락에서 연구되어 왔다.[13] 최근에는 아마존, 구글, 페이스북과 같은 영향력 있는

---

10 "The time-to-adoption for adaptive learning technologies and artificial intelligence is estimated within two to three years, acknowledging the advances in these technologies and their promise to positively impact teaching and learning." Becker, S.A., et al. (2018). "Horizon Report: 2018." Higher Education Edition 2.
11 Holmes, W., et al. (2018). Technology-Enhanced Personalised Learning. Untangling the Evidence. Robert Bosch Stiftung
12 http://hackeducation.com/2015/08/10/digpedlab
13 Woolf, B. (1988). "Intelligent tutoring systems: A survey.' In Exploring Artificial Intelligence: 1-43; Cumming, G. & McDougall, A. (2000). "Mainstreaming AIED into education?" International Journal of Artificial Intelligence in Education 11: 197-207; du Boulay, B. (2016). "Artificial intelligence as an effective classroom assistant." IEEE Intelligent Systems 31(6): 76-81. https://doi.org/10.1109/MIS.2016.93

기업들이 AIED 제품 개발에 수백만 달러를[14] 투자하면서 뉴틴(Knewton)
과[15] 카네기 러닝(Carnegie Learning) 등의[16] 유명한 AIED 회사들과 합류
했다. 1,500만 달러 규모의 글로벌 러닝 엑스프라이즈(Global Learning
Xprize)는[17] 아동들이 스스로의 학습을 주도할 수 있도록 도와주는
소프트웨어의 개발에 상금을 걸었다. 한편 인공지능은 몇몇 주류
학교에서 교육과정에 도입되었고,[18] 온라인 교습을 개선하기 위해
서 사용되며[19] 교사 양성 강화 방안으로 연구되고 있다.[20] 요약하
면, 2024년까지 거의 60억 달러 규모의 시장이 형성될 것으로 예
측이 되는 등[21] 인공지능의 교육에의 응용은 기하급수적으로 증가
하고 있다.[22]

비록 우리가 언론이나 일상생활로부터 주류 인공지능에 대한 제
한적인 지식을 가지고 있을지는 모르지만, 많은 사람들에게 인공지
능의 교육적 응용은 여전히 미스터리로 남아 있다. 그리고 아직 풀
리지 않은 많은 질문들이 있다. 인공지능이 교실에서 정확히 어떻게
적용되고 무엇을 이룰 수 있을까? 인공지능이 많은 데이터를 요구함

14 https://www.linkedin.com/pulse/tech-giants-quietly-invest-adaptive-learn-
ing-system-rd-drew-carson
15 http://www.knewton.com
16 http://www.carnegielearning.com
17 https://learning.xprize.org
18 http://www.gettingsmart.com/2018/07/coming-this-fall-to-montour-school-dis-
trict-americas-first-public-school-ai-program
19 Following a $300m investment, the Chinese online tutoring company Yuanfudao has
set up a research institute for artificial intelligence, which aims to train its homework
app to be smarter. https://techcrunch.com/2018/12/26/yuanfudao-raises-300-million
20 O' Connell, S. (2018). "New Project Aims to Use Artificial Intelligence to Enhance
Teacher Training." Center for Digital Education. http://www.govtech.com/education/
higher-ed/New-Project-Aims-to-Use-Artificial-Intelligence-to-Enhance-Teacher-
Training.html
21 https://www.gminsights.com/industry-analysis/artificial-intelligence-ai-in-education-
market
22 https://www.eschoolnews.com/2017/05/22/brace-ai-set-explode-next-4-years

에 따라 학생들의 개인정보 보호는 어떻게 지켜질 수 있을까? 인공지능이 장기적으로 교사의 역할에 어떤 영향을 줄까? 인공지능을 교육에 응용할 수 있도록 옹호하는 사람들이 혹시 이루어 낼 수 있는 이상을 약속하고 있는 것은 아닐까? 인공지능이 학생들의 다양한 성과들에 어떤 영향을 줄까? 그리고 사회적·윤리적 영향은 무엇일까?

우리는 다음과 같이 더욱 단순한 질문에 대한 조심스러운 답으로부터 논의를 시작해볼까 한다. 인공지능의 교육에의 응용은 실제로 어떤 모습일까?

1 인공지능을 활용한 교육(AI in Education: AIED)

AIED 컨퍼런스와 논문들에 대한 간략한 조사만으로도 바로 알수 있듯이, 인공지능을 교육에 활용하는 것은 인공지능 기반 단계별 맞춤형 교육 및 대화 시스템으로부터 인공지능 지원 탐구학습, 자동 서술형 평가, 게임 기반 환경의 지능형 에이전트, 학생 지원용 챗봇을 포함한다. 또한 학생들이 자신의 학습을 주도할 수 있도록 인공지능을 이용해 학생과 교수자를 매칭하는 것, 학생들이 컴퓨터와 일대일로 상호작용하고, 학교 전체 접근법(whole-school approaches), 교실 밖에서 휴대폰을 사용하는 학생 등을 포함한다. 이는 학습과 교육 활동에 새로운 전환점을 마련할 수 있다.

교육에서의 인공지능 활용은 새롭지 않으면서도 동시에 혁신적이다. 이 분야는 인공지능, 인지과학, 그리고 교육학과 같은 관련 분야로부터 이론과 방법들을 가져온다. 다른 한편으로 이 분야는 지식의 본질은 무엇이며 어떻게 표현되는지, 어떻게 하면 학생들이 학습에 도움을 받을 수 있을지, 어떤 종류의 교수법이 효과적이고 그런 교수법들은 언제 쓰여야 하는지, 학습자들은 어떤 잘못된 오개념을 가지고 있는지 등과 같은 다양한 연구 주제들과 질문들을 만들어 낸다.23

교육에 인공지능을 응용하는 도구들은 가네(Gagneé)의 교육주의 나24 비고츠키(Vygotsky)의 근접발달영역25과 같은 학습 이론을 차용하기도 하지만, 일부 연구자들은 그러한 이론들의 가정들에 의문을 제기하며 인공지능과 데이터 분석 등의 방법을 이용해서 학습이라고 하는 블랙박스를 열어보려 시도한다.26 즉, 인공지능을 교육에 활용하는 것은 인공지능 기반 학습 지원 도구들의 개발과 학습을 이해하기 위해서 그러한 도구들을 사용한다는 두 가지 상호보완적인 흐름을 포함한다. 예를 들어, 연구자들과 선생님들은 학생들이 어떻게 수학 문제를 푸는지를 모델링하고 이전에 알려지지 않았던 학생들의 잘못된 오개념들을 찾아냄으로써 비로소 학습과정에 대해 더 잘 이해할 수 있으며, 이것은 그 후에 일반적인 교실 수업에 적용될 수도 있다.

오래되거나 혹은 새롭게 파악된 문제들을 해결하는 새로운 AIED 응용과 접근들이 연구되고 공개되어지고 있으며 AIED가 어떤 모습일지 그리고 무엇을 할 수 있을지는 여전히 구체화하고 있는 중이다. 따라서 이 책에서는 다른 접근법을 취하기로 한다. AIED를 정의하려 노력하기보다는, 비교적 쉽게 파악 가능한 광범위한 영역 내에서, 우리는 현재 존재하거나 혹은 그리 멀지 않은 미래에 이

---

23 Woolf, B. P. (2010). Building Intelligent Interactive Tutors: Student-Centered Strategies for Revolutionizing e-Learning. Morgan Kaufmann, 11.
24 Gagné, R. M. (1985). Conditions of Learning and Theory of Instruction, 4th Revised Edition. Wadsworth Publishing Co Inc.
25 Vygotsky, L. S. (1978). Mind in Society: Development of Higher Psychological Processes. Harvard University Press.
26 Luckin, R., et al. Intelligence Unleashed. An Argument for AI in Education.

용 가능하게 될 AIED의 도구들에 대해 폭넓게 논의할 것이다.

교육에 큰 영향을 미칠 수 있음에도 불구하고 이 책에 포함되지 않는 것들은 수업 시간표 만들기, 직원 일정 관리, 시설 관리, 재무, 사이버 보안, 안전, 사생활 보호처럼 학교와 대학의 행정 기능을 지원하기 위해 인공지능을 이용하는 것이다. 대신에, 우리는 AIED의 교육적 기능이라고도 불릴 수 있는 '학습을 지원하기 위해 인공지능을 이용하는 것'에 집중할 것이다.

그러나 이전에 인공지능 자체에 대해 실용적 이해를 갖는 것이 도움이 될 것이다.27 인공지능이 교육적 맥락에서 어떻게 작동하는지에 대해 더 자세히 살펴보기 전에, 우리는 인공지능에 대해 알아볼 것이며 교육자, 학생, 자금 지원 단체, 정책 입안자뿐만 아니라 AIED 연구자와 개발자의 관점에서 실용적이고 윤리적인 다양한 도전들을 고려해 볼 것이다.

2 인공지능의 배경지식(The Background of AI)

인공지능은 우리들 대부분이 어느 정도 인지하고 있지만, 실제로는 거의 아는 것이 없는 현대 생활의 다양한 측면들 중 하나이다.28 대부분의 사람들에게 인공지능은 인간형 로봇과 동의어인데,

---

27 It has been argued that "Artificial Intelligence should be accessible to all of us, even without a math background." https://www.youtube.com/watch?v=LqjP7O9SxOM&list=PLtmWHNX-gukLQIMvtRJ19s7- 8MrnRV6h6

28 E.g., "What is artificial intelligence?" https://www.brookings.edu/research/what-is-artificial-intelligence 174 The question "When you think of AI, what is the first thing that comes into your head?" has been posed in numerous lectures and surveys about AI in education. The evidence is anecdotal, but overwhelmingly participants answer: robots.

이것은 아마도 인공지능과 관련된 뉴스들이 거의 항상 디지털 두뇌로 상징되는 로봇의 사진들과 함께 보도되기 때문일 것이다. 그러나 세상과 물리적으로 상호작용하고 움직일 수 있는 신체를 가진 인공지능 로봇이 인공지능 연구의 핵심 분야이기는 하지만, 인공지능은 다양한 방식으로 다양한 맥락에서 응용되고 있다. 한편, 미래 로봇의 디스토피아적인 암울한 이미지는 공상과학 소설의 영역에서 많이 다루어지고 있다. 이 절에서는 인공지능에 대한 간단한 배경 지식을 살펴보고자 한다. 더 많은 내용에 관심 있는 독자들을 위해서 인공지능의 기원과 발전 그리고 다양한 기술들에 대해서 부록에 서술했다.

우선 우리는 인공지능이라는 이름이 때때로 그리 도움이 되지 않을 수도 있다는 사실을 받아들여야 한다. 그 대신 일부 연구자들은 인간의 뇌를 여전히 지성의 원천으로 여기며 컴퓨터 프로그램을 인간이 스스로의 지적 능력을 강화시키기 위한 정교한 도구로서 생각하는 증강지능이라는 표현을 선호하기도 한다. 이러한 접근법에서 컴퓨터는 엄청난 양의 데이터로부터 패턴을 발견하는 등 인간들이 하기 어려운 것들을 하기 위해 이용된다. 증강지능과 인공지능의 표현 사이에 이러한 논란은 인공지능이 대중적인 면에서 좀 더 많이 사용되며 증강지능이 좀 더 정확하고 유용하다 할지라도 불가피하게 계속될 것이다. 따라서 이 책에서는 독자들이 추후 인공지능의 인공이 뜻하는 바를 스스로 결정할 수 있도록 남겨두고 실용적인 관점에서 오로지 인공지능이라는 표현을 사용할 것이다.

미국 아이비리그 연구 대학인 다트머스 대학교(Dartmouth College)에서 1956년 열린 워크숍은 인공지능의 토대를 다진 역사적인 사건으로 널리 알려졌다.[29] 이 워크숍에서 최초의 인공지능 프로그램인

29 Crevier, D. (1993). AI. The Tumultuous History of the Search for Artificial Intelligence. Basic Books.

Logic Theorist가 발표되고 토론되었기 때문이다. 그 이후로 수십 년 동안, 인공지능 연구는 빠른 발전을 이룬 시기와(예를 들어 규칙 기반 전문가 시스템) 인공지능에 대한 신뢰와 자금 지원이 모두 사라져 버리는 인공지능 겨울이라고 알려진 시기가 교차해왔다.

최근 수십 년 동안 세 가지 발전 덕분에(더욱 빠른 컴퓨터의 등장, 빅 데이터의 축적, 알고리즘의 발전) 인공지능은 르네상스 시대로 접어들었다. 이제 인공지능은 필수적이고, 어디에나 있으며, 피할 수 없는 우리 일상생활의 일부가 되었다. 역설적으로 인공지능이 우리의 생활에 더 밀접하게 될수록, 우리는 인공지능에 대해 덜 생각하게 되는 경향이 있다.

수많은 최첨단 인공지능 기술들이 일반적인 응용 분야에 적용되어 왔고, 종종 그런 기술들은 충분히 유용하고 널리 사용되어서 더 이상 인공지능으로 불리지 않기도 한다.[30]

대신 인공지능은 고급 컴퓨터 프로그램(예를 들어 스팸 메일 필터링),[31] 개인 비서[예를 들어 코타나(Cortana)][32], 추천 시스템[예를 들어 넷플릭스(Netflix)],[33] 또는 언어학습 앱[예를 들어 듀오링고(Duolingo)][34] 등으로 흔히 알려져 있다. 더불어 구글 홈(Google Home)과[35] 아마존 에코(Amazon Echo) 등과[36] 같은 최근의 음성인식 스마트 스피커들이 인공지능을 거실에서 더

---

30 http://edition.cnn.com/2006/TECH/science/07/24/ai.bostrom/index.html (Professor Nick Bostrom, director of the Future of Humanity Institute, University of Oxford).
31 E.g., https://www.mailwasher.net uses Bayesian techniques to learn which emails are spam and which are not.
32 https://www.microsoft.com/en-us/cortana
33 https://help.netflix.com/en/node/9898
34 https://www.duolingo.com
35 https://store.google.com/gb/product/google_home
36 https://www.amazon.com/b/?ie=UTF8&node=9818047011

많이 볼 수 있게 되었다. 최근의 인공지능 발전들은 획기적이고 많은 면에서 혁신적이다. 머신러닝(지도, 비지도, 강화 학습), 신경망(딥러닝을 포함하는), 진화 알고리즘 등의 비교적 최근의 인공지능 방법들은 다양한 응용 분야에서 사용되어 왔다(부록 2에서 이러한 기술에 대한 자세한 정보를 확인할 수 있다).

예를 들어, 스마트폰 사진에서 얼굴에 항상 초점이 맞게 하거나 여권 게이트에서 여행자를 식별하는 것과 같은 최근의 안면 인식 기술의 발전은 신경망과 머신러닝의 적용 덕분이다. 구글의 연구원들은 두뇌에서 영감을 얻은 인공지능 신경망을 유튜브(YouTube)에서37 무작위로 선택된 천만 개의 썸네일 동영상과 함께 제시하였다. 어떤 식으로 물체를 인식하는지에 대해 전혀 지시가 없었음에도 불구하고, 이 머신러닝 시스템은 딥러닝 기술을 사용하여 곧 사진들에서 어떻게 인간의 얼굴을 인식하는지를 배웠다. 2년 후에 페이스북은 타임 라인 사진에서 얼굴을 식별하기 위해 1억 2천만 개 이상의 매개 변수를 포함하는 9계층 심층 인공지능 신경망을 도입했다.38 이 신경망은 몇 년에 걸쳐 업로드된 사진들에서 그들의 친구들을 행복하게 분류한 페이스북 사용자들에 의해 레이블이 붙은 4백만 개의 얼굴 이미지 데이터로 훈련되었다.

최근 몇 년 동안 인공지능이 많이 발전한 또 다른 분야는 신경망을 사용해 자동차, 트럭, 택시가 사람의 개입 없이 운전할 수 있게 해주는 자율주행 분야이다. 복잡한 카메라와 센서가 도로의 가장자리 및 표지판, 도로 표지판 및 신호등, 자전거, 기타 잠재적 장애물,

---

37 https://www.nytimes.com/2012/06/26/technology/in-a-big-network-of-computers-evidence-of-machine- learning.html?_r=1
38 Facebook introduced a nine-layer deep AI neural network, involving more than 120 million parameters, to identify (not just detect) faces in timeline photographs. It was trained on a dataset of four million images.

보행자 등 대량의 실시간 데이터를 수집하고 다른 한편으로는 신경
망 기반 지능형 에이전트들이 컴퓨터의 엄청난 연산 능력을 이용해
자동차의 조향, 가속 및 제동을 제어한다. 아마도 상대적으로 덜 알
려진 인공지능의 사용 분야는 언론일 것이다. 전 세계의 뉴스 조직
들은 뉴스 수집 및 보고를 지원하기 위해 인공지능 기술들을 개발
하고 있다. 예를 들어, 인공지능 에이전트들이 지속적으로 글로벌
뉴스 매체를 모니터링하고 의미 분석을 통해서 언론인이 기사를 작
성하는 데 사용할 수 있는 중요 정보를 자동적으로 추출한다.[39] 한
걸음 더 나아가 이야기 자체를 자동으로 작성하는 인공지능 기술들
도 등장하였다.[40]

  인공지능이 활용되는 또 다른 분야는 법조계이다. 법률 분야에
서 변호사들은 민사 또는 형사소송에서 잠재적인 증거로 검토되어
야 하는 방대한 양의 문서를 처리하기 위해 전자증거개시(e-Discovery)
도구들을 사용하고 있다.[41] 전문가들에 의해 검토되고 분류된 샘플
문서들에 대한 머신러닝을 사용한 후 인공지능이 어떤 문서들이 심
층 분석을 위해 우선시 되어야 하는 문서들인지 판별할 수 있게 해
준다. 마지막 간략한 예는 의료 진단 분야에서의 인공지능 활용이다.
인공지능 기술들은 방사선 전문의들이 의료 영상에서 이상 부위를
더 빠르고 실수 없이 판독하도록 도와준다.[42] 어떤 시스템은 X선 영
상의 불규칙성을 찾아낸다. 예를 들어, 폐 한 쌍의 이미지에서 결절
을 발견하면 폐 방사선 전문의에게 보내 추가 검사를 받게 한다.

39 E.g., http://bbcnewslabs.co.uk/projects/juicer
40 E.g., https://narrativescience.com/Products/Our-Products/Quill
41 E.g., https://talkingtech.cliffordchance.com/en/emerging-technologies/artificial-in-
   telligence/ai-and-the- future-for-legal-services.html
42 Hosny, A., et al. (2018). "Artificial intelligence in radiology." Nature Reviews Cancer
   18 (8): 500-510. https://doi.org/10.1038/s41568-018-0016-5

③ 인공지능 기술과 용어(AI Techniques and Terminology)

앞 부분에서 간략히 설명한 인공지능의 응용들로 무엇을 하는지를 이해하는 것은 비교적 간단하지만, 그런 응용들이 실제로 어떻게 작동하는지를 아는 것은 고도로 기술적인 지식이 필요하다. 하나의 인공지능 응용에도 여러 가지 다른 인공지능 기술들이 필요하기 때문이다. 이제 인공지능이 점차로 아마존 웹 서비스(Amazon Web Service: AWS)의 머신러닝,[43] 구글(Google)의 텐서 플로우,[44] IBM의 왓슨,[45] 마이크로소프트(Microsoft)의 애져(azure)[46] 등과 같은 서비스로 간편하게 제공되고 있지만, 인공지능 분야에 종사하는 많은 사람들은 수학이나 물리학 분야에서 고급 학위를 취득한 이유 중 하나이다. 그럼에도 불구하고 인공지능 기술들이 이미 몇 차례 언급되었고, 그것들이 AIED에서 중요한 역할을 하기 때문에 중요하고 밀접하게 연관된 인공지능 기술들과 용어는 이해할 필요가 있다.[47] 이 책에서 설명하는 내용이 너무 기술적일 수 있다. 그러므로 원하는 독자들은 기술과 용어에 대한 부분을 넘어가서 바로 인공지능이 교육에서 응용되는 부분으로 바로 넘어가도 좋을 것이다.

---

43 https://aws.amazon.com/machine-learning
44 https://www.tensorflow.org
45 https://www.ibm.com/watson
46 https://azure.microsoft.com
47 Readers wishing to learn more about AI techniques might be interested in Russell, S. & Norvig, P. (2016). Artificial Intelligence: A Modern Approach, 3rd Edition. Pearson; & Domingos, P. (2017). The Master Algorithm: How the Quest for the Ultimate Learning Machine Will Remake Our World. Penguin.

알고리즘(Algorithms)

알고리즘은 인공지능의 핵심이다. 인공지능의 역사는 더 정교하고 효율적인 알고리즘을 개발해 왔던 과정이라고 표현할 수 있다. 최근 가장 유명한 알고리즘은 구글 창업자들이 스탠포드 대학교(Stanford University) 학생일 때 개발한 '페이지 랭크(PageRank)'48라고 할 수 있다. 페이지 랭크 알고리즘은 구글 검색에서 특정 웹사이트가 나타날 위치를 결정하기 위해서 활용되는 것으로 외부 링크의 수를 계산하여 그 웹사이트의 상대적인 중요성에 대한 순위를 매기는 것이다. 모든 컴퓨터 프로그램은 알고리즘으로 구성되어 있다. 프로그램들은 컴퓨터가 문제를 해결하기 위해 따르는 수학적 명령어 집합을 나타내는 수치 계산, 에세이 문법 검사, 이미지 처리, 자연에서 보는 패턴 설명 등을 위한 수백 혹은 수천 줄의 코드로 구성되어 있다.49 인공지능 알고리즘이 다른 컴퓨터 프로그램과 구별되는 것은 시각적 인식, 음성 인식, 의사 결정, 학습 등과 같이 본질적으로 인간의 영역이라고 생각할 수 있는 분야에 적용된다는 특징이다.

머신러닝(Machine Learning)

이전의 규칙 기반 인공지능에서는 컴퓨터가 작업을 완료하기 위해 취해야 할 단계와 정확히 따라야 할 규칙이 미리 작성되어 있어야 했다. 반면에 머신러닝은 컴퓨터로 하여금 미리 모든 단계가 주어지지 않더라도 행동을 할 수 있도록 하는 방식이다. 정확히 무엇

---

48 PageRank of Site = $\sum$ [PageRank of inbound link/Number of links on that page].
49 Turing, A. (1952). "The chemical basis of morphogenesis." Philosophical Transactions of the Royal Society 237(641): 37-72.

을 하도록 프로그램된 알고리즘 대신에 머신러닝 알고리즘은 무엇을 해야 할 것인지를 배울 수 있는 능력이 있다. 이것은 머신러닝이 많은 양의 프로그래밍을 필요로 하지 않는다는 것을 의미하지는 않는다. 왜냐하면 실제 많은 양의 프로그램이 필요하기 때문이다. 그보다는 머신러닝은 결과를 바로 만들어내는 명령문들 대신에 새로운 결과를 예측하기 위한 많은 양의 데이터 입력을 필요로 한다.

머신러닝 알고리즘들은 패턴을 파악하고 미래의 값들을 예측하기 위해 모델을 만들고자 데이터를 분석한다. 예를 들어, 머신러닝은 과거 주식 데이터로부터 패턴을 파악해서 앞으로의 주가 움직임을 예측하거나, 사진 속 사람들의 이름을 알고 있을 때 그 패턴을 파악해서 다른 사진 속에 누가 있는지를 예측하거나, 의학적 증상들의 패턴을 파악해 상태를 진단한다. 즉, 머신러닝은 지속적으로 반복되는 3단계 프로세스인 '데이터 분석, 모델 구축, 작업 수행'으로 생각할 수 있다. 작업 수행의 결과를 바탕으로 새로운 데이터를 생산하고, 모델을 수정하고, 다시 새로운 작업을 수행한다. 기계가 수행의 과정에서 학습을 하는 것을 의미한다.

최근 자연어 처리, 자율주행 자동차, 세계 1위 바둑 선수를 꺾은 구글 딥마인드 알파고 프로그램과 같은 많은 애플리케이션들[50]은 모두 머신러닝 기술을 활용했기 때문에 등장하게 되었다. 오늘날 머신러닝은 매우 널리 보급되어서 머신러닝이 인공지능의 하위 분야 임에도 불구하고 일부 해설자들은 그 둘을 동의어로 여긴다. 하지만 지난 10여 년간 인공지능의 르네상스와 기하급수적인 성장은 머신러닝 분야의 커다란 발전 때문이다. 이미 언급했듯이 머신러닝 기술의 발전은 빠른 컴퓨터 프로세서, 대량의 빅데이터, 새로운 계산적

---

50 https://www.theguardian.com/technology/2016/mar/15/googles-alphago-seals-4-1-victory-over-grandmaster-lee-sedol

접근에 기반을 두고 있다.[51]

머신러닝은 지도 학습, 비지도 학습, 강화 학습 등 세 가지 주요 범주로 구성된다.

지도 학습(Supervised Learning)

대부분의 실용적인 머신러닝은 지도 학습을 활용하고 있다. 지도 학습에서는 결과가 이미 알려진, 즉 레이블이 붙은 대량의 데이터가 주어진다. 예를 들어 지도 학습에서는 이미 사람에 의해 식별되어 자전거, 도로 표지판, 보행자 등의 레이블이 붙여진 많은 거리 사진들이 제공될 수 있다. 지도 학습은 데이터와 레이블에 대한 관계를 나타내는 함수를 결정하는 것을 목표로 하고, 그러한 함수는 새로운 데이터에 적용된다. 이는 앞에서 언급했던 페이스북에서 사용자들이 레이블을 붙이고 제출한 수백만 장의 사진을 이용해 새로운 사진 속 같은 사람을 자동으로 식별하고 레이블을 붙인 바로 그 방식이다.

비지도 학습[52](Unsupervised Learning)

비지도 학습에서는 더 많은 양의 데이터가 제공되지만 이번에는 분류되지 않은 데이터, 즉 레이블이 붙어 있지 않은 데이터가 제공

---

51 Interestingly, the origins of machine learning can be traced back to at least 1959, with the publication of "Some Studies in Machine Learning Using the Game of Checkers" by an IBM researcher.
52 A comprehensive list of the algorithms available on one of the leading "AI as a service" platforms, Microsoft Azure, is available at http://download.microsoft.com/download/A/6/1/A613E11E-8F9C-424A-B99D-65344785C288/microsoft-machine-learning-algorithm-cheat-sheet-v6.pdf

된다. 이 레이블이 없는 데이터를 분석해 구조에서 숨겨진 패턴과 새로운 데이터를 분류하는 데 사용할 클러스터를 발견하는 것이 비지도 학습 알고리즘의 목표이다. 이 방법은 구글이 사진에서 얼굴 인식을 위해 사용했던 접근방식이다. 또한 비지도 학습의 예로는 표적 광고를 위해 온라인 쇼핑객을 분류하는 것,53 손으로 쓴 글씨로부터 숫자와 글자를 식별하는 것, 금융 거래에 있어서 합법적인 금융 거래와 사기적인 금융 거래를 구별하는 것들을 포함한다.

강화 학습(Reinforcement Learning)

강화 학습은 어떤 의미에서 가장 강력한 머신러닝이다. 지도 학습과 비지도 학습에서는 데이터로부터 만들어진 모델이 고정되어 있으므로 만약 데이터가 변경되면 다시 분석해야 한다(즉, 알고리즘이 한 번 더 수행된다). 그러나 강화 학습은 피드백을 기반으로 모델을 지속적으로 개선한다. 다시 말해서, 강화 학습은 학습이 진행 중인 머신러닝이다. 강화 학습에서는 모델을 도출하기 위한 초기 데이터가 제공되며, 다시 모델은 정확 또는 부정확한 것으로 평가된 후 그에 따라 보상과 처벌이 이루어진다. 컴퓨터 게임에 비유하면, 점수가 증가하거나 감소하는 것이다. 강화 학습은 모델을 업데이트하기 위해서 이러한 긍정적 혹은 부정적 강화를 사용하고 시간이 감에 따라 반복적으로 발전, 학습, 진화한다. 예를 들어 자율주행 자동차가 충돌을 피하면 이를 가능하게 한 모델에 보상이 이루어지고, 따라서 미래에 충돌을 피할 수 있는 능력이 향상된다.

---

53 In a now-infamous story, the US retailer Target automatically identified a teenager as being pregnant, before she had told anyone, just by her store purchases, and some unsupervised learning. https://www.forbes.com/sites/kashmirhill/2012/02/16/how-target-figured-out-a-teen-girl-was-pregnant-before-her-father-did/ #31650c296668

인공신경망(Artificial Neural Networks)

인공신경망은 지도, 비지도, 강화 학습에 사용할 수 있는 생물학적인 신경망(예들 들어 동물의 두뇌)의 구조와 기능을 기반으로 하는 인공지능 알고리즘이다. 우리의 뇌는 수십억 개의 개별 뉴런으로 구성되어 있으며, 각각의 뉴런은 수천 개의 다른 뉴런에 연결되어 결과적으로 수조 개의 연결이 생기게 된다. 기억은 전체 두뇌에 걸친 이러한 연결의 복잡한 조합에서 나오는 것으로 생각되는 반면, 학습은 이러한 연결의 강화와 연관된다고 여겨진다.

인공신경망은 몇 가지 놀라운 일(예를 들어 움직이는 군중 속에서 사람들의 얼굴을 인식)을 할 수 있도록 훈련되어 왔지만, 고차원 동물의 뇌에 비하면 여전히 원시적인 상태에 머물러 있다. 인간 두뇌 속의 수십억 개의 뉴런과는 달리 보통 인공신경망은 수천 개 혹은 일부의 경우 수백만 개의 뉴런을 포함한다.

다음 [그림 1]에서 볼 수 있듯이 인공신경망은 각각 세 가지 유형의 레이어(layer)로 구성된다. 즉, 이미지의 픽셀들과 같은 수백만 개의 데이터 형태로 환경으로부터 자극을 받아들이는 입력층, 계산을 수행하는 적어도 하나 이상의 은닉층, 그리고 결과를 전달하는 출력층으로 구분된다. 머신러닝의 과정에서 연결부에 주어진 가중치는 강화 학습 과정으로 조정되며, 이를 통해 인공신경망이 새로운 자극에 대한 결과를 계산할 수 있다.

은닉층은 인공지능망의 성능에 있어 핵심이 되는 부분이지만 또한 윤리적 논란의 핵심이기도 하다. 인공신경망을 조사해 인공신경망이 어떻게 그러한 해결책에 도달했는지를 알아내는 것은 불가능하거나 쉽지 않다. 예를 들어 인공신경망은 어떻게 사진에서 특정 인물을 식별했을까? 즉 인공신경망은 숨겨져 있고, 알 수 없고, 조사

[그림 1] 단순한 인공신경망 표현의 전형과 2개의 숨겨진 층

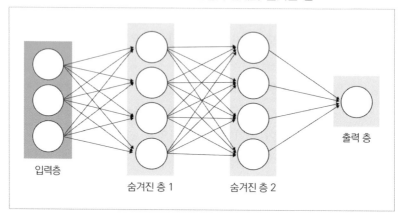

입력층　숨겨진 층 1　숨겨진 층 2　출력층

할 수 없고, 경우에 따라서는 옳지 않을 수도 있는[54] 근거에 의해서 의사결정을 내릴 수 있다.[55]

　마지막으로 인공신경망과 다른 머신러닝 기술들의 인상적인 결과가 우리를 기만해서는 안 될 것이다.

　오늘날의 인공신경망이 과거의 선형 회귀분석보다 세상에 대해 더 많이 학습한다거나 더 많이 추론한다고는 볼 수 없다. 단지 인공신경망은 통계를 통해서 패턴을 발견해내는 것이다. 그러한 패턴들은 전통적인 통계의 선명한 접근방식에 비해 좀 불투명할 수도 있고, 통계들을 연결해서 사용할 수도 있고, 스스로 계산해 내는 방식일 수 있다. 때로는 복잡한 통계를 계산해 낼 수 있지만, 결과가 아무리 훌륭하다 하더라도 인간이 가진 수준의 지능이 아니라 수학적 계산의 결과라고 할 수 있다.[56]

54 O' Neil, C. (2017). Weapons of Math Destruction: How Big Data Increases Inequality and Threatens Democracy. Penguin.
55 Morcos, A. S., et al. (2018). "On the importance of single directions for generalization." ArXiv:1803.06959. http://arxiv.org/abs/1803.06959
56 https://www.forbes.com/sites/kalevleetaru/2018/12/15/does-ai-truly-learn-and-why-

4 인공지능이 교육에서 활용되는 방식
(How AI Works in Education)

인공지능에 대한 실무적인 이해를 마쳤기에, 이제 인공지능이 어떻게 교육적 맥락에서 작동하는지를 간단한 역사로부터 시작해 점차 자세히 살펴볼 것이다. 이 책에서 논의되지는 않겠지만 교육에 중대한 영향을 미칠 수 있는 것은 인공지능이 학교행정을 지원하기 위해서 사용되는 것이다. 예를 들어 수업 일정, 직원 일정, 시설 관리, 재정, 사이버 보안, 안전 및 프라이버시 등과 같은 것들을 다루는 '시스템용 인공지능'이 활용될 수 있다.[57] 이 책에서는 학습을 돕기 위해 사용하는 '학생용과 교사용 인공지능'에 집중하고자 한다.

교육에서 인공지능의 간략한 역사
(A Brief History of AI in Education)

인공지능을 교육에 응용하기 이전의 선구적인 연구들은 1920년대 오하이오 주립대(Ohio State University) 교수였던 심리학자 시드니 프레시(Sidney Pressey)와 1974년 은퇴할 때까지 하버드 대학교(Harvard University)에서 교수로 재직했던 행동주의 심리학의 아버지로 알려진 스키너(Skinner)의 연구에서 찾을 수 있다. 프레시가 해결하고자 한 과제는 다지선다형 시험의 잠재력을 활용해 학생들의 학습을 평가하는 것뿐만 아니라 증진시키는 것이었다. 프레시는 에드워드 손

---

we-need-to-stop- overhyping-deep-learning/#edd206168c02
57 인공지능기술이 어떤식으로 행정의 기능을 지원할 수 있을지에 대해 관심있는 독자는 영국의 학교조사서비스인 Ofsted에 대해 읽어보기를 권한다. Ofsted의 "좋은 결과를 얻지 못한 학교를 예측하는 인공지능 알고리즘"은 좋은 참고가 될 것이다(https://www.tes.com/news/ofsted-use-artificial-intelligence-algorithm-predict-which-schools-are-less-good).

다이크(Edward Thorndike)의 '효과의 법칙'을58 기반으로 시험이 학습을 증진시키기 위해서는 즉각적인 피드백이 필수적이라고 주장했는데, 이는 일반적으로 시험이 손으로 표시되는 경우에는 가능하지 않다. 그러나 기계적인 접근법은 즉각적인 피드백을 보장할 수 있다.

> 학생에게 그의 답이 정확했는지 즉시 알려주고 학생을 올바른 답으로 이끌 수 있는 장치들은 분명히 학생들을 단지 시험하는 것 이상으로 학생을 가르친다.59

프레시는 다양한 버전의 기계들을 만들었고, 몇 번씩 그의 아이디어를 상업화하고자 했으나 실패했다. 그 중 가장 정교했던 것은 기계식 타자기를 가지고 만든 장치였다. 이 장치 안에는 회전 드럼이 둘러져 있었는데, 그 카드에는 질문 목록이 인쇄되어 있고 정답을 나타내는 구멍이 뚫려 있었다(자동 연주 피아노에 사용되는 구멍 뚫린 롤과 유사한). 한편, 케이스에는 현재 질문의 번호를 보여주는 작은 창과 각각의 가능한 대답에 하나씩 다섯 개의 타자기 키가 들어 있었다. 학생이 인쇄된 문답 시트를 통해 작업할 때, 그들은 각 질문에 대한 답을 선택하기 위해 장치에 있는 키 중 하나를 누르게 된다. 이 기계는 학생들이 올바른 선택을 했는지를 즉시 알 수 있도록 구성되었고, 이 기계는 그들이 알 때까지 다음 질문으로 옮겨가지 못하게 했다.

흥미롭게도 프레시는 티칭 머신이 학생들의 학습을 도울 뿐만 아니라 교사들이 가장 지겨워 하는 일(시험 채점)로부터 교사들을 부담

58 Thorndike. E. L. (1927) "The Law of Effect." The American Journal of Psychology 39(1/4): 212-22. https://doi.org/10.2307/1415413
59 Pressey, S. L. (1950). "Development and appraisal of devices providing immediate automatic scoring of objective tests and concomitant self-instruction." Journal of Psychology 30: 417-447.

을 덜어주어서 그들의 학생들에게 전념할 수 있는 시간을 제공했다. 따라서 교사들의 업무를 더욱 쉽고 만족스럽게 할 수 있는 사례를 만든 최초의 전문가 중 하나였다.

> 교사의 어깨에서 가능한 많은 부담을 덜어줌으로써 교사들이 본연의 기능인 영감과 사고를 자극하는 활동을 할 수 있도록 자유롭게 해준다.[60]

프레시의 접근 방법은 나중에 스키너에 의해 확장되었는데, 스키너는 그가 쥐와 비둘기를 훈련시키고자 조작적 조건화를 위해 만든, '스키너의 상자'로 알려진 방이 사람들을 가르치는 데에도 사용될 수 있다고 주장했다. 1958년 그가 고안한 '스키너의 티칭 머신'은 창문이 있는 뚜껑이 달린 나무상자였다. 종이 디스크에 쓰인 질문들이 한 창에 나타났고, 학생은 두 번째 창을 통해 접근할 수 있는 종이 롤에 답을 쓰고, 나중에 교사가 표시할 수 있도록 했다. 메커니즘을 진전시키면 학생의 대답이 자동으로 가려져 바꿀 수 없게 되고 동시에 정답이 드러났다. 이런 식으로 스키너의 티칭 머신은 자동적이고 즉각적인 강화를 제공했다. 스키너는 학습이 단순히 인지하는 것보다 올바른 응답을 상기함으로써 더 효과적으로 강화된다는 것을 발견했기 때문에 학생들이 제한된 선택지에서 택하기보다는 스스로 답을 구성하도록 했다. 그는 이러한 접근방식이 학생이 주어진 모범 답안과 그들의 대답을 비교할 수 있는 기회를 주었으며, 만약 교사가 적절하게 설계하고 학생이 적극적으로 수행한다면 학습 성과에 기여할 수 있다고 보았다.

---

60 Pressey, S. L. (1926). "A simple device for teaching, testing, and research in learning." School and Society 23: 374.

스키너는 그의 티칭 머신이 사실상 개인 교사와 같은 역할을 했다고 주장했다. 최근에도 스키너의 티칭 머신은 AIED 분야에서 지능형 튜터링 시스템의 전조를 보여주고 있다고 여겨진다.

물론 기계 자체가 가르치지는 않지만 … 학생에 대한 영향은 놀랍게도 개인 교사와 같은 효과가 있다 … 프로그램과 학생 사이에는 끊임없는 교류가 있다 … 기계는 마치 훌륭한 교사처럼 학생들이 앞으로 나아가기 전에 현재 주어진 것들을 정확히 이해해야 한다고 주장한다 … 기계는 마치 훌륭한 교사처럼 학생들이 이미 공부할 준비가 된 자료만 제시한다 … 마지막으로 기계는 마치 개인 교사처럼 모든 정답에 즉시 피드백을 줌으로써 학생들의 행동 형성을 효과적으로 강화한다.[61]

스키너의 티칭 머신은 이후 인공지능의 교육적 응용 연구자들에 의해 채택된, 자동화된 티칭을 몇 가지 구성 요소로 나누어 생각하는 사고방식의 전조를 보여주고 있다. 스키너의 경우 기계에 미리 프로그램된 과목 내용과 학생들이 질문에 옳게 답했는지 아닌지에 따른 학생들의 성취를 구별한다. 그러나 어떠한 의미에서는 스키너의 티칭 머신이 개별 학생들에 반응하더라도, 맞춤형 교육이라고는 볼 수 없다. 다시 말해, 스키너의 티칭 머신은 질문들이나 혹은 질문들의 순서를 개별 학생들의 필요나 성취에 따라서 맞춤형으로 제시하지 못했다. 학생들은 자신만의 속도로 학습을 진행할 수는 있었지만, 질문들이 미리 정해진 대로 제시되었기 때문에 다른 모든 학생들과 같은 순서의 질문들에 답해야 했다.

| 61 Skinner, B. F. (1958). "Teaching machines." Science 128(3330): 969-77.

맞춤형 학습(Adaptive Learning)

또한 1950년대에 활동하면서 심리학보다는 의사소통에 관심이 많았던 노먼 크라우더(Norman Crowder)는 초기 티칭 머신에 대해 종이 기반의 대안을 고안했다. 이는 브랜칭 프로그램 교습(branching programmed instruction)이라고 알려져 있다.[62] 전자 장비에서 오작동을 발견할 수 있도록 미국 공군 기술자들을 훈련시키기 위해 개발한 크라우더의 시스템에서는 정보를 담은 짧은 페이지에 이어서 선택형 질문이 주어진다. 그리고 학생들이 이에 답하면 새로운 페이지로 안내한다. 학생들이 정답을 택하면 올바르게 이해한 것을 바탕으로 새로운 정보를 담은 새 페이지로 이동하고, 오답을 선택할 경우 새로운 페이지는 그들의 오류의 원인을 이해할 수 있도록 돕기 위해 고안된 피드백을 포함할 것이다. 요약하면, 크라우더의 시스템은 학생들의 지식 발달 정도에 따라서 교재의 과정을 개인 맞춤형으로 제시해 각각의 학생들이 상당히 다른 페이지들을 보게 하는 것이다.

그러나 영국의 다재다능한 고든 파스크(Gordon Pask)는 1950년대 초에 최초로 여겨지는 맞춤형 티칭 머신을 개발했다. SAKI(the self-adaptive keyboard instructor)로 알려진 이것은 연습생 키보드 운영자들이 데이터 처리를 위해 카드에 구멍을 뚫는 장치를 사용하는 방법을 배우도록 설계되었다.[63] SAKI가 초기의 다른 티칭 머신과 구별되는 것은 학습자에게 제시된 과제가 개별 성과에 맞게 조정되었다는 점이며,

---

62 Crowder, N. C. (1960). "Automatic tutoring by means of intrinsic programming." In Teaching Machines and Programmed Learning: A Source Book. Vol. 116.; Lumsdaine, A. A. & Glaser, R. (eds.) American Psychological Association, 286-298.
63 Pask, G. (1982). "SAKI: Twenty-five years of adaptive training into the microprocessor era." International Journal of Man-Machine Studies 17(1): 69-74. https://doi.org/10.1016/S0020-7373(82)80009-6

이는 지속적으로 변화하는 확률적 학습자 모델(student model)을 의미한다.

이렇듯 무슨 키가 어떠한 숫자를 나타내는지를 배우는 시스템과 상호작용할 때의 상황은 다음과 같다.

기계는 당신의 반응을 측정하고 학습 과정의 확률 모델을 만든다. 예를 들어, "7"은 제대로 하고 있고, "3"은 어떤 이유로 잘 되지 않고 있다. 기계는 이러한 상황을 감지했고, 그것을 모델에 반영했다. 그리고 이제 결과는 당신에게 다시 돌아간다. 당신이 배우는 데 어려움을 겪고 있는 숫자들은 보다 높은 빈도로서 나타날 것이고 마치 "천천히 해"라고 말하는 것처럼 더 천천히 나타날 것이다. 반대로, 당신이 쉽다고 여기는 숫자들은 훨씬 빠르게 나타날 것이다. 각각의 숫자가 나타나는 속도는 바로 당신의 학습 상태의 함수이다.[64]

컴퓨터 보조 수업(Computer-Aided Instruction)

SAKI는 컴퓨터와 새로운 마이크로프로세서의 개발과 더불어서 많은 발전을 이루어 왔고, 상용화된 최초의 맞춤형 시스템 중 하나였다. 그러나 그 후 몇 년 동안 SAKI 이외의 맞춤형 교육 시스템은 거의 진전을 이루지 못했고, 사람들의 관심은 컴퓨터 보조 수업(computer aided instruction: CAI) 시스템으로 바뀌었다. 1960~1970년대에는 많은 컴퓨터 보조 수업(CAI) 시스템이 만들어졌는데, 초기의 중요한 예로는 일리노이 대학(University of Illinois)에서 개발된 PLATO(programmed logic for automatic teaching operations)가 있다. PLATO에서는 학생들이 일부 상호작용할 수 있는 표준 교재를 이용했는데, 그러한 교

---

64 Beer, S. (1960). Cybernetics and Management. The English Universities Press, 124.

재들을 중앙 메인 프레임 컴퓨터에서 원격 터미널을 통해 약 1,000명의 학생이 동시에 작업할 수 있었다.

이 시스템은 또한 사용자 포럼, 이메일, 인스턴트 메시징, 원격 화면 공유, 멀티 플레이어 게임과 같은 많은 도구와 접근 방식을 교육에 처음 도입한 것으로 유명하다. 비슷한 시기에 스탠포드 대학교와 IBM은 원격 터미널을 통해 지역 초등학교 몇 곳에 사용할 수 있도록 하는 컴퓨터 보조 수업 시스템을 개발했다. 이 시스템은 수학과 언어 예술을 위한 교재, 훈련과 연습 활동을 순차적으로 제시했다. 세 번째 눈에 띄는 예는 브리검영(Brigham Young) 대학교가 개발한 TICCIT(time-share interactive computer-controlled information television)로 학부 1학년 수준의 수학, 화학, 물리, 영어, 다양한 언어들을 가르치는데 사용되었다. 각 과목은 다양한 주제들과 학습 목표로 세분화되었고, 이는 다시 정보 표시 화면에 나타났다. TICCIT는 미리 정해진 순서로 교재들을 제시했지만 학습자들은 키보드를 사용해서 도움이 된다고 생각되는 스크린들을 어떤 순서로든지 탐색해 볼 수 있었다.

어떤 면에서 성공적이기는 했지만, 1960~1970년대에는 이러한 컴퓨터 보조 수업(CAI) 시스템 중 극소수만이 널리 채택되었는데 이는 주로 소프트웨어를 호스팅하는데 필요한 대학교의 메인 프레임의 비용과 접근성 때문이었다. 1980년대 개인용 컴퓨터의 도래는 모든 것을 변화시켰고, 컴퓨터 보조 수업(CAI)은 빠르게 널리 사용되었다. 곧 학습의 모든 측면을 다루는 컴퓨터 보조 수업(CAI) 프로그램들이 학교, 대학 그리고 가정에서 널리 사용되었다. 그럼에도 불구하고 대부분의 컴퓨터 보조 수업(CAI) 시스템들은 특히 이 책의 목적과 관련된 맞춤형 학습을 .제공하기 어렵다는 한계가 있었다. 주제의 순서, 제공되는 정보, 학생들의 행동에 대한 시스템의 반응 등이 모두 미리 정해져 있었고 이는 모든 학생들에게 동일하게 적용되었다. 컴퓨터 보조 수업(CAI)의 이러한 기능은 학생 개개인의 성공, 오개념, 흥미를 무시했기 때문에 오히려 학생들의 잠재적인 학습을 방해하는 부작용을 나타냈다.

인공지능과 컴퓨터 보조 수업(AI and CAI)

주류 컴퓨터 보조 수업(CAI)이 발전하고 있던 무렵, 존 셀프(John Self)나[65] 윌리엄 클랜시(William Clancey)와[66] 같은 연구자들은 컴퓨터 보조 수업(CAI)이 어떠한 방법으로 학생 개개인의 필요에 부응하는 맞춤형 학습을 제공할 수 있는지 그리고 인공지능 기술이 그러한 맞춤형 교육을 제공하는 데 유용할 것인지에 대해 고민했다. 최초로 인공지능을 컴퓨터 보조 수업(CAI)에 구현한 것은 보통 제이미 카르보넬(Jaime Carbonell)로 보는데, 그는 1970년 박사학위 논문에서 SCHOLAR라는 시스템을 도입했다. 이 새로운 시스템은 학생들이 영어를 사용한 대화를 통해 남미 지역의 지리학적 지식을 검토할 수 있도록 설계되었다. SCHOLAR는 기존 컴퓨터 보조 수업(CAI)들과 질적으로 다른 독창적인 방식이었다. SCHOLAR는 학생들이 표현한 내용에 대해 이해하는 데 의미망(semantic network: 지식표현 방법)을 활용했다. 의미망은 인간 지식의 구조를 네트워크 형태로 구축하는 것으로 객체(Object), 개념(Concepts), 사건(Events)들을 표현하는 노드(Node: 점)의 집합과 노드 사이의 관계(Predicates 또는 속성)를 표현하며 연결하는 아크(Arc: 선)의 집합으로 이루어져 있다. SCHOLAR는 지리적 지식에 대해 의미망을 활용한 것이다.

65 Self, J. A. (1974). "Student models in computer-aided instruction." International Journal of Man-Machine Studies 6(2): 261-76. https://doi.org/10.1016/S0020-7373(74)80005-2
66 Clancey, W. J. (1983). "GUIDON." Journal of Computer-Based Instruction 10(1-2): 8-15.

기존 컴퓨터 보조 수업(CAI)에서는 데이터베이스가 특정 텍스트, 질문, 교사에 의해 미리 입력된 예상 답변의 "프레임(frame)"으로 구성된다. 그와는 대조적으로 SCHOLAR는 사실, 개념, 절차의 정보 네트워크의 활용에 기초하고 있으며 텍스트, 질문, 그리고 그에 상응하는 대답을 생성할 수 있었다. 또한 정보 네트워크를 활용해 학생이 한 질문에 답할 수 있기 때문에 학생과 컴퓨터가 서로 질문과 답을 주고받는 식의 대화가 가능했다.[67]

SCHOLAR의 대화는[68] 다음과 같은 형식이었다:

SCHOLAR: '수크레(Sucre), 프렌치(French), 아르헨티나(Argentina), 스패니시(Spanish)' 중의 하나를 선택해 "칠레의 언어는 무엇인가?"라는 질문에 답하세요.
SCHOLAR: 시간이 너무 많이 걸리고 있네요.
학생: 스패니시.
SCHOLAR: 스패니시가 맞아요. 아주 좋아요.

현재의 기준으로 볼 때 이 대화는 교수법적인 면에서 원시적으로 보이지만, SCHOLAR는 우리가 다음 장에서 살펴볼 지능형 튜터링 시스템(Intelligent Tutoring System)의 첫 번째 예로 인정받고 있다.

---

67 Carbonell, J. R. (1970). "AI in CAI: An Artificial-Intelligence Approach to Computer-Assisted Instruction." IEEE Transactions on Man-Machine Systems 11(4): 190-202. https://doi.org/10.1109/TMMS.1970.299942
68 Carbonell, "AI in CAI," 192.

5 인공지능의 교육적 활용: 지능형 튜터링 시스템 (ITS: Intelligent Tutoring System)

최고의 학습 조건인 개인지도를 받은 학생들은 전통적인 교실 강의식 교육을 받은 학생들의 평균 성적에 비해 표준편차 2배 이상 높은 평균 성적을 나타낸다. 이러한 결과는 대부분의 학생들이 높은 학습 수준에 도달할 수 있다는 것을 보여준다. 연구와 지도에 있어서 중요한 과제는 대부분의 사회에서 대규모로 시행하기에는 너무 비용 부담이 큰 일대일 개인 교습보다, 좀 더 실용적이고 현실적으로 이와 같은 학습 성과를 낼 수 있는 방법을 찾는 것이라고 생각한다.[69]

지능형 튜터링 시스템(ITS)은 교육 분야에서 가장 오래 전부터 인공지능으로써 활용해왔으며, 현재도 가장 널리 활용하는 분야이다. 일반적으로 ITS는 각 학생이 맞춤형으로 수학이나 물리와 같이 잘 정의된 지식의 구조를 갖는 영역에 대해 단계별 학습을 할 수 있도록 활용되고 있다.[70] 또한 주제와 교수법에 대한 전문가의 지식을 활용해 개별 학생의 오개념을 바로 잡아주고 학습 성취를 돕는 방식으로, 교재와 학습 활동들에 대한 최적의 단계별 학습 경로를 결정한다. ITS는 학생들의 학습 과정에서 난이도를 조절하고 힌트와 지침을 제공함으로써 학생들이 주어진 주제를 효과적으로 배울 수 있도

---

69 Bloom, Benjamin S. (1984). 'The 2 Sigma problem: The search for methods of group instruction as effective as one-to-one tutoring." Educational Researcher 13 (6): 4. 하지만 반렌(VanLehn)에 의하면 "사람에 의한 지도는 전혀 지도를 받지 않는 것에 비해 블룸(Bloom, 1984)이 발견한 2.0시그마 만큼이 아니라 0.79시그마 만큼 더 효과적"이었다. VanLehn, K. (2011). "The relative effectiveness of human tutoring, intelligent tutoring systems, and other tutoring systems." Educational Psychologist 46(4): 209. https://doi.org/10.1080/00461520.2011.611369

70 Alkhatlan, A. & Kalita, J. (2018). "Intelligent tutoring systems: A comprehensive historical survey with recent developments." ArXiv:1812.09628. http://arxiv.org/abs/1812.09628

록 하는 목표를 달성해간다.

ITS에는 다양한 방식이 있지만 대개 우리가 앞으로 살펴볼 인공지능 모델들과 관련이 있다. 우리가 인공지능 기술에 대한 논의에서 이미 살펴보았듯이, 인공지능 모델들은 실제 세계의 특정 지식 영역에 대해 아주 단순화된 계산상의 표현(computational representations: 의미망, 온톨로지,[71] 지식 그래프)이다.[72] 마치 장난감 모형 자동차가 실제 자동차의 단순화된 표현이듯이 ITS에 의해 사용되는 모델들은 교수와 학습에 필요한 기존의 지식을 활용한다. 일반적으로 ITS는 3가지 종류의 지식에 기반해 개발되는데, 첫째, 학습해야 할 내용적 지식은 '도메인 모델(domain model)', 둘째, 가르치는 데 있어서 효과적인 접근법에 대한 지식은 '교수 모델(pedagogical model)', 셋째, 학생에 대한 지식은 '학습자 모델(learner model)'이라고 한다.[73] ITS 알고리즘은 학습 활동의 순서를 개별 학생에게 맞춤화(adapt)하기 위해 이러한 세 가지 모델을 활용한다. 최근 개발되는 네 번째 모델은 우리가 나중에 살펴볼 '개방적 학습자 모델(open learner model)'이다.

71 온톨로지는 영역의 개념, 자료, 요소, 실체, 특성과 그들 사이의 관계를 나타내는 방법이다. Sowa, J.F. (1995). "Top-level ontological categories." International Journal of Human-Computer Studies 43(5): 669-85. https://doi.org/10.1006/ijhc.1995.1068
72 Knowledge graphs are an alternative approach to ontologies, https://ontotext.com/knowledgehub/fundamentals/what-is-a-knowledge-graph
73 Luckin, R., et al. (2018). Intelligence Unleashed. An Argument for AI in Education, 18; Boulay, B. du., Poulovassilis, A., Holmes, W. & Mavrikis, M. (2018). "What does the research say about how artificial intelligence and big data can close the achievement gap?" 4. In Luckin, R. (ed.) (2018). Enhancing Learning and Teaching with Technology, 316-27. Institute of Education Press.

도메인 모델(The Domain Model)

도메인 모델은 ITS가 학생들이 학습하는 것을 돕고자 하는 주제에 대한 지식을 표현한다. 비교육 분야의 전문가 시스템(expert system)에서는 지식(subject knowledge)이라고 부른다. 예를 들어, 수학의 원리, 유전자, 혹은 제1차 세계대전의 원인과 같은 것들이 될 수 있다. 실제로, 지난 몇 년간 초등과 중등학생들을 위한 수학이 ITS 분야를 지배했다. 수학, 물리학, 컴퓨터 공학 등은 AIED에서 가장 쉽게 적용할 수 있는 분야들인데, 이 분야들이 적어도 기초적인 수준에서는 잘 구조화되어 있고(well-structured) 또 명확히 정의되어 있기 때문이다.

교수 모델(The Pedagogy Model)

ITS의 교수 모델은 교수법 전문가와 학습 과학(learning science)의 연구로부터 얻어진 교수 학습을 하는 데 효과적인 방법들에 대한 지식을 의미한다. 하지만 일부 ITS 개발자들은 교수법에 대해 충분한 전문성을 가지고 있다고 오해하는 경우도 있다.[74] ITS에 반영되어 있는 많은 교수법 지식은 교수 방법론,[75] 근접발달영역(zone of proximal

---

74 예를 들어, 많은 지능형 튜터링 시스템은 학생들의 "학습방식"에 대한 고민으로부터 출발한다 (Kumar, Amit, Ninni Singh, and Neelu Jyothi Ahuja, 2017). "Learning-styles based adaptive intelligent tutoring systems: Document analysis of articles published between 2001 and 2016." International Journal of Cognitive Research in Science, Engineering and Education 5 (2): 83-98. https://doi.org/10.5937/IJCRSEE1702083K 학습방식에 대한 생각은 신뢰를 많이 잃어왔다. e.g., Kirschner, P.A. (2017). "Stop propagating the learning styles myth." Computers & Education 106: 166-171. https://doi.org/10.1016/j.compedu.2016.12.006

75 Bereiter, C. & Scardamalia, M. (1989). "Intentional learning as a goal of instruction." Knowing, Learning, and Instruction: Essays in Honor of Robert Glaser, 361-392

development),[76] 교차 연습(interleaved practice),[77] 인지 부하(cognitive load),[78] 형성적 피드백(formative feedback) 등을[79] 포함하고 있다. 예를 들어, 비고츠키(Vygotsky)의 근접발달영역을 이용한 교수 모델은 너무 쉽거나 혹은 너무 어렵지 않은 학습 활동들이 시스템에 의해 학생들에게 제공될 수 있고, 개인화된 형성 평가를 이용한 교수 모델은 학습에 도움이 될 때마다 피드백을 학생들에게 제공할 수 있다.

학습자 모델(The Learner Model)

앞서 살펴보았듯이 일부의 컴퓨터 보조 수업(CAI)은 도메인 모델과 교수 모델을 모두 효과적으로 구현했고, 이 모델들은 각각 무엇이 학습되어야 하는지 그리고 그 학습 내용을 어떻게 가르칠 것인지에 대한 지식들을 활용한다. 예시로 선형(linear) 혹은 분기(branch)형으로 프로그램된 교수 방법이 활용되는 것을 들 수 있다. 그러나 인공지능이 적용되는 ITS가 CAI와 다른 점은 파스크(Pask)의 SAKI에서 활용된 것처럼 학습자 모델을 포함하고 있다는 것이다. 학습자 모델은 학생의 가정된 지식 상태(hypothesized knowledge state)를 표현하는 것이다.[80] 많은 ITS들은 학생의 상호작용, 학생이 시도한 자료, 학생의 오개념, 학생이 시스템을 사용하는 동안의 감정 상태 등 학생들에 대한 다양한 지식을 포함하고 있다. 이는 무엇을 어떻게 가르쳐야 하

76 Vygotsky, Mind in Society, 86ff.
77 Rohrer, D. & Taylor, K. (2007). "The shuffling of mathematics problems improves learning." Instructional Science 35(6): 481-98. https://doi.org/10.1007/s11251-007-9015-8
78 Mayer, R. E. & Moreno, R. (2003). "Nine ways to reduce cognitive load in multi-media learning." Educational Psychologist 38(1): 43-52.
79 Shute, V. J. (2008). "Focus on formative feedback." Review of Educational Research 78(1): 153-89. https://doi.org/10.3102/0034654307313795
80 Self, J. A. (1974). "Student models in computer-aided instruction." International Journal of Man-Machine Studies 6(2), 261-276. http://dx.doi.org/10.1016/S0020-7373(74) 80005-2

고 어떤 도움이 언제 필요한지에 대한 정보를 줄 수 있다. 개별 학생에 대한 정보는 지금까지 그 시스템을 사용해온 모든 학생들의 정보를 활용해 보강되고, 이러한 정보들을 바탕으로 시스템은 어떤 교수법과 어떤 도메인 지식이 특정 학생의 특정 학습 단계에 가장 적절한지를 예측하기 위해 지속적으로 학습한다.

일반적인 지능형 튜터링 시스템 구조
(A Typical ITS Architecture)

다음 그림은 일반적인 ITS에서 어떤 방식으로 도메인, 교수, 학습자 모델들이 연결되어 있는지를 나타내고 있다.

[그림 2]에 예시된 ITS 구조에서, 알고리즘은 어떠한 맞춤형 학습 활동을 학생들에게 제공해야 하고 또 어떤 식으로 학생들의 필요와 능력에 따라 맞춤화해야 할지를 결정하기 위해 도메인, 교수, 학습자 모델에 의존한다. 예를 들어, 수학 ITS에서 도메인 모델은 이차

[그림 2] 교수, 도메인, 학습자, 개방적 학습자 모델이 반영된 일반적인 지능형 튜터링 시스템(ITS) 구조

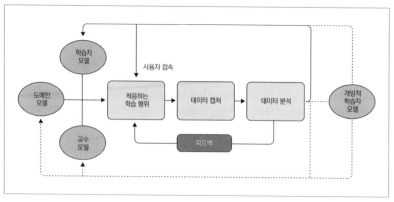

방정식에 대한 지식을 포함하고, 교수 모델은 이차 방정식을 효과적으로 가르칠 수 있는 지식을 포함하며, 학습자 모델은 ITS 상에서 학생들이 이차 방정식을 배우는 경험에 대한 지식을 포함한다. 예를 들어, 학생들이 보여준 오개념이나 이 주제가 학생들을 불안하게 만든다는 사실 등이 반영된다. 또한 학습자 모델은 이차 방정식을 배우기 위해 이 ITS를 사용했던 모든 학생들에 대한 지식을 포함한다.

ITS 알고리즘은 이 모든 것들을 이용해 사용자 인터페이스에 어떤 맞춤형 학습 활동을 제시할지 결정한다. 예를 들어 이차 방정식의 어떤 내용(인수 분해 또는 완전 제곱식 등)을 전달해야 할지, 이러한 내용을 배울 수 있도록 어떠한 방법(텍스트, 이미지, 비디오 또는 교차 연습)으로 가장 잘 도울 수 있을지 결정한다. 이 모든 과정에 학습자 모델(개별 학생과 이 ITS를 통해서 이차 방정식을 배웠던 모든 학생들에 대한 지식)을 활용한다.

학생이 시스템에 의해 선택된 맞춤형 학습 활동에 참여하는 동안, 시스템은 개별 학생의 상호작용(화면에서 무엇이 클릭되었고 무엇이 타이핑되었고, 심지어는 학생들이 스크린에서 얼마나 빨리 마우스를 움직였는지)을 나타내는 수천 개의 데이터 포인트(data points)들을 학생들의 성취(학생들이 어떤 과제들을 옳게 또는 부분적으로 답했는지) 그리고 학생들이 보여준 오개념들과 더불어 수집한다. 몇몇 발전된 ITS들은 학생들의 말, 생체 반응, 감정 상태에 대한 추정 등의 데이터들을 수집하기도 한다.

다음 단계는 수집된 모든 데이터를 머신러닝 등을 이용해 자동적으로 조사하는 데이터 분석 단계이다. 예를 들어 부록 2에 소개된 것처럼, 인공지능 기술이 베이지언 망(Bayesian network)과 같이 학생들에게 맞춤형 형성적 피드백(formative feedback: 개인별 필요에 따라 그들의 학습을 지원하는)을 제공하고 학습자 모델을 새롭게 재구성해나가는 것이다. 이 과정에서 어떠한 맞춤형 학습 활동이 다음으로 제공되어야 할지에 대한 시스템의 결정에 정보를 제공하고 모든 학생들에 대한 모델에 기여하도록 한다. 이 분석 과정에서 어떤 방법들이 학생들의 학습을 최대한 또는 최소한 효과적으로 지원했는지를 알아냄으로써 교수 모델을 업그레이드하는 경우도 있다. 또한, 전에는 알지 못했으나 학생들의 상호작용으로부터 분명해진 오개념들을 활용해 도메인 모델도 바꾸어 나간다.

ITS는 스스로 혁신해가는 과정을 거치는데 첫째, 도메인·교수·학습자 모델에 의존해 시스템을 개발하고, 둘째, 맞춤형 학습 활동들을 제공하고, 셋째, 학습자의 활동 데이터를 수집하고, 넷째, 수집된 데이터를 분석하고, 다섯째, ITS에서 활용하는 모델들을 갱신해나가는 것이다. 이 과정에서 학생들이 이용 가능한 학습 활동 중 개인 맞춤형 학습 과정을 경험하도록 한다. 만약 상호작용 데이터의 분석 결과 학생들이 인수분해 과정을 어려워한다는 사실을 보여주면, 인수분해와 연관된 다른 내용을 학습하도록 시간을 부여해준다. 반면에 학생들이 인수분해 과정을 쉽게 학습한다면, 학생들은 이 주제에 대한 학습 활동을 줄여주고, 필요에 따라 적합한 다른 주제로 빨리 이동할 수 있도록 해준다.

이전 그림에서 제시한 것처럼, 몇몇 ITS들은 개방적 학습자 모델(open learner model)이라고 알려진 네 번째 모델을 활용한다.[81] 이 모델은 학생들과 교사들로 하여금 이전의 교수나 학습 그리고 시스템에 의해 취해진 결정들을 가시적이고 분명하게 점검해 볼 수 있도록 하는 것을 목표로 하고 있다. 또한, 학생들의 메타 인지(metacognition)를 높일 수 있도록 하기 위해 그들이 그들의 성과나 도전들을 살펴볼

81 Dimitrova, V., Mccalla, G. & Bull, S. (2007). "Preface: Open learner models: Future research directions." Special issue of the International Journal of Artificial Intelligence in Education, Part 2. http://psycnet.apa.org/psycinfo/2007-13116-001

수 있도록 제시한다. 교사들이 전체 수업에 있어서 개별 학습자의 학습(그들의 접근법, 오개념, 학습 궤적)을 보다 더 잘 이해할 수 있도록 정보를 제공해 줄 수도 있다.

지능형 튜터링 시스템에 대한 평가(Evaluating ITS)

지난 수년간에 걸쳐서 수없이 많은 ITS들이 개발되어 왔고, 대부분은 학교나 대학에서 평가가 이루어져 왔다. 대부분의 평가들은 학업 성취도에 집중되어 ITS와 전체 수업, 선생님에 의한 일대일 개인지도, 컴퓨터 보조 수업(CAI) 시스템 등을 비교함으로써 이루어졌다. 드 보우레이(de Boulay)와 동료들에 의해 상세히 보고된 것처럼 몇몇 메타 분석[82] 연구가 이루어져 왔는데, 예를 들어 한 메타분석 연구는 "ITS 개발자들은 CAI의 성공을 더욱 발전시키고 인간이 하는 교수 수준에 이를 수 있도록 오래전부터 노력해왔다. 연구의 결과는 ITS 개발자들이 이미 이러한 목표들을 이루었음을 보여주고 있다."라고 전했다.[83] 그러나 여러 메타분석 연구의 결과들을 종합해 보면 ITS는

---

82 VanLehn, K. (2011). "The relative effectiveness of human tutoring, intelligent tutoring systems, and other tutoring systems." Educational Psychologist 46(4): 197-221. https://doi.org/10.1080/00461520.2011.611369; Ma, W., et al. (2014). "Intelligent tutoring systems and learning outcomes: A meta-analysis." Journal of Educational Psychology 106(4): 901; Nesbit, J. C., et al. (2014) "How effective are intelligent tutoring systems in computer science education?" In 2014 IEEE 14th International Conference On Advanced Learning Technologies. http://ieeexplore.ieee.org/abstract/document/6901409/; Kulik, J. A. & Fletcher, J. D. (2015). "Effectiveness of intelligent tutoring systems a meta-analytic review." Review of Educational Research, https://doi.org/10.3102/0034654315581420; Steenbergen-Hu, S. & Cooper, H. (2013). "A meta-analysis of the effectiveness of intelligent tutoring systems on K-12 student's mathematical learning." http://psycnet.apa.org/journals/edu/105/4/970/; Steenbergen-Hu, S. & Cooper, H. (2014). "A meta-analysis of the effectiveness of intelligent tutoring systems on college students' academic learning." http:// psycnet.apa.org/journals/edu/106/2/331/
83 Kulik, J. A. & Fletcher, J. D. (2015). "Effectiveness of intelligent tutoring systems

아직 일대일 교수법과 동등한 수준의 결과를 내지는 못한 것으로 보인다. 반렌(VanLehn)은 메타분석 결과 ITS가 인간의 일대일 교수법에 비해 −0.19 효과크기(an average small negative effect size)를 보인다고 설명한다. 반면에 강의식 수업이 이루어지는 일반적인 수업과 비교한 메타분석 연구들의 결과는 매우 긍정적이다. 메타분석 연구에서 강의식 수업과 비교했을 때 ITS가 0.47 수준의 가중 평균 효과크기(a weighted average effect size)[84]를 나타냈는데, 교육적으로 긍정적 효과가 있다는 것을 의미한다. 일반적으로 교육분야 메타분석 연구에 있어서 효과크기가 0.4 이상이면 의미가 있다고 해석한다.[85]

1장에서 언급한 것처럼, ITS는 수학이나 물리와 같이 잘 정의된 분야에서 많이 활용되어 왔다. 그러나 최근에는 법적 논증(legal argumentation), 상호 문화적 기술 습득(intercultural skills acquisition), 분쟁 조정(dispute resolution) 등과 같이 잘 정의되지 않은 문제들(ill-defined problems)에 대해서도 적용을 탐색하고 있다.[86] 지식이 구조화되어 있지 않은 분야에 대한 ITS의 활용에 상대적으로 관심이 적었던 이유는 모호한 문제들은 문맥이 불분명하고 유동적인 상태이기 때문이다. 학

a meta-analytic review." Review of Educational Research, 0034654315581420. https://doi.org/10.3102/0034654315581420
84 The effect size measures how far the mean of the experimental group is from the mean of the control group measured in terms of the standard deviation of the control group scores.
85 Hattie, J. (2008). Visible Learning. Routledge.
86 Lynch C., et al. (2006). "Defining "ill-defined domains"; a literature survey." In (2006), Proceedings of the Workshop on Intelligent Tutoring Systems for Ill-Defined Domains at the 8th International Conference on Intelligent Tutoring Systems. http://people.cs.pitt.edu/~collinl/Papers/Ill-DefinedProceedings.pdf; Woolf, B. (2010). "Social and caring tutors." ITS 2010 keynote address. https://link.springer.com/chapter/10.1007/978-3-642-13388-6_5; Lane, C., et al. (2007). 'Intelligent tutoring for interpersonal and intercultural skill." http://ict.usc.edu/pubs/Intelligent Tutoring for Interpersonal and Intercultural Skills.pdf

생들이 인지적으로 복잡한 능력을 적용하도록 요구하는 것은 전통적인 ITS 모델들로서는 어렵다. 또한 명확한 지식의 구조가 없으면 효과적인 학습의 과정을 제시하거나, 적절한 피드백을 제공하고, 어떤 학습이 실제로 일어나고 있는지 평가하는 것이 어렵다. 잘 정의되지 않은 분야를 위한 ITS는 강의식 교수법이 아니라 소크라테스의 대화법(Socratic dialogue), 협업 활동(collaborative activities), 탐구학습(exploratory learning) 등과 같이 다른 방식의 교수법을 활용할 필요가 있다.

AIED가 무엇인지 또 무엇을 할 수 있는지는 여전히 현재 진행형의 질문이기 때문에, 이 장에서는 다양한 AIED의 사례들을 소개할 것이다. 이 책에서 제시하는 예시들은 확정적인 것이 아니라 다양한 분야의 AIED 연구들에 대한 소개일 뿐이다. 인공지능 기술을 교실에 적용할 때에는 많은 가능성과 함께 도전적 과제가 존재한다. 앞에서 ITS에 대해 설명했으며, 이제 그 중에서 중요한 사례들을 소개하고자 한다. 현재의 사례들 대부분은 수학과 같이 구조화된 분야에 집중되어 있다. 카네기 러닝(Carnegie Learning)의 매시아(Mathia), 우스터 폴리테크닉 대학(Worcester Polytechnic Institute)의 어시스트먼트(Assistments), 뉴톤(Knewton)의 알타(alta) 등이다.

매시아(Mathia)

카네기멜론 대학교(Carnegie Mellon University)의 연구에 기반해 개발한 매시아[이전에는 인지적 개인교사(Cognitive Tutor)로 불렸음][87]는 K-12 학생들을 위한 인공지능 기반의 맞춤형 수학 학습을 제공한다. 학생

---

87 https://www.carnegielearning.com/products/software-platform/mathia-learning-software

들이 시스템에 구성되어 있는 수학 문제를 풀어나갈 때, 시스템은 학생들의 성취와 오개념들의 진도를 살펴보고 그들을 맞춤형 학습 과정으로 마치 개인 코치처럼 지도한다. 매시아 시스템은 자동화된 피드백을 제공하는데, 학생들이 왜 틀렸는지에 대해 설명하는 것뿐만 아니라 어떻게 옳은 답을 할 수 있는지에 대해서도 알려주는 것을 목표로 한다. 흥미롭게도, 카네기멜론 대학교의 연구진은 매시아가 블렌디드 러닝(Blended learning)의 방식으로 사용될 때 가장 효과적이라고 주장한다. 결과적으로 매시아가 독자적으로 역할을 하기에 아직 충분하지 않다는 것을 의미한다. 이러한 블렌디드 러닝은 종이와 디지털 자료들을 같이 사용하며 학생들이 개인으로뿐만 아니라 교사와 함께 그룹별로 학습하는 것을 포함한다.

어시스트먼트(Assistments)

ITS의 두 번째 사례는 우스터 폴리테크닉 대학에서 개발한 어시스트먼트이다.[88] 이 시스템은 전체적으로 매시아와 비슷한 접근법을 사용한다. 그러나 이와 더불어 어시스트먼트는 ITS에 있어서의 중요한 문제 해결을 목표로 하는데, 바로 ITS 정의상 학생들이 서로 다른 속도로 학습을 진행한다는 점이고 이는 한 교실에서 학생들이 다양한 수준의 성취도를 보일 수 있음을 의미한다. 학생들의 다양한 수준은 실제 교실에서 교사의 업무를 힘들게 만드는 원인이라고 할 수 있다. 따라서 어시스트먼트는 학생들이 집에서 저녁에 독립적으로 학습해 뒤처진 진도를 따라잡아 수업시간에는 모두가 비슷한

| 88 https://www.assistments.org

수준의 진전을 이룰 수 있게 돕도록 설계되었다. 매시아와[89] 어시스 트먼트는[90] 학습 효과에 대해 절대적이지는 않지만[91] 강한 통계적 증거를 갖고 있다.

알타(alta)

ITS의 세 번째 사례는 뉴톤(Knewton)의 알타이다.[92] 알타 시스템 은 두 가지 면에서 특별하다. 첫째, 이 시스템은 대학생을 위해 만들 어졌고 수학, 경제학, 화학, 통계학과 같은 다양한 주제들을 다룬다. 그럼에도 불구하고 알타는 대부분의 ITS들과 마찬가지로 학생들이 과제에 참여하는 동안 맞춤형 단계별 지도, 평가, 피드백과 적시 교 정을 통해서 일대일 교사와 같은 역할을 하는 것을 목표로 한다. 이 러한 알타의 접근법은 확실히 이전에 간략히 설명했던 전형적인 ITS 의 구조에 대응된다. 알타는 각각의 주제에 대해 도메인 모델을 가 지고 있는데, 이 도메인 모델은 공개교육자료(open educational resources: OER)를[93] 사용하고 교사가 선택할 수 있는 학습목표(learning objectives) 에 따라 학습내용과 목표 사이의 관계에 대한 의미망(semantic network) 을[94] 포함하고 있다. 또한 목표와 관련된 질문들의 데이터베이스를 구축하고, 이전 학생들이 그 문제들에 어떻게 답했는지를 기반으로

---

89 Pane, J. F., et al. (2015). "Continued progress. Promising evidence on personalized learning." https://www.rand.org/content/dam/rand/pubs/research_reports/RR1300/RR1365/RAND_RR1365.pdf

90 Roschelle, J., et al. (2017). How Big Is That? Reporting the Effect Size and Cost of ASSISTments in the Maine Homework Efficacy Study. SRI International.

91 Holmes, W., et. al. Technology-enhanced Personalised Learning, 65 & 68.

92 https://www.knewtonalta.com

93 Hylén. J. (2006). "Open educational resources: Opportunities and challenges." Proceedings of Open Education, 49-63.

94 Paulheim, H. (2016). "Knowledge graph refinement: A survey of approaches and evaluation methods.', Semantic Web 8(3): 489-508. https://doi.org/10.3233/SW-160218

구성된 질문의 난이도 데이터를 포함한다. 알타의 교수 모델은 문항 반응이론(Item Response Theory: IRT)에[95] 기반을 둔다. IRT는 각각의 질문을 단위로 작동하며 질문의 난이도와 그러한 질문들이 나타내는 내재된 개념을 통계적으로 고려한다. 알타의 교수 모델은 완전학습의 이론을 적용하는데, 학생들이 이전의 학습 목표들을 완전히 습득하지 않고서는 새로운 학습 목표로 넘어가지 않는 방식이다. 만약에 학생이 도메인 모델의 지식 그래프(knowledge graph)의 서로 연관된 두 가지 학습목표들 중에서 한 가지를 완전히 습득했다면, 학생들이 나머지 학습목표도 완전히 습득했을 가능성이 크다고 가정한다. 한편 알타의 학습자 모델은 주어진 시간 동안 학생들이 학습목표에 대해 습득한 정도를 나타낸다. 학습자 모델은 개별 학생과 모든 학생들의 상호작용에 대해 관찰한 기록들에 기반하며, 이러한 기록들은 학생들이 질문들에 대해 정확하게 답했는지 여부를 포함하고, 최근의 답들에 더욱 많은 가중치를 부여하는 방식을 적용하고 있다.

다른 사례들(Some Final Examples)

앞의 세 가지 ITS 사례들 이외에도 또 다른 사례들이 존재한다. ITS는 빠른 속도로 변화하고 있기 때문에 책에서 사례를 제시하는 것 자체가 불완전할 수밖에 없다. 그러나 많이 알려지지는 않았지만 의미있는 4가지 사례를 추가로 제시하고자 한다. 특히 Area9 Lyceum의 Rhapsode, Dreambox, Toppr, Yixue는 앞의 사례와는 다른 방식을 사용하고 있다. 그 밖의 다양한 ITS의 사례로 ALEKS,[96]

---

95 Embretson, S. E. & Reise, S. P. (2013). Item Response Theory. Psychology Press.
96 https://www.aleks.com

Bjyu,[97] Century,[98] CogBooks,[99] iReady,[100] RealizeIt,[101] Smart Sparrow,[102] Summit Learning[103] 등이 있다.

많이 활용되고 있는 Area9 Lyceum은[104] 현존하는 학습자료들을 플랫폼에서 전달할 수 있도록 맞춤형 내용으로 개발했다. 다른 ITS와 마찬가지로, 그들의 방법은 학습내용과 과정을 개별 학습자의 필요와 능력 수준에 맞추는 것을 목표로 하고 있다. 하지만 Area9 Lyceum 플랫폼은 학습자가 지속적으로 자기 평가(continuous self assessment)를 할 수 있도록 한다. 이 방법은 학습자가 각각의 질문과 과제들에 대한 자신들의 대답에 얼마나 확신을 가지고 있는가를 스스로 평가함으로써 학습자의 경험을 최적화하는 데 사용된다. 만약에 학습자가 어떤 질문에 대해 옳은 대답을 했더라도 자신의 답에 대해 확신을 가지지 못했을 경우에는 추가 학습을 하도록 설계되어 있다. 다음의 [그림 3]은 맞춤형 학습이 느린 학생들도 자신의 속도에 맞게 지식을 완전히 습득하면서 학습에 사용하는 시간을 얼마나 줄일 수 있는지를 보여준다.

두 번째 사례인 Dreambox는[105] "적절한 시간 안에, 적절한 난이도의, 적절한 다음 진도"를 목표로 K-8 수학의 맞춤형 학습 과정을 제공하고 있다. Dreambox는 전형적인 ITS 접근법을 사용한다. 인공지능 주도의 기술은 학생들이 시스템과 상호작용할 때 시간당 4만8천 개 이상의 데이터 포인트(data points)들을 이용해서 학생들이

97 https://byjus.com
98 https://www.century.tech
99 https://www.cogbooks.com
100 https://www.curriculumassociates.com/Products/i-Ready
101 http://realizeitlearning.com
102 https://www.smartsparrow.com
103 https://www.summitlearning.org
104 https://area9learning.com
105 http://www.dreambox.com

[그림 3] 전통적인 디지털 차원 대신 맞춤형 학습에 의해 단축된 시간

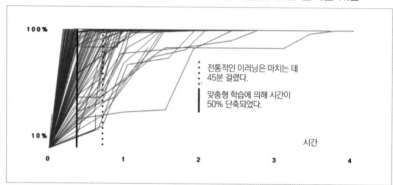

출처: Area9 Lyceum, private communication.

문제들을 풀기 위해 사용한 전략들을 평가하고, 교과의 난이도를 조정하고, 교과의 순서를 정하고, 힌트를 제공한다. 많은 상용 ITS 중, Dreambox는 독립적인 평가를 권장한다는 점에서 드문 경우이다. 최근 하버드 대학교의 연구에서는 "Dreambox의 인과 효과(causal impact)에 대한 증거는 긍정적인 측면이 있지만 아직까지 확정적이지는 않은 것"으로 보고하고 있다.106

Toppr은107 인도의 회사로서 여러 연령층을 대상으로 역사에서 회계학까지 다양한 영역에 대해 맞춤형 학습 제공을 위한 ITS를 모바일 앱으로 제공하고 있다. 그것은 각 개인의 최적화된 경험을 위해서 질문들을 개인 맞춤화(personalized)하고 진행의 속도를 조절하기 위해 기존 행동을 기반으로 학생들의 강점과 약점을 파악하기 위해 머신러닝을 사용한다. 이러한 ITS 예측 시스템은 의심들을 해결하기

106 Fullerton, J. (2016). "Dreambox learning achievement growth in the Howard county public school system and rocketship education." Center for Educational Policy Research. https://cepr.harvard.edu/dreambox-learning-achievement-growth
107 https://www.toppr.com

위한 새로운 인공지능 기술들에 의해 보완된다. 학생들은 그들이 확신이 없는 주제들에 대한 이미지를 업로드하고, 봇(bot)은 다른 의심들과 해결책들의 데이터베이스를 이용해 살펴본다.

마지막 ITS 사례는 중국 최초의 인공지능 기반 맞춤형 교육 시스템인 Yixue이다.[108] Yixue는 전형적인 ITS처럼 학생들에게 맞춤형 학습 계획과 일대일 개인지도를 제공하는 선생님이 되는 것을 목표로 한다. Yixue는 표준화된 교과서들의 다양한 주제를 약 1만 개의 지식 포인트(knowledge points)로 나누어서 학생들의 이해와 능력을 평가하는 데 사용하며, 이를 바탕으로 어떤 학습 자료와 진도가 가장 효과적일지를 예측해 적용하고 있다.

6 인공지능의 교육적 활용: 대화형 튜터링 시스템 (DBTS: Dialogue-Based Tutoring Systems)

앞에서 제이미 카르보넬의 SCHOLAR로 ITS 논의를 시작했다.[109] 그런데 SCHOLAR는 우리가 살펴본 대부분의 ITS과 적어도 한 가지의 다른 점이 있다. SCHOLAR는 보통의 ITS처럼 학습 교재나 학습 활동들을 개인별 맞춤형으로 제시하는 대신에 학생들을 학습 주제에 대한 대화에 참여시킨다. 이러한 측면은 대화형 튜터링 시스템 (Dialogue-Based Tutoring Systems: DBTS)으로 알려진 ITS의 새로운 버전을 만들었다. 그러나 ITS처럼 DBTS를 규정하는 것은 쉽지 않다. DBTS 의 예로 CIRCSIM, 오토튜터(AutoTutor), 왓슨튜터(Watson Tutor)와 같은 사례들을 살펴보고자 한다.

---

108 http://www.classba.cn
109 Carbonell, J. R., "AI in CAI." 190-202.

CIRCSIM

CIRCSIM은[110] 가장 초기의 DBTS 가운데 하나였고, 1980년대 일리노이 공대(Illinois Institute of Technology)와 러시 의대(Rush Medical School)와의 협업으로 개발되었다. CIRCSIM은 의대 1학년 학생들이 혈압 조절을 배우는 것을 목적으로 만들어졌다. CIRCSIM는 일대일 대화 방식의 교수법을 사용했고, 그 교수법은 어떠한 내용을 이해했다면 그것을 분명히 설명할 수 있어야 한다는 가정에 기반한다. 제한된 자연어 처리(Natural Language Processing)와 자연어 생성(Natural Language Generation)의 기술을 활용했으며 다음의 예와 같이 조건 규칙을 사용하는 규칙 기반의 전문가 시스템을 사용했다.

- 만약 학생의 답이 옳으면 그대로 진행한다.
- 만약 학생의 답이 부분적으로 옳으면 확인하고 진행한다.
- 만약 학생의 답이 거의 틀리면 관련된 지식을 알려주고 진행한다.
- 만약 학생이 답을 모르면 정답을 알려주고 진행한다.[111]

CIRCSIM은 학생들이 새로운 주제를 처음부터 소개하는 목적은 아니다. 학생들은 교재를 읽거나 강의를 통해 새로운 지식과 개념을 먼저 습득해야 한다. 학생들이 시스템과 대화하도록 하는 것은 이미 배운 내용을 더욱 깊이 살펴보고 잘 이해하도록 도움을 준다. 따라서 학생들은 반복적으로 대화하는 방식으로 문제를 풀도록 되어있

110 Evens, M. & Michael, J. (2006). One-on-One Tutoring by Humans and Computers. Psychology Press.
111 Ibid, 45.

다. CIRCSIM은 학생들을 대상으로 의무적인 실험에 참여하도록 했다. 프로그램은 학생들을 8단계의 절차로 지도하고, 학생들이 주어진 데이터에 기반을 두어 결과를 예측하고 혈압 조절을 위한 간략한 모델을 개발하도록 안내했다. 처음부터 끝까지 이와 비슷한 문제들을 해결하는 데 학생들의 인과 추론 능력을 개발할 수 있도록 초점을 두었다.

오토튜터(AutoTutor)

두 번째 사례는 지난 20여 년간 연구되어 왔던 오토튜터이다.[112] 이는 현재 가장 영향력 있는 DBTS이다. 멤피스 대학교(University of Memphis)에서 개발된 오토튜터는 컴퓨터공학, 물리학, 생물학, 비판적 사고 등의 교과에서 학생들이 온라인 과제를 단계적으로 수행할 때 교수나 학생 사이의 대화를 가상으로 구현한 것이다. 오토튜터의 목표는 단계별 학습을 위한 ITS의 결과물일 수 있는 짧은 응답이나 얕은 지식보다는, 학생들이 상세한 응답과 보다 깊은 이해를 할 수 있도록 도움을 주는 것에 있다.

오토튜터는 잠재 의미 분석(Latent Semantic Analysis)으로 알려진 통계 기법을 사용하며, 이 기법은 글로 쓰여진 학생들의 말과 관련 교과서들의 커다란 말뭉치(corpus)로부터 얻어진 다차원의 개념들의 행렬을 비교한다.[113] 이 개념들의 행렬과 교육과정의 스크립트들이 사

112 Graesser, A. C., et al. (2001). "Intelligent tutoring systems with conversational dialogue." AI Magazine 22(4): 39.

113 Graesser, A. C., et al. (2000). "Using latent semantic analysis to evaluate the contributions of students in AutoTutor." Interactive Learning Environments 8(2): 129-47. https://doi.org/10.1076/1049-4820(200008)8:2:1-B;FT129. 정보검색을 위한 문서들을 색인하기 위해 콜로라도 대학의 토마스 란다우어(Thomas Landauer)에 의해 개발된 잠재의미분석(Latent Semantic Analysis)은 "인간 지식 표현을 위한 계산모형인 동시에 텍스트로

실상 오토튜터의 도메인 모델(domain model)을 구성한다. 교육과정의 스크립트에는 질문, 문제, 그림, 선언적 지식, 좋은 답과 나쁜 답등이 해당한다.

오토튜터의 교수 모델(pedagogy model)은 소크라테스의 대화법의 원리와 교실에서의 개인지도 방법을 바탕으로 구성되었다. 특히 개인지도 방법은 100시간이 넘는 실제 개인지도 과정에서 이루어진 대화를 분석해 만들었다. 이러한 맞춤형 학습은 학생들이 스스로 주어진 문제에 대한 올바른 답을 발견할 수 있도록 안내해 수업 상황의 대화에 참여하도록 한다.

오토튜터의 수업 대화는 보통 5단계로 이루어져 있다.[114] 첫째, 온라인상에서 만화 인물 등이 나타나서 질문이나 문제를 제시한다. 둘째, 학생은 시스템에 답을 글로 입력하거나 크게 말함으로써 응답한다. 셋째, 오토튜터는 학생이 목표 개념을 이해했는지를 결정하는데, 학생들의 답이 얼마나 교과서 말뭉치에 표현된 개념들과 일치하는가를 평가함으로써 이루어진다. 잠재 의미 분석 방법에서는 학생이 구체적인 단어를 맞출 필요는 없고 근본적인 개념만 맞추면 된다. 넷째, 만약에 학생들이 개념을 충분히 이해하지 못했다고 결정하면, 학생들의 오개념을 바로잡거나 학생들이 그들의 답을 확장할 수 있도록 돕기 위해 피드백을 제공한다. 교정을 위해서는 설명, 질문, 힌트, 요약들의 형식이 제공된다. 다섯째, 앞의 2단계부터 4단계를 반복해 학생들이 정확하게 이해하도록 돕는다. 결국 오토튜터의 학

부터 단어나 문장들의 유사성을 추출하기 위한 방법이다." Peter W. Foltz, Darrell Laham, & Thomas K. Landauer. (1999). "The intelligent essay assessor: Applications to educational technology." Interactive Multimedia Electronic Journal of Computer-Enhanced Learning 1(2). http://www.imej.wfu.edu/articles/1999/2/04/printver.asp

114 Graesser, A. C. (2011). "Learning, thinking, and emoting with discourse technologies." American Psychologist 66(8): 746-57. https://doi.org/10.1037/a0024974

습자 모델(Student model)은 학생들의 응답에 대한 적합도(goodness of fit: 학생들의 답과 말뭉치와의 유사함)를 분석해 이루어진다.[115]

다음은 오토튜터에서 이루어지는 대화의 사례[116]이다.

오토튜터: 〈주질문〉 한 소년이 자유 낙하하는 엘리베이터 안에 있고, 가만히 들고 있던 열쇠들을 손에서 놓았다고 해요. 열쇠들은 어떻게 될까요? 그리고 생각의 이유도 설명해주세요.

학생: 열쇠들은 움직이지 않고 시작점에 계속 머물러 있어요.

오토튜터: 〈추가 정보 요구〉 내 생각에는 당신이 좀 더 설명할 수 있을 거 같은데요.

학생: 열쇠들의 속력이 중력과 같을 거 같아요.

오토튜터: 〈힌트〉 그 물체들과 관련된 가속도는 어떨까?

학생: 가속도가 뭐죠?

오토튜터: 〈답〉 제가 설명해볼게요. 가속도는 점점 빨라지거나 느려지는 것처럼 시간에 따른 속도의 변화율이에요. 가속도는 벡터량이기 때문에 방향을 가지고 있죠.

오토튜터: 〈힌트〉 자 다시 한 번 해보죠. 그 물체들과 관련된 가속도는 어떨까요?

학생: 엘리베이터 안의 물체의 가속도는 엘리베이터의 가속도와 같아요. 다들 지구의 중력 가속도이죠.

오토튜터: 〈짧은 피드백〉 잘 했어요.

오토튜터: 〈확인 질문〉 이걸 해보죠. 물체들은 낙하하고 있죠? 그 물체들은 어떤 방향으로 가고 있나요? (만화 인물은 학생에게 무엇인가를 표현하기 위해서 아래 방향으로 손동작을 한다).

---

115 Wiemer-Hastings, P., et al. (1998). "The foundations and architecture of AutoTutor." Intelligent Tutoring Systems. Springer. 334-343. http://link.springer.com/chapter/10.1007/3-540-68716-5_39.

116 Nye, B.D., Graesser, A. C., and Hu, X. (2014). "AutoTutor and family: A review of 17 years of natural language tutoring." International Journal of Artificial Intelligence in Education 24 (4): 434 https://doi.org/10.1007/s40593-014-0029-5

학생: 아래쪽이요.

오토튜터: 〈짧은 피드백〉 맞아요.

오토튜터: 〈완료〉 물체는 아래 방향으로 자유낙하해요.

오토튜터는 20여 년에 걸친 여러 연구들을 통해 평가되었다.117 연구결과를 요약하면, 오토튜터가 평균 약 0.8 효과크기(effect size) 정도의 학습 증진 효과를 전한다는 것을 보여주었다. 특히 얕은 수준의 학습(shallow learning: 사실을 아는 것)보다는 깊은 수준의 학습(deep learning: 개념을 이해하는 것)에 더욱 효과적이었고, 이는 오토튜터가 많은 비전문 교수자들보다 더 효과적이고 어떤 경우에는 전문 교수자들만큼 효과적임을 보여주었다.118

왓슨튜터(Watson Tutor)

최근의 DBTS로는 세계적인 업체인 IBM과 피어슨(Pearson)이 협력해 개발한 왓슨튜터가119 있다. 현재 왓슨튜터는 피어슨의 고등교육 교육용 프로그램인 레벨(REVEL)에 통합되어 출시 예정이다. 이는 복습 세션에서 학생들을 안내하는 자연어 대화(natural language conversation)를 사용하는 DBTS이다. 즉, 오토튜터나 CIRCSIM과 같이 왓슨튜터는 새로운 지식을 전달하기 위함이 아니라 기존 지식을 좀 더 깊이 이해할 수 있도록 만들어졌다.120 학생들에게 보조 내용들(글,

---

117 D' Mello, S. & Graesser, A. (2012). "AutoTutor and sffective AutoTutor: Learning by talking with cognitively and emotionally intelligent computers that talk back." ACM Transactions on Interactive Intelligent Systems (TiiS) 2(4): 23.

118 VanLehn, "The relative effectiveness of human tutoring, intelligent tutoring systems, and other tutoring systems"; Nye, Graesser, & Hu, "AutoTutor and family."

119 https://www.ibm.com/watson/education

120 Ventura, M., Chang, M., Foltz, P., Mukhi, N., Yarbro, J., Salverda, A. P., ⋯ Afzal, S. (2018). "Preliminary evaluations of a dialogue-based digital tutor." In Carolyn,

사진, 동영상)을 제공하고, 학생들의 진전을 기록하고, 학생들의 답들과 그들의 주제 습득(mastery) 정도에 따른 분류에 따라 맞춤형 대화를 제공한다.

왓슨튜터는 비록 학습되어야 할 지식과 기술들의 형식인 도메인 모델(domain model)이 단일 교과서로부터 도출되기는 하지만 오토튜터 연구자들에 의해 개발된 접근법을 활용하고 있다. 왓슨튜터는 학습목표(learning objectives)와 수행목표(enabling objectives: 주 학습 목표를 지원하는 부학습목표), 학습목표 사이의 관계를 나타내는 지식 그래프(knowledge graph), 주요 질문과 답변, 주장(assertion: 답변들의 지식 구성 요소), 주장에 대한 힌트 질문(하나의 교과서에서 보통 600여 개의 주요 질문과 힌트 질문이 추출됨), 빈칸 채우기 질문(학생들의 주장에 기반을 두어서 구성)으로 이루어져 있다. 이 모든 내용들은 선택된 교과서로부터 IBM 왓슨(IBM Watson)이 자동적으로 분석해 추출한다. IBM 왓슨은 자연어 이해와 분류 도구들 등을 포함하는 서비스로서의 인공지능이다. 이러한 도메인 모델에 대한 접근법은 적어도 이론적으로는 어떠한 학문 분야나 그 분야의 교과서에 적용될 수 있을 것이다. 초기에 구현된 과목은 발달심리학, 생리심리학, 이상심리학, 사회학, 커뮤니케이션 등이 있다.

교수 모델(pedagogy model)은 소크라테스의 접근법을 사용하며, 이는 언제 어떤 대답을 학생들에게 해줄지를 관리하는 대화 관리자(dialogue manager)로서 구현된다. 왓슨튜터는 학습목표로부터 시작해 답을 끌어낼 목적으로 학생들에게 질문을 시작한다. 학생의 대답은 IBM 왓슨 시스템에 의해 분류되고, 시스템은 학생들이 이상적인 대답에 가까워질 수 있도록 적절한 피드백이나 힌트 질문들을 제공한다. 그리고 주요 질문에 대한 지식 요소를 구성하고, 이를 기준으로

R. (ed.). Proceedings of the 19th International Conference. AIED 2018 London, UK, 480–483.

학생들의 대답을 검토하여 틀린 부분을 찾아낸다. 분류자(classifier)는 하나의 질문당 35개 정도의 학생 응답 사례가 있으면 머신러닝 방법의 하나인 지도학습(supervised learning)을 활용해 학습한다. 만약에 학생이 주 학습 목표에 대해 어려움을 겪고 있으면 대화식 접근을 반복하며 실행목표로 나아가도록 인도한다.

왓슨튜터의 학습자 모델(learner model)은 대화 내내 각각의 학습목표와 실행목표에 대한 학생들의 숙련도(proficiency)를 평가한다. 이것은 또한 개방적 학습자 모델(open learner model)의 역할도 수행한다. 왜냐하면 학생들의 추정된 숙련도와 발전하고 있는 성과들이 높은 수준에서 아주 세밀하게 학생과 교수자에 의해서 점검되기 때문이다.

다음은 왓슨튜터에서 이루어지는 대화의 사례[121]이다.

> 왓슨튜터: 〈학습목표 주요 질문〉 이 주제를 검토해 봅시다. 다음 질문에 대답해 보세요. 가족의 정의에는 어떤 변형들이 있을까요?
> 학생: 가족은 함께 사는 사람으로 정의될 수 있습니다.
> 왓슨튜터: 〈학생 주장에 대한 피드백〉 훌륭해요. 친족(kinship) 시스템들은 생물학과 사회적 관습에 의해 정의된 사회적 관계와 경계들로 구성되어 누가 누구와 연결되어 있는지를 결정합니다. 좀 더 살펴보겠습니다.
> 왓슨튜터: 〈학습목표 힌트 질문〉 사회과학자들은 가족을 어떻게 정의할까요?
> 학생: 사회과학자들은 가족을 함께 사는 관련자 그룹으로 정의합니다.
> 왓슨튜터: 〈학생 주장에 대한 피드백〉 부분적으로 맞는 말이에요. 조금만 더하면 정답이 될 거 같아요. 같이 한 번 해볼까요?

---

121 Based closely on Ventura et al., 482.

왓슨튜터: 〈빈칸 채우기 힌트〉 빈칸에 단어를 채울 수 있을까요? 사회과
학자들은 일반적으로 가족을 가정에서 함께 살고, _____ 및/
또는 _____ 관계를 공유하는 사람들 그룹으로 정의합니다.

7 인공지능의 교육적 활용: 탐구학습 시스템
(ELE: Exploratory Learning Environment)

ITS와 DBTS에 이어서 AIED의 세 번째 유형은 '탐구학습 시스템
(exploratory learning environments: ELEs)'이다. 탐구학습 시스템(ELE)은 구
성주의적(constructivism) 접근 방식을 채택한다. 또한 학생이 정해져 있
는 단계별 순서를 따르기보다는 학습 환경의 요소를 탐구하고 조작
해 지식을 적극적으로 구성하도록 권장한다.

실제로 탐구학습과 발견학습은 오랫동안 활용되어 왔지만[122] 여
전히 논쟁거리로 남아 있다.[123] 비판자들은 이 방법이 명확한 지침이
없고 학생들 스스로 도메인 원리를 발견하도록 하기 때문에 인지 과
부하를 유발하고 올바르지 않은 학습 결과를 초래할 수 있다고 주장
한다. 인공지능을 활용한 ELE는 학생들의 잘못된 학습 결과를 바로
잡기 위해 오개념을 바로잡아주는 등의 자동화된 안내와 피드백을
제공한다.

앞서 살펴본 바와 같이 인공지능 기반 지원을 효과적으로 제공
하기 위해서는 학습자 모델이 필요하다. 그러나 ELE와 같이 구조화

---

122 E.g., Bruner, J. S. (1961). "The Act of Discovery." Harvard Educational Review
31: 21-32.
123 Kirschner, P., Sweller, J., & Clark, R. E. (2006). "Why minimal guidance during instruction
does not work: An analysis of the failure of constructivist, discovery, problem-based,
experiential, and inquiry-based teaching." Educational Psychologist 41(2): 75-86.

되지 않은 환경에 대해 학습자 모델들을 만드는 것은 어려운 일이다. "상호작용에 제약이 없다는 점과 쉽게 정의 할 수 있는 올바른 행동들이 부족하다는 점은 어떤 행동들이 학습에 도움이 되는지를 미리 하는 것을 어렵게 만든다."[124] 그럼에도 불구하고 학습자 모델은 일반적으로 ELE의 중요한 구성 요소임에 틀림이 없다.

여기서 ELE의 네 가지 사례를 살펴보고자 한다.[125] 각각의 사례는 학습자 모델을 포함하고 필요한 지원을 제공하기 위해 서로 다른 인공지능 기반 방법들을 사용한다. 프랙션즈 랩(Fractions Lab)은 학생의 감정 상태에 따라 자동화된 피드백을 제공한다. 베티의 뇌(Betty's Brain)는 가르쳐주는 에이전트가 포함되어 있다. 크리스탈 아일랜드 (Crystal Island)는 게임 기반 접근법을 사용한다. 에코즈(ECHOES)는 학생들을 지원하는 방법으로 자폐성 스펙트럼을 활용한다.

프랙션즈 랩(Fractions Lab)

EU가 후원하는 연구 프로젝트에 의해 개발된 프랙션즈 랩126은 학생들이 분수의 개념적 지식과 기본 원리들을 학습할 수 있도록 설계되었다. 이 ELE는 학생들이 분수 표현을 선택하고 조작할 수 있도록 설계되었는데, 예를 들어 특정 분수를 나타내기 위해 직사각형이나 주전자 또는 수직선을 선택한 경우 분수와 분모를 변경해 분수를

124 Fratamico, L., et al. (2017). "Applying a framework for student modeling in exploratory learning environments: Comparing data representation granularity to handle environment complexity." International Journal of Artificial Intelligence in Education 27(2): 321. https://doi.org/10.1007/s40593-016-0131-y
125 Building on du Boulay, et al. (2018). "What does the research say about how artificial intelligence and big data can close the achievement gap?" In Enhancing Learning and Teaching with Technology, Luckin, R. (ed.). Institute of Education Press, 316-27.
126 http://www.italk2learn.eu

[그림 4] 프랙션즈 랩(Fractions Lab)

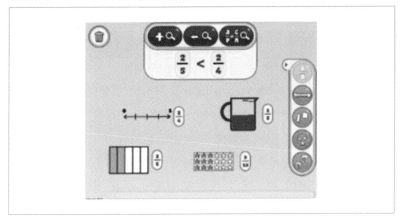

생성할 수 있다. 목표는 2/3과 2/6을 더하는 것을 학습하게 되는 등 주어진 분수 문제를 해결하는 것이다. 주어진 과제를 해결하는 동안 학생의 인지 과부하를 피하기 위해 인공지능 기술을 사용해 학생들이 시도한 해결책과 밀접히 연관된 피드백과 지도 등의 맞춤형 지원을 제공한다. 예를 들어, "두 개의 분수들을 더하기 위해서는 먼저 통분을 해야 하는데 어떻게 하면 좋을까?"와 같은 질문이다. 그러나 이러한 특정 문맥과 연관된 지도를 제공하는 것 이외에 피드백을 통해 학생들의 감정 상태를 관리하는 것도 포함된다. 예를 들어서 학생들이 좌절 또는 지루함과 같은 부정적인 감정 상태일 경우에는 학습에 더 도움이 되는 긍정적인 감정 상태로 전환될 수 있도록 도움을 주는 것이 중요한 목표로 설정되어 있다.

또한 교실에서 수행된 연구에서 얻은 데이터로 학습된 베이지안 네트워크(Bayesian networks)를 활용해 학생에게 주어질 가장 적합한 형성평가를 결정한다. 학생이 혼란스러워하는 반응을 보이면, 베이지안 네트워크는 "잘했어. 너 정말 열심히 하고 있어."와 같이 감정을 북돋아 주거나, 너의 분수들을 비교하기 위해 비교 상자를 사용해."
와 같은 유익한 피드백을 준다.

시스템에 의해 제공되는 다른 피드백은 소크라테스식의 피드백
(예를 들어, "그 분수를 완성하기 위해 너는 지금 무엇을 해야 할까?"), 사색을 위한 신호
(예를 들어, "그 두 분수들에 대해 무엇을 알아냈니?"), 지지를 위한 신호(예를 들어, "네
가 지금까지 해왔던 것은 매우 뛰어났어."), 다음 과정으로 진행하기 위한 확인(예
를 들어, "네가 그 과제를 완전히 답했다고 확신하니?") 등이다.

프랙션즈 랩의 교수 모델과 도메인 모델은 구성주의자들의 ELE
접근법과 형성적인 피드백의 내용을 정하기 위한 정보로 구성된다.
학습자 모델은 학생들의 추론된 감정 상태, 현재 과제에 대한 진전,
학습 환경과의 상호작용(표현이 생성되고, 선택되고, 조작되었는지), 학생들이 받
은 피드백과 메시지의 종류, 그리고 학생들이 피드백을 따랐는지의
여부 등의 데이터를 포함한다. 학생들이 과제들에 답하기 위해 분수
표현들과 상호작용하는 동안, 학습자 모델은 그러한 상호작용들과
학생들에게 주어진 피드백들에 대한 정보를 지속적으로 갱신한다.

대규모 프로젝트[127]의 일환으로, 독일과 영국의 학교에서 프랙
션스 랩과 ITS를 결합해 운영한 효과를 평가했다. 그러한 시스템은
단기간 사용되었음에도 불구하고, ELE와 ITS의 조합은 단일 ITS와
비교했을 때 0.7 효과크기(effect size)의 학습 성과(learning gain)를 보여
주었다. 이러한 연구결과는 인공지능 기반 ELE가 학습을 위해 유용
한 접근법이 될 수 있음을 보여주었다.

127 Rummel, N., et al. (2016). "Combining exploratory learning with structured practice
to foster conceptual and procedural fractions knowledge." In Looi, C.K., Polman,
J., Cress, U., & Reimann, P. (eds.) Transforming Learning, Empowering Learners:
The International Conference of the Learning Sciences 1: 58-65.

베티의 뇌(Betty's Brain)

상징적인 ELE는 베티의 뇌[128]인데, 이것은 인공지능 주도의 에이전트(agent)와 관련되어 있다. 그것은 강(river)의 생태계(ecosystems)를 과학적이고 개념적으로 이해할 수 있도록 설계되었다. 베티의 뇌를 특별하게 만드는 것은 학생들이 시스템에 참여함으로써 베티라 불리는 가상의 에이전트인 동료 학생들을 가르치도록 장려된다는 것이다. 이 접근법의 교수 모델은 효과성이 입증된 '가르치면서 배우는 것(learning by teaching)'을 활용한다. 이 방법은 학생들이 기존에 배웠던 것들을 구조화하고, 사색하고, 더 깊은 이해를 할 수 있도록 도와주는 것이다.[129]

베티가 과학클럽에 가입하게 돕는다는 포괄적인 서술 안에서, 학생들은 베티를 가르치고, 베티가 얼마나 이해했는지를 알기 위해 질문하고, 베티가 시스템에 의해 자동으로 만들어 낸 질문들에 얼마나 정확하게 답을 하는지 알기 위해 퀴즈(quiz)를 내도록 안내받는다.

베티를 가르치기 위해 사용되는 매커니즘은 학생들이 베티를 가르친 것을 나타내는 개념 지도 편집기(concept map editor)를 중심으로 한다. 제공된 읽기 자료의 범위와 사용 가능한 편집 도구들을 이용해, 학생은 강의 생태계에 대한 개념 지도(강의 식물과 동물, 미생물, 화학물질, 그리고 물리적 성질들 사이의 관계)를 만든다. 이 과정은 특정 지식 구성요소

128 Leelawong, K. and Biswas, G. (2008). "Designing learning by teaching agents: The Betty's Brain system." International Journal of Artificial Intelligence in Education 18(3): 181-208.
129 Biswas, G., et al. (2005). "Learning by teaching: A new agent paradigm for educational software." Applied Artificial Intelligence 19(3-4): 363-92. https://doi.org/10.1080/08839510590910200

를 표현하는 노드(nodes)들을 여러 요소들 사이의 인과관계를 표현하는 엣지(edge)를 통해 연결함으로써 구성된다. 이 과정에서 학생들은 그들만의 의미망(semantic network)을 만드는데, 이것이 시스템의 학습자 모델의 핵심이다. 다시 말해, 그것은 학생들의 현재 지식과 이해를 표현한 것이다. 학습자 모델은 학생들의 시스템과의 상호작용에 대한 기록도 포함한다. 개념지도는 그것이 시각적으로 학생과 교사에 의해 점검받도록 함으로써 개방적 학습자 모델(open learner model)의 기능도 한다.

베티가 가르침을 받고 나면, 학생은 베티에게 질문을 할 수 있다. 예를 들어, "만약에 미세 무척추 동물(microinvertebrate)이 증가하면, 박테리아(bacteria)에게 어떤 일이 일어나는가?"와 같은 질문이다. 베티는 개념지도를 사용해 질문에 대한 답을 추론한다. 예를 들어, "미세 무척추 동물의 증가는 박테리아에게 영향이 없다."와 같은 답을 생성한다. 학생은 베티에게 설명을 요구할 수 있는데, 베티는 질문에 대한 설명을 하면서 개념지도의 인과관계를 강조할 수 있다.

시스템은 도메인 모델과 개념 지도를 사용해 가상의 선생님인 미스터 데이비스(Mr. Davis)에 의해 행해지는 퀴즈 문제들을 생성할 수 있다. 퀴즈 문제들에 대한 베티의 답은 개념지도로부터 직접 만들어지고, 데이비스의 피드백은 학생이 도메인 모델을 사용해 베티가 더 높은 점수를 얻도록 도움을 주도록 한다. 학생은 베티가 실수하면 개념지도를 활용해 오개념을 바로 잡을 수 있도록 제시해준다. 또한 데이비스는 메타 인지수준(meta-cognitive level)에서의 제안도 하는데, 예를 들면 학습자들이 좋은 메타학습 전략(meta-learning strategies or study skills)을 개발하는 것을 돕기 위해 읽기 자료를 잘 사용할 수 있도록 하는 것이다.

베티의 뇌는 여러 연구에서 평가되었는데, 원래의 구성에서 학생들의 결과들은 매우 긍정적인 결과와 그렇지 못한 결과로 나뉜다. 연구자들은 다른 학습 행동 프로파일들을 사용하는 새로운 버전을 개발하기 위해 지속적으로 노력하고 있다.[130]

크리스탈 아일랜드(Crystal Island)

크리스탈 아일랜드[131]는 노스캐롤라이나 대학교(North Carolina State University)의 연구진에 의해 개발되었다. 몰입형, 일인칭, 컴퓨터 게임 접근법이 사용되었으며 학생들은 먼 섬에서 불가사의한 병들을 조사하는 탐정의 역할을 수행한다. 이러한 게임 기반 학습법[132]이 크리스탈 아일랜드의 교수 모델이다. 학생은 불가사의한 병의 수수께끼를 풀며 증거 수집, 가설 검증, 데이터 분석을 거치게 되는데 이 과정에서 자신의 독해능력과 전문적인 과학 탐구 방법들을 경험하게 된다. 이러한 학생들의 경험은 모두 도메인 모델을 구성한다. 학생들의 지식 개발·감정 상태·기술들은 ELE의 학습자 모델에서 자동으로 모델화되고, 학생들은 자동화된 피드백을 받는다. 학생들은 게임을 통해서 인공지능 기반의 동료 에이전트와 교류를 하게 되는데, 그러한 인물들은 기존 컴퓨터 게임에서 오랫동안 개발되어 왔던 인공지능 기술들을 활용하게 된다.[133]

130 Jeong, H., et al. (2008). "Using hidden Markov models to characterize student behaviors in learning-by-teaching environments." In Intelligent Tutoring Systems, 614-25. https://doi.org/10.1007/978-3-540-69132-7_64 279 http://projects.intellimedia. ncsu.edu/crystalisland
131 http://projects.intellimedia.ncsu.edu/crystalisland
132 Holmes, W. (2017). "Digital games-based learning. Time to adoption: Two to three years?" In Education & New Technologies: Perils and Promises for Learners. Sheehy, K. and Holliman, A. J. (eds.). Routledge.
133 Yannakakis, G. N. & Togelius, J. (2018). Artificial Intelligence and Games.

에코즈(ECHOES)

네 번째 ELE 사례인 에코즈[134]도 역시 게임기반 접근법을 사용한다. 하지만 에코즈는 자폐 스펙트럼(autism spectrum)을 가진 아이들을 돕는다. 에코즈는 마술 정원(magic garden)이라고 하는 가상의 환경인데, 이 안에서 아이들은 앤디라고 불리는 똑똑한 아이와 상호작용한다. 아이의 실제 선생님이 앤디와 함께 할 수 있는 12가지 학습활동 중에서 하나를 설정하면, 앤디는 아이의 공감적 주의능력을 향상시키고 사회적 의사소통 역량을 기를 수 있도록 이끌어준다.

마술 정원은 커다란 터치스크린 모니터에 나타나며, 앤디가 정원에 있는 물체들과 교감할 수 있게 되어 있다. 앤디와 아이가 정원의 물체를 만지면 그 물체는 특이한 방식으로 변한다. 예를 들어, 꽃의 꽃잎을 두드리면 거품이나 튕기는 공으로 바뀐다. 이 시스템에는 시선 추적 카메라(eye-tracking camera)가 내장되어 있어서 앤디가 아이의 시선을 확인할 수 있도록 해준다.

앤디는 아이의 동료나 교사로서 행동할 수 있는 인공지능 기반의 사회적 파트너 역할을 수행하도록 설계되어 있다. 에코즈는 AI 에이전트 아키텍처를 기반으로 한 파티마(FatiMa) 시스템을 사용한다. 이를 통해 앤디는 자율적, 능동적, 반응적, 사회 정서적으로 유능하게 역할을 수행할 수 있다. 특히 앤디는 긍정적이고 힘이 되는 인물로 설계되어 있다. 예를 들어, 앤디는 항상 아이의 이름을 부르며 인사하고, 아이가 상호작용에 참여할 때 긍정적인 피드백을 주며, 아이가 산만해 보이면 다시 몰입할 수 있도록 도와준다. 앤디는 본인의

Springer International Publishing. https://doi.org/10.1007/978-3-319-63519-4
134 Bernardini, S., Porayska-Pomsta, K., & Smith, T.J. (2014). "ECHOES: An intelligent serious game for fostering social communication in children with autism." Information Sciences 264(4): 41-60. https://doi.org/10.1016/j.ins.2013.10.027

감정적인 반응을 나타내기 위해 표정과 제스처를 사용한다. 예를 들어 아이가 활동을 시작하면 미소를 지으며 엄지손가락을 치켜세운다.

에코즈는 또한 학습목표가 달성되었는지 확인하기 위해 아이와 앤디 사이의 상호작용을 모니터링하는 교수 모델을 활용하고, 앤디가 적절한 실시간 피드백을 제공할 수 있도록 아이의 인지 및 감정 상태를 모니터링하는 학습자 모델을 포함하고 있다.

요약(Summary)

ELE는 학생들이 원하는 대로 탐구할 수 있는 비정형적이고 개방적인 학습 환경이다. 따라서 올바른 행동에 대한 명확한 정의가 없으므로 학생을 파악하고 필요한 지침을 제공하는 것이 어렵다. 이러한 문제를 해결하기 위해 코난티(Conati)와 동료들은 수년에 걸쳐 다층의 학생 모델링 프레임워크[135]를 개발했다. 코난티의 프레임워크는 CCK라고 하는 ELE로 구현되어 다른 ELE에 적용할 수 있다. 이것을 활용하면 기록된 학생의 여러 행동을 분석해 교정적 지도가 필요한 행동을 찾아내고 변화된 행동의 성과를 확인할 수 있다. 이 프레임워크는 기록된 데이터와 학습 성과를 바탕으로 유사하게 학습하는 학생들의 그룹핑하는 방식의 머신러닝 기법인 비지도학습(unsupervised learning)을 활용한다. 학생의 데이터에는 사용된 구성 요소(전구), 학생의 조치(활동), 시뮬레이션 결과(광도 변화)가 포함된다. 학습들의 그룹핑 경과를 통해 새로운 학습자를 분류하고 학생들이 더 높

135 Kardan, S. & Conati, C. (2015). "Providing adaptive support in an interactive simulation for learning: an experimental evaluation." In Proceedings of the 33rd Annual ACM Conference on Human Factors in Computing Systems, 3671-3680. https://doi.org/10.1145/2702123.2702424

은 성과를 달성할 수 있도록 실시간으로 적응적 학습을 유도한다.

8 인공지능의 교육적 활용: 자동 서술형 평가 (AWE: Automatic Writing Evaluation)

지금까지 살펴본 지능형 튜터링 시스템, 대화형 튜터링 시스템과 탐구학습 시스템과 같이 인공지능 기술을 활용한 교육(AIED applications)은 모두 학생들이 컴퓨터나 모바일 기기[136]에서 작업하면서 즉각적인 맞춤형 지원을 받으며 개인 맞춤화된 학습 경로를 따르는 것과 관련되어 있다. AIED의 다른 유형인 '자동 서술형 평가(AWE)'는 '자연어 처리(natural language processing)'와 '의미 처리(semantic processing)' 기술을 활용하여 시스템에 제출된 학생의 글에 대해 자동적으로 피드백을 제공하는 것이다.[137]

AWE는 크게 두 가지 접근법이 있는데, 학생들이 평가를 위해 제출하기 전에 그들의 글을 개선할 수 있도록 지원하는 형성적(formative) 접근법[138]과 평가의 결과를 다른 목적으로 활용하기 위해 최종적인 성적을 평정하기 위한 총괄적(summative) 접근법[139]이 있다. 그러나 오래전부터 지속된 객관식과 빈칸 채우기 시험들을 위한 자동 채점의

---

136 Fujitani, S. & Minemura. K. (2017). "An analysis of expectations for artificial intelligence-supporting software in mobile learning." https://www.rescarchgate.net/piblication/324537420_An_Analysis_of_Expectations_for_Artificial_Interlligence-supporting_ software_in_Mobile_Learninght
137 According to John Behrens (Pearson), automated essay grading is one area that "machine learning is starting to make progress." Quoted in Johnson, S. (2018). What Can Machine Learning Really Predict in Education? https://www.edsurge.com/news/2019-09-26-what-can-machine-learning-really-predict-in-education
138 One example being M-write: https://lsa.umich.edu/sweetland/m-write.html
139 One example being Gradescope: https://www.gradescope.com

전통에 따라, 대부분의 노력이 피드백보다는 성적의 평정에 기울여져 왔다. AWE는 교사가 교실에서 이루어지는 저부담 평가(low-stakes assessments)에서 사용할 수도 있지만, 미국의 평가회사들이 대규모로 주 전체 또는 전국 단위의 고부담 평가(high-stakes assessments)에서 사용할 수 있다. 어떤 방식으로 활용되든지 AWE는 총괄평가의 비용과 신뢰성, 일반화 가능성을 높이기 위해 개발되어 왔다.

자동화된 판독기들은 효율성(efficiency)이 뛰어나다. 토플(Toefl)을 시행하는 평가회사인 ETS에 의하면 이레이터(E-rater) 기계는 약 20초 동안에 16,000개의 에세이를 채점할 수 있다. 보통의 교사들은 150개의 에세이를 채점하는데 주말 전부를 보낼 수도 있다. 이러한 효율성은 더 많은 교육 회사들로 하여금 자동화된 평가 시스템을 개발하도록 하는 요인이 된다.[140]

이러한 실용적 효과가 자동화된 에세이 채점과 피드백이 AIED 연구 분야 중에서 가장 많은 자금을 지원받는 영역이고, 많은 상업적 시스템이 활용되고 있는 이유이다.[141] 다양한 접근 방식의 AWE 시스템[142]이 사용되고 있는데 그 중에서 일부의 중요한 사례를 살펴보고자 한다.

---

140 https://www.npr.org/sections/alltechconsidered/2012/04/24/151308789/for-automatic-essay-graders-efficiency-trumps-accuracy?t=1542533112695

141 Dikli, S. (2006). "An overview of automated scoring of essays." The Journal of Technology, learning and Assessment 5(1). https://ejournals.bc.edu/ojs/index.php/jtla/article/view/1640.Raczynski, K, and Cohen, A. (2018). "Appraising the scoring performance of automated essay scoring system—some additional considerations: Which essays? Which human raters? Which scores?" Applied Measurement In Education 31(3): 233-40. https://doi.org/10.1080/08957347.2018.1464449. See also, Hubert's "AI in education—automatic essay scoring." https://medium.com/hubert-ai/ai-in-education-automatic-essay-scoring-6eb38bb2e70

142 Stevenson, M. & Phakiti, A. (2014). "The effects of computer-generated feedback on the quality of writing." Assessing Writing 19:51-65.

PEG(Project Essay Grade)

AWE의 시작은 듀크 대학교(Duke University)의 엘리스 페이지(Ellis Page)에 의해 1996년에 개발된 PEG(Project Essay Grade)라고 할 수 있다. PEG의 원래 버전은 제출된 에세이와 교사들이 이미 채점한 400개의 비교 가능한 에세이로 구성된 훈련 세트(a training set)를 비교하고 대조하기 위해 상관관계 분석(correlational statistics)을 한 것이다. 이러한 접근법은 여러 연구에서 인간 채점자와 비슷한 예측 점수를 얻은 것으로 나타났다. 그러나 PEG 시스템은 문장의 의미, 글의 스타일 또는 글쓴이가 어떻게 자신의 주장을 발전시키는지를 중시하기보다는 쓰기 기술의 간접적 척도(indirect measures)라고 할 수 있는 문장의 개수와 문장 부호, 문법 같은 에세이의 표면적 특징에 초점을 맞춘다는 비판을 받았다. 비판을 바꾸어 말하면, PEG는 에세이의 내용보다는 형식을 중시한다는 것이다.

PEG는 학생들에게 그들 에세이의 학문적이나 내용적 질을 향상시키는 데 의미가 있는 형성적 피드백(formative feedback)을 제공할 수 없었고, 총괄적인 성적(summative mark)만 제공했다. 에세이의 질을 향상할 수 있게 하는 시스템의 유효성(effectiveness)은 컴퓨터의 훈련용 에세이(training essays)의 선정과 훈련 세트의 인간 채점자들(training set's human markers)이 제시한 피드백의 질에 달려있었다. 최근에 PEG는 전산 언어학(computational linguistics)과 머신러닝(machine learning), 자연 언어 처리 기술(natural language processing techniques)을 반영해 재설계되고 있다. PEG는 휴렛(Hewlett) 재단이 후원하는 자동 학생 평가대회(Automated Student Assessment Prize competition[143])에도 포함되었다.

---

143 Shermis, M. D. (2014). "State-of-the-art automated essay scoring: competition, results, and future directions from a United States demonstration." Assessing

지능형 에세이 평가
(IEA: Intelligent Essay Assessor)

초기의 또 다른 AWE 접근법인 '지능형 에세이 평가(IEA)'는 대화형 튜터링 시스템을 논의할 때 소개한 통계 기법인 잠재 의미 분석(latent semantic analysis: LSA)을 사용했다. IEA는 이를 통해 단어와 문장이 발견되는 맥락을 고려해서 그 의미를 추론할 수 있고, 훈련 말뭉치(training corpus)에 대한 목표 문서(a target document)의 의미상 연관성(the semantic relatedness)을 계산할 수 있다. "이 시스템의 기본적 인식은 한 구절의 의미는 그 구절의 단어에 의해 많이 좌우되며 단지 한 단어만 바꿔도 구절이 다른 의미의 가질 수 있다는 것이다. 반면에, 다른 단어들로 된 두 구절이 매우 비슷한 의미가 있을 수도 있다."144

IEA는 전문가들에 의해 미리 채점되어 있는 모델 에세이(expert model essay)를 기준으로 컴퓨터가 채점한 교과서와 학술 논문 같은 정보 출처 자료(knowledge source materials)를 포함하는 훈련 텍스트(training text)의 결과를 비교해 유사도 점수(similarity score)를 계산했다. 이 시스템은 유사도 점수를 평균으로 에세이의 점수를 판정했다. 그러나 각 분야를 대표하는 주요 텍스트(key domain-representative text)와의 비교를 통해, 시스템은 개념(ideas)과 내용(content), 구성(organization), 문장의 유창성(sentence fluency), 단어 선택(word choice), 관습(conventions), 표현(voice) 등 6개의 평가 영역에 걸쳐 진단과 형성적인 피드백을 제공할 수 있도록 했다. IEA는 텍스트 구절을 반복하는 표절과, 다른 에세이에서 나타나는 비슷한 구절을 찾아내는 등 인간 채점자가 확

Writing 20 (April): 53-76. https://doi.org/10.1016/j.asw.2013.04.011
144 Dikli, "An overview of automated scoring of essays,"

인하기 어려운 부분도 확인했다. IEA 또한 휴렛(Hewlett) 재단이 후원하는 자동 학생 평가대회(Automated Student Assessment Prize competition)에 포함되었다.

라이트투런(WriteToLearn)

최근 IEA의 접근법은 국제적인 교육 회사인 피어슨(Pearson)에 의해 더욱 발전하였고 그들의 라이트투런[145] 제품에 통합되었다. 현재 시스템은 상세한 형성적 피드백과 총체적 점수(summative scoring)를 제공하기 위해서 광범위한 인공지능 기술들을 활용한다. 에세이는 인간이 채점한 약 300개의 대표적인 에세이 훈련세트를 포함하는 머신러닝 지도 학습(supervised learning) 방법을 사용해 하나 이상의 평가기준(rubric)으로 평가된다. 평가 지표들은 초점, 아이디어의 발전, 구성, 언어 및 스타일, 표현, 문장의 정확성, 문장 유창성 등의 내용을 담고 있다. 또한 시스템은 제출된 에세이에서 다양한 오류를 발견할 수 있고, 따라서 일련의 서술, 설명, 묘사, 설득의 면에서는 구체적인 개선 사항에 대한 정보를 제공한다. 이 모든 것은 학생들의 에세이 작문 역량을 개선한 후 초안을 개선할 수 있도록 지원하도록 설계되었다. 또한 이 시스템은 아이디어, 에세이의 전체 구조, 관습적 표현, 문장 능숙도, 단어 선택, 표현 등 글의 수준을 높이기 위해 구성된 평가기준(rubric)을 기준으로 내용을 평가해 글에 점수를 매긴다. 라이트투런의 부가적인 구성요소는 예시로 주어진 텍스트에 대한 학생들의 요약을 평가하고 피드백을 제공하는 것으로, 이를 통해 학생들의 읽기 이해력을 키우는 데 도움을 준다.

---

145 https://www.writetolear.net

라이트투런은 다수의 연구에서 그 성과를 평가받아 왔다. 미국의 한 주 전체를 대상으로 시행된 연구[146]에서는 2만 명 이상의 학생들이 참여해 7만 개의 에세이 과제를 분석했다. 그 결과 학생들은 평균적으로 약 4개 이상의 내용이 수정된 초안을 제출했는데 이것은 전통적인 교실에서 이루어지는 성과 이상이며, 평가 점수를 보면 6점 만점에 대략 1점 이상의 성적을 향상시켰다. 학생들의 성적 향상은 기초적인 작문 능력뿐만 아니라 고차원적인 영역인 아이디어나 표현에서도 발견되었다.

이레이터(e-Rater)

미국의 평가회사인 ETS에 의해 개발된 AWE는 잘 알려진 이레이터인데, 최근에는 GMAT 평가나 CCS(Common Core Standards) 평가에서 활용되고 있다.[147] 이레이터는 이전의 시스템들처럼 자연언어 처리 기술(natural language processing techniques)을 사용해 에세이에서 자동으로 발췌하는 언어적 특징(어휘의 다양성, 주제 내용, 어휘적 및 통사적 단서)으로 구성된 평가기준을 활용한다. 알고리즘은 최종 점수를 예측하기 위해 선형 회귀분석(linear regression) 방법을 사용해 계산하고 인간 전문가가 채점한 에세이의 훈련세트와 비교된 에세이에서 식별된 모든 기준을 활용해 점수를 결정한다. ETS는 피험자가 외국인인 경우에 해당 문화와 모국어의 차이를 보정해 개발한 다양한 영역들의 이레이터 평가 결과가 학술적인 타당도(psychometric validity)를 갖고 있다고 주장한다.

146 Foltz. P. W. & Rosenstein, M. (2013). "Tracking student learning in a state-wide implementation of automated writong scoring." In NIPS Workshop on data driven Education.
147 Kukich, K. (2000). "Beyond automated essay scoring." IEEE Interlligent Systems. https://doi.org/10.1109/5254889104

리비전 어시스턴트(Revision Assistant)

이어, AWE의 사례로 턴잇인(Turnitin)에서 개발한 '리비전 어시스턴트'가 있다. 턴잇인은 회사의 이름이기도 하지만 논문 표절 검색 프로그램 이름으로도 잘 알려져 있으며, 학술적 논문에 대해 이미 출판된 학술지의 논문이나 인터넷 문서와 대조해 표절의 수준과 내용을 확인하는 프로그램이다. 턴잇인이 제공하는 AWE 프로그램, 리버전 어시스턴트는 다양한 분야들의 짧은 학생 에세이(200에서 700자 단어 사이의)를 평가하고 형성적 피드백(formative feedback)을 제공하도록 설계되었다. 이는 머신러닝의 지도 학습(supervised learning: 적어도 두 명 이상의 인간 채점자들에 의해 채점된 훈련 에세이들을 이용하는)과 비지도 학습(unsupervised learning: 이미 교실에서 이 시스템을 사용한 학생들로부터 수집된 수천 개의 채점되지 않은 에세이 모음을 이용하는)을 모두 활용해 개발된 것이다.

리버전 어시스턴트는 제출된 에세이에 전체적으로 사용된 단어 수와 전체 길이 등과 같은 기본적인 내용을 우선으로 분석한다. 이후 더 좋은 에세이로 만들기 위한 가장 좋은 방법을 찾는다. 에세이에서 한 문장을 삭제했을 때 예측점수에 어떤 영향이 있는지를 살펴보는 방식이다. 삭제할 경우 예측된 점수가 상승하면 그 문장을 삭제할 것을 추천한다. 이러한 방식으로 에세이에 대해 내용 전문가들이 이미 작성한 1천 개 이상의 피드백 코멘트들을 활용해서 가장 적합한 형성적 피드백을 선택해 제공한다.

리버전 어시스턴트가 교실에서 활용되는 상황을 관찰한 연구 결과에서는 이 시스템의 피드백이 학생들에게 잘 받아들여지고 그들의 점수 향상에 도움이 된다고 보고되었다. 턴잇인은 그들의 자동화된 에세이 피드백 시스템이 학생들에게 형성적 피드백을 제공하는 효과뿐 아니라 "교사가 학생과의 갈등을 유발할 수 있는 평가자의 역할에서 벗어나, 본인의 수업에서 학생과 함께 피드백의 내용을 검토하고 에세이를 개선할 수 있는 안내자와 지원자로서 역할할 수 있게 해준다."라고 강조한다.

오픈에세이스트(OpenEssayist)

영국의 개방 대학(Open University)과 옥스퍼드 대학교(Oxford University)에서 개발한 '오픈에세이스트'[148]는 다소 다른 접근법을 활용하고 있다. AWE와 마찬가지로 자연언어 처리 기술을 활용하지만 어떻게 피드백을 학생들에게 쉽게 제시할 것인가에 더욱 중점을 두고 있다. 이 시스템의 언어적 분석 엔진(linguistic analysis engine)은 비지도 학습(unsupervised algorithm) 알고리즘을 사용해 학생의 에세이에서 핵심 단어, 구, 문장을 그룹으로 나눈다. 그리고 묶여진 내용을 중심으로 해당 에세이의 핵심적인 표현들을 구성한다. 예를 들어 핵심 단어와 구문들을 단어 묶음(word cloud)의 형태로 제시하는데, 이러한 단어 묶음을 대상으로 또 다른 묶음을 만들어낼 수도 있고, 일정한 그룹들로 확정할 수도 있다. 이러한 핵심적인 표현들을 활용해 학생에게 피드백을 줄 수 있는 애니메이션을 생성함으로써 학생들이 애니메이션을 통해 대화를 하고 이 과정에서 본인의 에세이 내용에 대해 더 깊이 생각해 볼 수 있는 기회를 제공한다. 오픈에세이스트는 학생들의 글쓰기 능력 자체 향상을 돕는 동시에 자기 조절 학습(self-regulated learning), 자기 인식(self-knowledge), 메타 인지(metacognition)와 같이 높은 수준의 인지적 학습을 이루는 과정을 지향한다.

---

148 Whitelock, D., et al. (2013). "OpenEssayist: An automated feedback system that supports university students as they write summative essays." http://oro.open.ac.uk/41844/

인공지능 채점(AI Grading)

특정한 이름이 없기 때문에 인공지능 채점(AI Grading)이라고 부르는 마지막 사례는 대규모 공개 온라인 교육과정(MOOC: massive open online courses)인 EdX의 학습플랫폼에서 수천 명 이상의 학생들이 제출한 에세이를 채점하기 위해 개발되었다.[149] 이 시스템은 교수자가 채점한 수백 개의 에세이를 활용해 훈련된 혁신적인 머신러닝 알고리즘을 사용하고 있으며, 교수자가 작성한 평가기준(rubric)으로 평가를 수행한다.[150] 그러나 EdX 시스템에서의 인공지능 채점은 현재 이용할 수 없는 것으로 확인되어 세부적인 사항은 찾기가 어렵다. 이 시스템을 소개하는 것은 두 가지 이유가 있다. 첫째, MOOC가 교육과 학습 과정에 더 많이 활용될 경우에 학생들의 에세이를 대규모로 평가하는 방법이 필요할 것이기 때문이다. 둘째, 전체적으로 AWE를 비판적으로 보는 입장들에게서 많은 공격을 받는 대상이기 때문이다. 고부담 평가 관련 웹사이트에는 학생들의 에세이를 자동 채점하는 것에 대한 비판적 관점이 잘 드러나 있다.

연구에 따르면 컴퓨터에 의해 이루어지는 AWE는 다음과 같은 문제를 갖고 있다. 첫째, 단어 양·주제어·에세이 길이와 같은 표면적인 내용으로 에세이를 평가한다는 점이다. 둘째, 초등학교 수준에서 사용하는 방식처럼 긴 문장을 간단히 하는 수준이다. 셋째, 학생의 글 속 많은 실수를 그냥 넘어가는 경우가 있고, 실수가 없는데도 억지로 찾아내는 경향이 있어서 부정확하다. 넷째, 소수자 집단이나 외국인들의 경

---

149 https://www.edx.org
150 Reilly, E. D., et al. (2014). "Evaluating the validity and applicability of automated essay scoring in two massive open online courses." The International Review of research in open and distributed learning 15 (5). http://www.irrol.org/index.php/irrodl/article/view/1857

우에는 차별을 받게 되어 불공평하다. 다섯째, 다음에 쓰게 되는 에세이와 거의 상관이 없으므로 능력에 대한 진단이 없는 수준에 가깝다. 여섯째, 평가를 주관하는 회사들이 시스템이나 평가 결과에 대한 공개를 하지 않고 비밀스럽게 기술을 유지하고 있다.

마지막으로 이러한 AWE에 대한 비판에 반대의 질문을 던져볼 필요가 있다. 학생들이 고품질의 에세이를 자동으로 작성할 수 있는 인공지능 기술에 접근할 때 무슨 일이 일어나겠는가? 학생이 자동 글쓰기 기술을 활용하는 것과 교사가 자동 평가 기술을 활용하는 것 중에서 어떤 것이 더 바람직하다고 할 수 있는가?[151] 지금은 이러한 문제가 논쟁이 되고 있지만 결국 얼마 가지 않아서 결론이 날 것으로 예상한다.

⑨ 인공지능의 교육적 활용: ITS+, AR, VR, 챗봇 (What Other AIED in Out There?)

ITS에 대한 논의에서 보았듯이, 새로운 AIED 기술의 앱이 계속해서 나오며 발전하기 때문에 교육에 있어서의 인공지능 앱에 대해 완전하게 조사하는 것은 불가능하다. 하지만 인공지능에 대한 일반적인 관심이 증가하여 더 빠른 컴퓨터 프로세서가 등장하고 있고, 많은 양의 교육용 빅데이터가 활용되고 있으며, 이는 새로운 컴퓨터의 접근법이 개발되면서 더욱 활발하게 이루어지고 있다. AIED 시장

---

151 Much like the ongoing arms race between AI-generated fake news (such as https://www.techonologyriew.com/s/610635/fake-news-20-personalized-optimized-and-even-harder-to-stop) and AI tools to identify fake news (such as http://adverifai.com).

은 2024년까지 60억 달러의 가치가 있을 것으로 예측되므로 많은 인공지능 개발자들에게 핵심적인 개발 분야가 되고 있다. 간단한 구글 검색만으로도 학생들을 지원하고 학습 성과를 향상한다고 주장하는 수백 개의 인공지능 제품을 찾을 수 있다.

에듀텍(EdTech) 자문회사인 겟 스마트(Getting Smart)는 최근에 더 나은 교육을 지원하기 위해 머신러닝을 잘 활용하고 있는 32가지 상업용 앱의 목록을 발표했다.[152] 다음의 [표 1]에서 요약된 것처럼 대부분의 기존 AIED 앱은 상호보완적인 다섯 가지 차원에 의해 분류할 수 있다. 첫째, AIED가 설계될 때 대상으로 하는 학습자의 유형, 둘째, AIED가 담당하는 학습 영역, 셋째, AIED를 통해 촉진하고자 하는 학습 방법, 다섯째, AIED가 제공하는 학습 지원 등이다. 인공지능은 개별 학습자를 위한 '학습 관리 시스템(learning management systems)'으로 활용할 수도 있고 수업 일정, 직원 일정, 시설 관리, 재정, 사이버 보안, 안전 및 보안, 전자 인증을 위한 '학교 관리 플랫폼(school-management platforms)'처럼 기관 수준으로 활용할 수도 있다. AIED기술들을 구분하는 한 가지 중요한 관점은 학생용과 교사용으로 나누는 방식이다. 학생들을 직접 지원하도록 설계된 AIED 기술(ITS, DBTS, ELE, AWE과 같은 학생용 도구)과 학생을 지원하는 교사를 지원하도록 설계된 AIED 기술(행정적 지원을 위한 교사용 도구)로 나누는 방식이다. 그러나 교육에서 인공지능의 행정적 활용은 이 책의 범위를 벗어나기 때문에 언급하지 않으려고 한다.

152 http://www.gettingsmart.com/2018/08/32-eayws-ai-improving-education

[표 1] 기존 AIED 앱의 상호보완적 다섯 가지 차원에 의한 분류

차원	예
학습자의 유형	• 유아(early years). K-12 • 고등 교육, 평생교육(informal) • 직업교육(professional) • 추가적인 요구를 가진 학생들
학습 영역	• 수학, 물리, 언어학습, 음악
학습 방법	• 단계적 맞춤형 학습 • 대화 기반 맞춤형 학습 • 탐구 학습 • 쓰기 분석
학습 지원	• 학습 분석 • 멘토링(mentoring) • 평가(assessment) • 네트워크 연결 • 챗봇(chatbots)
교사 지원	• 자동화된 학습자 프로파일(automatic learner profiles) • 스마트 성적표(smart gradebook)

이 절에서는 교육에서 활용하는 인공지능 앱의 6가지 기술과 도구를 추가로 살펴보고자 한다. 일부는 우리가 이미 언급했던 AIED 접근법을 토대로 하지만 일부는 다른 인공지능 기술들을 사용한다. 우리는 우리가 생각하기에 ITS+로 불릴 수 있는 것에서 시작해서 인공지능 지원 언어 학습, 챗봇, 증강 현실, 가상현실, 학습 네트워크 오케스트레이터(Orchestrators)에 대해 살펴보고자 한다.

지능형 튜터링 시스템 + : 알트 스쿨, ALP, 루밀로
(ITS + : ALT school, ALP, and Lumilo)

ITS + 는 표준적인 지능형 튜터링 시스템(ITS)의 기능을 확대하고, 활용 범위를 넓히거나 다른 교수 방법을 추가하는 접근방식을 의미한다. 첫 번째 사례는 전직 구글의 경영자가 설립하고 찬 저커버그 재단(Chan Zuckerberg Initiative)가 자금을 지원하는 실리콘 밸리의 벤처기업인 알트 스쿨(ALT school)[153]이다. 알트 스쿨이 기존 학교와 차별화되는 점은 전체 학교의 학생들에게 개별화된 학습을 제공하기 위해 빅테이터를 활용한 ITS 접근 방식을 사용하는 것이다. 다시 말해서 학교 수준에서의 ITS 활용이다. 매주 모든 알트 스쿨의 학생들은 완전한 지식 학습을 할 수 있도록 설계된 활동들에 대해 자동으로 생성된 개별 학습 목록을 받는다. 그리고 그 활동에 참여하는 동안 그들의 상호작용에 대한 광범위한 데이터가 기록되고 분석된다. 각 학생의 강점, 약점, 진행을 포함한 통계 분석 결과는 교사들이 사용할 수 있다. 교실의 벽에 고정된 카메라로 포착된 학생들의 활동 비디오 클립들도 인공지능 기술로 분석되어 학생 참여의 결과 지표를 교사에게 제공한다. 흥미롭게도 알트 스쿨은 최근 그들의 사업 모델을 바꾼 것으로 보인다. 아마도 다음 사례에서 영감을 받은 것으로 보이며, 알트 스쿨은 이제 그들의 학교를 운영하는 것을 그만 두고 다른 학교에 그들의 기술을 제공하는 방향으로 전환했다.

두 번째 ITS + 는 키드앱티브(Kidaptive)[154]의 ALP(adaptive learning platform)이다. ALP는 스스로 인공지능 기술을 가지지 못한 교육 기술 개발자들에게 "서비스로서의 AIED 엔진"을 제공하는 방식이다. 다

---

153 http://www.altschool.com
154 http://www.kidaptive.com

시 말하면, ALP는 다양한 에듀텍을 위해 ITS의 백엔드 기능(역자주: 프런트엔드(front-end)와 백엔드(back-end)라는 용어는 소프트웨어에서 프로세스의 처음과 마지막 단계를 가리킴. '프런트엔드'는 사용자로부터 다양한 형태의 입력을 받아 '백엔드'가 사용할 수 있는 규격을 따라 처리할 책임을 짐. 백엔드는 데이터를 처리하고 문제를 해결하는 역할을 담당함.)을 제공한다. 협력업체는 클라이언트 서버 소프트웨어 개발 키트(software development kits: SDKs)를 사용해 그들의 에듀텍 제품들을 ALP에 연결한 뒤 그들의 사용자 데이터를 실시간으로 분석한다. 다양한 학습 콘텐츠로부터 수집된 학습 데이터는 개별 학생들의 상호작용과 선호도, 성취도에 대한 심층적인 심리측정 프로파일(학습자 모델)을 생성하기 위해 통합된다. 그런 다음 문항반응이론(item response theory), 심리측정 체제(psychometric framework)를 사용해 파트너들의 에듀텍 제품에 의해 학생들에게 제공되는 최적의 다음 도전 과제(optimal next challenge), 교육 자료(instructional material) 또는 활동 등을 결정하게 된다. 또한 ALP는 교사들과 학부모들에게 개별 학습자를 지원할 수 있는 가장 좋은 방법에 대한 개별화된 통찰력(personalized insights)과 권고를 제공한다.

아마도 가장 흥미로운 ITS+는 바로 루밀로(Lumilo)[155]일 것이다. 현재까지는 연구 프로젝트 단계에 있는 루밀로는 혼합현실(mixed reality) 스마트 안경을 사용해 교사들이 단지 학생을 보기만 하면 학생들의 실시간 ITS 데이터에 접근할 수 있도록 해준다. 루밀로는 교사들이 마치 컴퓨터가 없다고 느껴지는 세상에서 그들의 수업에 참여하고 관찰하면서 동시에 ITS 기반의 맞춤형 학습과 분석을 가능하게 해준다.

155 Holstein, K., McLaren, B. M., & Aleven, V. (2018). "Student learning benefits of a mixed-reality teacher awareness tool in ai-enhanced classrooms." In Artificial Intelligence in Education, ed. Rosé, C. P., et al. https://doi.org/10.1007/978-3-319-93843-1_12

루밀로는 교사들이 ITS를 사용하는 동안 학생들에 대해 원하는 정보와 상황을 발견해 낸다. 교사들은 학생들이 어려움에 처했을 때 그들이 손을 들지 않더라도 즉시 알 수 있기를 원하고, 학생들이 주어진 과제를 벗어나거나 소프트웨어를 잘못 사용할 때에도 즉시 알고 싶어했다. 학생들의 단계별 추론과 전개 상황에 대해 실시간으로 볼 수 있기를 원한다는 연구 결과도 제시되었다.156 일반적인 ITS는 이러한 정보의 많은 부분을 제공할 수 있지만, 경험이 풍부한 교사들이 학생들로부터 찾아낼 수 있는 다양한 방식의 미묘한 단서들을 교사에게 제공해주고 있지는 못하다.

따라서 루밀로의 투명한 스마트 안경은 학생들의 행동과 학습 상태에 대한 실시간 지표를 교사들의 교실 시각 위에 나타나도록 제공한다. 이러한 방식은 이 책에서 더 상세히 논의할 증강현실 시스템(Augmented Reality system) 기능을 한다. 교사가 학생들의 ITS 활동157을 관찰하며 교실 안을 둘러보면 각 학생의 머리 위로 요약 정보가 나타난다. 학생을 보면서, 손에 들고 있는 스위치를 누르거나 특정한 손동작을 하면 학생들의 화면을 볼 수 있고, 원하는 경우에는 학생의 오류 수나 학생에게 제공된 힌트 등 더 상세한 정보도 확인할 수 있다. 루밀로의 연구자들은 ITS 데이터와 교사 관찰이라는 두 가지 유형의 데이터를 결합함으로써, 교사들이 그들의 학생들에게 적절하

156 Holstein, K., et al. (2018). "The classroom as a dashboard: Co-designing wearable cognitive augmentation for K-12 teachers." In Proceedings of the 8th International Conference on Learning Analytics and Knowledge—LAK '18. https://doi.org/10.1145/3170358.3170377

157 Lumilo has been researched with an ITS, called Lynette, which has been designed to teach linear equations. Lynnette adaptively selects pathways using Bayesian knowledge tracing, and provides step-by-step guidance and feedback. See Aleven V., et al. (2016). "Example-tracing tutors: Intelligent tutor development for non-programmers." International Journal of Artificial Intelligence in Education 26(1): 224-269.

게 개입하고 다음의 진행을 결정할 수 있도록 하는 것을 목표로 삼고 있다.

언어학습(Language Learning: Babbel and Duoligo)

교육 분야의 인공지능 중에서 최근 상당한 성장세를 보이고 있는 영역의 애플리케이션은 언어학습이며, 자연언어 처리의 가장 혁신적인 앱은 2017년 구글에서 개발한 픽셀 버즈(Google Pixel Buds)이다.[158] 구글의 픽셀 버즈는 앞에서 논의했던 자연 언어 처리의 통계적 접근법을 사용했다. 픽셀 버즈의 알고리즘은 완벽하지는 않지만 실시간으로 두 개의 언어를 번역하며 언어가 다른 두 명이 제대로 된 대화를 할 수 있게 해줌으로써 오랫동안 기대해온 공상과학 소설의 통역 장치들을 실제로 구현했다. 이는 영화 스타트랙(Star trek)에 등장했던 우주용 번역기[159] 또는 은하수를 여행하는 히치하이커를 위한 안내서에 나오는 바벨 피시(Babel fish)[160]를 떠오르게 한다.

그러나 여전히 타 언어학습은 여러 이유에서 요구된다.[161] 공식

---

158 https://www.blog.google/products/pixel/pixel-buds
159 http://www.startrek.com/database_article/universal-translator
160 http://hitchhikers.wikia.com/wiki/Babel_Fish
161 당연한 질문은 언어학습이 대량으로 암기하는 것처럼 예전의 일이 될지의 여부이다. CCR은 이 문제를 세밀히 추적할 것이다. 현재로서 언어습득은 세 가지 이유에서 중요하다고 할 수 있다. 첫째, 일반적인 대화형 의사소통은 번역 기술에 의해 대체될 수 있겠지만 유창함을 필요로 하는 의사소통에서는 대체하기 어렵다. 둘째, 언어와 함께 문화를 배우는 것을 대체하기 어렵다. 셋째 언어학습을 통해 이루어지는 인지적 발달을 대체하기 어렵다. 이러한 세 가지 내용은 알파벳이 발명된 이후에도 언어학습에서 암기를 해야 하는 이유이다. 언어습득과 관련된 민감한 이 시기에 전하는 CCR의 권고는 여러 언어에 대한 다양한 노출을 통해 언어습득의 다양한 기초를 쌓으라는 것이다. 기초가 비슷한 두 가지 언어는 쉽게 숙달할 수 있다. 예를 들어 영어 모국어 사용자가 처음 2년은 영어로 배우고 2~3세에 스페인어와 프랑스어를 배우는 경우 인도-유럽어에 속하기 때문에 쉽게 학습할 수 있다. 이후 다른 어원의 언어를 배우는 시기는 7세까지가 좋다. 기술 개발의 과정에서 배우는 시점과 관련해서도 염두에 두어야 할 것이다.

적인 교육 환경에서 광범위하게 사용되지는 않지만 개인적인 외국어 학습 프로그램 중에서 인공지능을 활용한 언어학습 제품은 바벨(Babbel)과 듀오링고(Duolingo)라고 할 수 있다. 그리고 멤라이즈(Memrise),[162] 로제타 스톤(Rosetta Stone),[163] 몬들리(Mondly)[164] 등의 제품을 사용하기도 한다.

우리가 살펴볼 첫 번째 사례는 인공지능이 주도하는 음성인식, 즉 전형적인 ITS의 개별화 알고리즘(typical ITS personalization algorithms)을 사용해 약 10년간 언어 학습을 지원해온 바벨이다.[165] 바벨은 학생들이 말한 단어를 원어민 강의 편집자들이 기록한 음성 샘플과 비교하고, 학습자가 본인의 발음을 향상시킬 수 있도록 돕기 위해 즉각적인 피드백을 제공한다. 바벨에는 중요한 두 가지 단계가 있는데, 단어를 인식하는 것과 발음을 평가하는 것이다. 두 가지 모두 매우 어려울 수 있다. 단어를 인식하기 위해서는 먼저 사용자가 말을 시작하고 멈추는 시기를 발견해야 하는데, 일반적인 환경에서 주위의 소음(예를 들어, 뒤쪽에서 다른 사람이 말하는 것 또는 머리 위를 날아다니는 비행기)을 걸러내는 것을 의미한다. 이후 다양한 사람들(남녀노소)은 다양한 목소리(다른 진동수와 속도)를 낸다는 점을 고려하면서 단어를 인식하고 그 다음 발음을 점검하기 위해 음성 샘플을 데이터베이스와 비교한다.

듀오링고[166]도 음성인식을 사용하는데, 특히 ITS 방식의 개인화(ITS-style personalization)에 초점을 맞추어 살펴보고자 한다. 듀오링고의 접근법은 학습과학(learning science) 분야에서 잘 확립되어 있는 두 가지 원칙을 기반으로 하는데, 간격 효과(spacing effect: 우리는 집중학습과 벼락

162 https://www.memrise.com
163 https://www.rosettastone.co.uk
164 https://app.mondly.com
165 https://www.babbel.com
166 https://www.duolingo.com

치기보다 시간상으로 퍼져있는 분산 학습과 반복적 학습을 통해 더 효과적으로 기억한다)와[167] 지체 효과(lag effect:[168] 우리는 연습 사이의 간격이 점차 증가시키면 더 잘 기억한다)[169] 이다. 따라서 라이트너 박스(Leitner Box) 방법에[170] 기초한 알고리즘은 학생들에게 연습을 위한 단어를 전달하기 가장 좋은 시간을 예측한다. 라이트너 박스 방법은 부정확하게 응답한 플래시카드는 짧은 시간 후에 다시 확인하도록 하기 위해 박스 앞쪽에 남아있도록 하고, 정확하게 응답한 플래시카드는 확인하는 시간을 지연시키기 위해 박스 뒤쪽으로 보내는 방식이다. 이를 위해, 학습자가 그 단어를 정확하게 기억할 확률을 계산하는데, 그 단어가 마지막으로 연습된 이후의 지체시간(lag time)과 그 단어의 반감기(half-life: 학습자의 장기기억에서의 그 단어의 세기)의 함수로서 추론한다. 이는 학습자의 이전 학습 경험(학습자가 그 단어를 본 횟수, 정확히 기억해낸 횟수, 정확하지 않은 횟수)의 추적 데이터를 포함하는 학습자 모델에 기초한다. 2012년 독립적인 연구에서는 듀오링고를 사용하는 학생들이 대학의 한 학기(one college semester)에 해당하는 표준 언어 수업의 스페인어 능력 향상을 보인 것으로 나타났다. 하지만 이 연구는 듀오링고를 표준 언어 수업이나 유사한 제품과 비교하지 않았고, 효과 크기(effect size)를 제공하지는 않았다.

167 Ausubel, D. P. & Youssef, M. (1965). "The effect of spaced repetition on mean-ingful retention." The Journal of General Psychology 73: 147-50. https://do-i.org/10.1080/00221309.1965.9711263

168 Melton, A. W. (1970). "The situation with respect to the spacing of repetitions and memory." Journal of Verbal Learning and Verbal Behavior 9 (50): 596-606.

169 Duolingo is not unique in doing this but they it is notable in having conducted various studies to optimise the approach.

170 Leitner, S. (1995). So Lernt Man Lernen: Angewandte Lernpsychologie-Ein Weg Zum Erfolg. Herder.

챗봇(Chatbots: Ada and Freudbot)

인공지능 챗봇(chatbots)의 선구자로서 자연어로 대화할 수 있는 첫 번째 컴퓨터 프로그램은 ELIZA(부록 2에 기술)이다. 50년간의 개발 과정을 거쳐서 챗봇은 5대 기술 기업인 아마존(Alexa), 애플(Siri), 페이스북(messenger),[171] 구글(Assistant), 마이크로소프트(Cortana: digital assistant)의 출시와 함께 상용화되었다.[172] 그럼에도 불구하고 마이크로소프트의 챗봇인 태이(Tay)가 트위터에 올린 인종차별적인 발언[173]이 문제가 되기도 하는 등 순탄한 과정을 거친 것은 아니다. 아직 어느 챗봇도 튜닝 테스트(Turing Test)를 납득할 수 있을 정도로 통과하지는 못했다. 만약 인간이 컴퓨터와 대화를 하면서 상대가 인간인지 컴퓨터인지 결정하지 못하면, 컴퓨터는 튜링 테스트(Turing Test)를 통과했다고 말한다.[174] 최근에 구글 듀플렉스(Google Duplex) 챗봇은 음식점과 미용실에서 예약을 받는 능력을 보여주었다. 하지만 이 실험은 조심스럽게 조직되어 있었고 결과에 대해 논란이 있었다.[175] 오늘날, 챗

---

171 https://messenger.fb.com

172 E.g., Dale, R. (2016). "The return of the chatbots." Natural Language Engineering 22 (5): 811-817, and "Everything you ever wanted to know about chatbots (but were afraid to ask)." https://www.jisc.ac.uk/blog/everything-you-ever-wanted-to-know-about-chatbots-but-were-afraid-to-ask-08- oct-2018

173 Wolf, M. J. Miller, K., & Grodzinsky, F.S. (2017). "Why we should have seen that coming: Comments on Microsoft's tay 'experiment,' and wider implications." SIGCAS Comput. Soc. 47 (3) 54-64. https://doi.org/10.1145/3144592.3144598.

174 튜링검사, 더욱 정확히는 '이미테이션 게임(imitation game)'은 현대 전산학과 인공지능의 아버지로 여겨지는 앨런 튜링(Alan Turing)에 의해 컴퓨터가 지능적인지를 결정하고자 만들어졌다. "나는 약 50년 후에는 컴퓨터가 이미테이션 게임을 너무 잘해서 평균적인 검사자들이 5분간의 질문 후에 컴퓨터인지 인간인지를 정확히 구분해낼 확률이 70%가 넘지 않을 정도로 컴퓨터를 프로그래밍할 수 있을 것이라 믿는다."

175 See both https://www.extremetech.com/computing/269030-did-google-duplexs-ai-demonstration-just-pass-the-turing-test and https://www.extremetech.com/computing/269497-did-google-fake-its-google- duplex-ai-demo

봇 서비스를 개발하는 한 회사[176]는 30만 개 이상의 챗봇이 그들의 도구 모음(toolsets)을 사용해 만들어졌다고 주장하고 있다. 이 회사의 시스템은 많은 수의 챗봇 플랫폼 중 하나이다.[177]

 일반적으로 챗봇은 사전에 프로그램된 스크립트로 작성된 응답(ELIZA와 최신 단순 봇처럼)에서 선택하는 규칙과 핵심어를 사용하거나 적응형 머신러닝 알고리즘을 사용해 특별한 응답(Siri, Duplex, Tay 같은 더 정교한 봇처럼)을 만들어 메시지(SMS 텍스트, 웹사이트 채팅, 소셜 메세징 게시물, 음성)에 자동으로 응답하도록 설계되었다. 챗봇은 비행기 예약,[178] 음식 주문,[179] 의사[180] 또는 재정 자문가로서[181] 채용,[182] 회계,[183] 쇼핑[184]을 돕기 위해, 개인 동반자로서[185] 불안으로부터 고통받는 젊은 사람들을 지원하기 위해[186] 개발되었으며 다양한 목적으로 아주 빠르게 상용화되고 있다.

 챗봇은 또한 교육 분야에서 다양한 목적으로 사용된다. 예를 들면, 학생들은 그들이 원하는 정보를 가르쳐주는 챗봇과 함께 강의에 대해 대화하는 사례가 늘어나고 있다.[187] 또한 챗봇이 많은 대

176 https://home.pandorabots.com
177 https://www.techworld.com/picture-gallery/apps-wearables/platforms-for-developers-build-chatbots-3639106
178 https://bb.klm.com/en
179 https://www.tacobell.com/Tacobot
180 https://www.your.md
181 https://www.rbs.com/rbs/news/2016/03/rbs-installs-advanced-human-ai-to-help-staff-answer-customer- que.html
182 https://hiremya.com
183 https://www.sage.com/en-gb/products/pegg
184 https://bots.kik.com/#/vspink
185 https://www.pandorabots.com/mitsuku
186 Fitzpatrick, K. K., Darcy, A., & Vierhile, M. (2017). "Delivering cognitive behavior therapy to young adults with symptoms of depression and anxiety using a fully automated conversational agent (woebot): A randomized controlled trial." JMIR Mental Health 4. https://doi.org/10.2196/mental.7785
187 https://www.virtualspirits.com/chatbot-for-university.aspx

학[188]에서 학업 서비스, 숙박, 시설, 시험, IT, 건강 등과 관련해 지속적으로 학생을 지원하고 안내하는 서비스를 제공하고 있다.[189] 때로는 직접적으로 학생들의 학습을 지원하기도 한다. 앞에서 살펴본 오토튜터(AutoTutor)와 왓슨튜터(Waston Tutor)를 포함하는 DBTS는 특별한 경우의 교육용 챗봇으로 생각될 수 있다. 예를 들면, 챗봇은 학생들의 스스로 생각하는 힘과 자기 효능감(self-efficacy)[190]을 높이기 위해 피드백을 제공할 수도 있고, 이미 일부 언어학습 앱은 학습자가 가상화된 환경에서 당황하지 않고 말하는 것을 연습할 수 있도록 챗봇을 사용한다.[191]

그러나 이러한 사례들은 챗봇이 교육적으로 특효약(silver bullet)임을 의미하지는 않는다. 예를 들면 학생들이 외국어로 의사소통하기 위해서 챗봇을 대상으로 대화할 때, 시간이 흐를수록 인간 학습 파트너와의 대화에 비해 흥미가 급격히 감소하는 현상을 볼 수 있다. 이러한 현상은 챗봇을 통해 학습하는 효과가 단순히 초기에만 나타나는 새로움의 효과(novelty effect)이거나, 인간에 비해 챗봇의 가치가 낮기 때문에 일어날 수 있는 것이다.

에이다(Ada)와 프로이트봇(Freudbot)은 앞에서 논의된 DBTS과 함께 전형적인 교육용 챗봇이다. 에이다[192]는 IBM의 왓슨 대화형 플랫

---

188 https://www.slu.edu/alexa/index.php
189 E.g., Deakin University uses IBM Watson to run a student services support chatbot: http://www.deakin.edu.au/about-deakin/media-releases/articles/ibm-watson-helps-deakin-drive-the-digital- frontier, while the Open University of Hong Kong launched The i-Counseling System. https://library.educause.edu/resources/2012/5/case-study-9-the-open-university-of-hong-kong-the- icounseling-system
190 Lundqvist, K. O., Pursey, G., & Williams, S. (2013). "Design and implementation of conversational agents for harvesting feedback in elearning systems." In European Conference on Technology Enhanced Learning, 617-618.
191 http://bots.duolingo.com
192 Winkler, R. & Soellner, M. (2018). "Unleashing the potential of chatbots in education: A state-of-the-art analysis." Academy of Management Proceedings (1): 1-17.

폼을 사용해 영국의 한 커뮤니티 칼리지에서 개발되었다. 이는 제한된 자원과 서비스로서의 인공지능 기술을 사용해 어떻게 교육용 챗봇이 구현되는지를 보여주며 데스트탑, 모바일 및 키오스크(Kiosk) 등 여러 종류의 기기에서 사용할 수 있다. 컴퓨터의 선구자인 에이다 러브레이스(Ada Lovelace)의 이름을 딴 에이다는 다양한 종류의 학생들의 질문들에 응답할 수 있으며 학생들의 수업, 진도, 목표와 같은 데이터를 이용해 개별화되고 상황에 맞는 응답들을 제공한다. 에이다는 이미 도서관, 학생서비스, 금융, 숙박, 교통, 직업, 시험 등과 관련한 질문들에 응답할 수 있고 상호작용을 통해 더 많이 배울 수 있다. 예를 들면, 학생은 그들의 아침 수업이나 내일의 시험이 어디에서 있는지, 또는 그들이 최근 과제에서 몇 점을 받았는지 대해 물어볼 수 있다. 한편, 교수는 그들이 최근에 참석한 전문적인 개발 워크숍 리스트나, 특별한 학생들의 학업 성적을 요청할 수 있다.

프로이트봇이라고[193] 불린 사실상 원시적인 단계의 DBTS인 초창기의 챗봇은 학생들에게 교육적 주제의 대화를 제공했다. 에이다의 경우 학생들에게 그들의 기관과 학습에 대한 정보를 제공하기 위해 디자인된 것과는 차이가 있다. 프로이트봇은 정신분석학자 프로이트(Sigmund Freud)의 페르소나(persona)를 주제로 프로이트의 이론과 삶에 대해 심리학에 입문하는 학생들과 대화를 나누었다. 프로이트봇은 요즘에는 쉽게 접근할 수 있는 머신러닝 기술들이 이용 가능하

https://doi.org/10.5465/AMBPP.2018.15903abstract 344 http://www.aftabhussain.com/ada.html
193 Heller, B., et al. (2005). "Freudbot: An investigation of chatbot technology in distance education." In EdMedia: World Conference on Educational Media and Technology, 3913-3918. https://pdfs.semanticscholar.org/ba80/d43699062892440f7e9adb6aea8e3ca1ddfe.pdf

기 전에 개발되었고, 사전에 프로그램화된 스크립트의 응답을 선택하기 위해 규칙과 인식된 핵심어를 사용했다. 오픈소스로 활용할 수 있는 프로이트 전기와 함께 그의 용어 및 개념에 대한 설명으로 구성된 대학의 자원을 이용했다. 그리고 학생들의 질문이나 응답이 규칙 기반(rule-base)을 벗어났을 경우에는 사용자들을 프로이트 주제에 대한 핵심 토론으로 이끌기 위해 설명을 요구하거나 토론할 새로운 주제를 제안하는 등의 안전망(backstop) 전략을 기본적으로 사용했다.

증강현실과 가상현실(Augmented and Virtual Reality)

가상현실(VR)과 증강현실(AR)은 많은 사람들이 교육적 맥락에서[194] 적용하려고 시도해온 두 가지 혁신적 기술이다. 예를 들어, 구글은 1천 개 이상의 VR과 AR 익스페디션(AR Expeditions)의 교육용 콘텐츠를 개발했다.[195] 가상현실은 물리적 세계를 격리시키는 몰입경험(immersion experience)을 제공하는데, 이는 적절한 VR 고글을 착용한 사용자들이 국제 우주정거장, 수술실,[196] 해리포터의 호크와트성[197]과 같은 광범위한 실제 세상 내지는 상상의 환경 속으로 이동할 수 있게 해준다. 반면에 증강현실은 우리가 앞서 살펴본 루밀로의 사례처럼 스마트폰이나 다른 장비를 통해 볼 때 컴퓨터에서 생성된 이미지를 전투기 조종사의 머리 위에 쓰는 디스플레이[198]처럼 사용자의 머리에 씌워 실제 시야를 증진시킬 수 있다. 예를 들면, 스마트폰의

---

194 E.g., http://www.classvr.com
195 https://edu.google.com/expeditions
196 http://ossovr.com
197 https://www.pottermore.com/news/new-expanded-fantastic-beasts-and-where-to-find-them-vr-experience-announced
198 https://www.youtube.com/watch?v=Ay6g66FbkmQ

카메라가 산맥에 초점을 맞출 때 산의 이름과 그들의 고도가 겹쳐질 수 있고,[199] 특정 QR 코드에 초점을 맞추는 동안 자세하게 탐색할 수 있는 3D 인간 심장이 나타날 수도 있다.[200] 게임에서 특정한 거리를 두고 포켓몬 캐릭터가 잡히기를 기다리고 있는 것을 발견할 수도 있다.[201] 비록 전통적으로는 인공지능 기술로 여겨지지는 않는 가상현실과 증강현실을 언급했는데, 그 이유는 둘 다 사용자 경험을 더욱 향상시키려는 목적으로 인공지능 머신러닝, 이미지 인식, 자연 언어 처리 등의 기술들과 결합되어 사용되기 때문이다.[202]

30명의 학생들이 모두 고글을 쓰고 다른 세계에 몰입한다는 것을 상상하는 것이 교사의 마음에 두려움을 불러일으킬 수도 있다. "가상현실이 본질적으로 동기부여와 학습 면에서 모든 경험을 더 좋게 만들지는 않는다"고[203] 말하기도 한다. 하지만 가상현실과 증강현실 모두 교육자에게 유용한 교수 도구가 될 가능성이 충분히 있다. 몇 가지 예를 들면, 가상현실은 유방암 환자들에게 각 환자마다 맞춤 제작된 방사선 치료 과정의 불안을 덜어주는 가상 경험을 제공하기 위해 효과적으로 사용되고 있다.[204] 가상현실 시뮬레이션은 신경외과 레지던트에게 다양한 신경외과 수술 절차에 대한 교육을 제공하고 있다.[205] 또한 가상현실은 역사적인 인물들과 직접적인 상호

199 https://www.peakfinder.org

200 https://medmovie.com/augmented-reality-heart

201 https://www.pokemongo.com/en-gb

202 E.g., https://www.apple.com/uk/ios/augmented-reality, https://www.samsung.com/global/galaxy/galaxy-s9/augmented-reality and https://ametroslearning.com

203 Dede, C., et al. (2017). "Virtual reality as an immersive medium for authentic simulations." https://doi.org/10.1007/978-981-10-5490-7_8

204 Jimenez, Y. A., et al. (2018). "Patient education using virtual reality increases knowledge and positive experience for breast cancer patients undergoing radiation therapy." Supportive Care in Cancer 26(8): 2879-88. https://doi.org/ 10.1007/s00520-018-4114-4

205 McGuire, L. S. & Alaraj, A. (2018). "Competency assessment in virtual real-

작용을 할 수 있도록 광범위하게 사용되어 왔고,[206] 교생들이 가상의 학생들과 몰입감있고 현실적인 상호작용을 할 수 있는 가상적 교실 경험을 제공해왔다.[207] 또한, 연구자들은 하버드 대학교에서 개발한 몰입형 다중 사용자 가상 환경과 그와 연관된 탐구 중심 커리큘럼인 에코뮤브(EcoMUVE)[208]처럼 몰입형 모의실험에서 학생들의 경험을 향상시키기 위해 가상현실(VR)의 사용을 제안했다. 에코뮤브는 학생들이 연구 질문들에 답하기 위해 가상의 생태계에서 데이터를 수집하고 탐구하면서 과학자의 역할을 수행함으로써 생태계에 대해 배우도록 설계되었다. 비록 가상현실 인터페이스가 일부 작업을 더 어렵게 만들 수도 있지만, 연구자들은 학생들이 가상의 환경에 있다는 느낌을 증가시킴으로서 모의실험(simulation)을 더욱 현실성 있게 만들 가능성이 있다고 판단했고, 결국 그러한 경험들이 가상에서 배운 것을 현실로 전이(transfer)하는 데 도움이 될 수 있다고 보았다.[209]

한편, 증강현실은 학생들이 화학에 대한 이해를 높이기 위해 유기 분자의 3차원 모델을 탐구하며 조작해보는 데 활용되고 있다.[210]

ity-based simulation in neurosurgical training." In Comprehensive Healthcare Simulation: Neurosurgery. Springer. 153-157.
206 Baierle, I. L. F., Gluz, J. C. (2018) "Programming intelligent embodied pedagogical agents to teach the beginnings of industrial revolution." In Nkambou, R., Azevedo, R., Vassileva, J. (eds.) Intelligent Tutoring Systems. Lecture Notes in Computer Science 10858. Springer. https://doi.org/10.1007/978-3-319-91464-0_1
207 Stavroulia, K. E., et al. (2018). "Designing a virtual environment for teacher training: Enhancing presence and empathy." In Proceedings of Computer Graphics International 2018 on CGI 2018. ACM Press. https://doi.org/10.1145/3208159.3208177
208 http://ecolearn.gse.harvard.edu
209 See Dede et al. (2017), in which they discuss in depth the potential and limitations of VR for simulated environments, and suggest some useful principles for effective implementation.
210 Behmke, D., et al. (2018) "Augmented reality chemistry: Transforming 2-D molecular representations into interactive 3-D structures." Proceedings of the Interdisciplinary STEM

초등학생들이 역사에 대해 배우고,[211] 학생들의 읽기 이해력(reading comprehension)을 도와주기 위한 증강현실 디지털 게임기반 학습 (AR-enabled digial games-based learning) 환경에서 사용되어 왔다.[212] 이러한 몇 가지 사례는 교육 분야에서 활용되고 있는 가상현실과 증강현실 기술의 일부만 소개한 정도이다.[213]

써드 스페이스 러닝과 스마트 학습 파트너
(Learning Network Orchestrators: Third Space Learning and Smart Learning partner)

학습 네트워크 오케스트레이터(LNO: Learning Network Orchestrators)[214] 는 학습에 참여한 사람들(학생과 동료, 학생과 선생님, 학생과 산업계 사람들)의 네트워크를 활성화하고 지원하는 도구 또는 접근법이다. LNO는 일반적으로 참여자들의 가용성(availability), 과목 영역(subject domain), 다양한 전문 지식에 근거해 참여자들을 연결해주고, 참여자들 간의 조정

Teaching and Learning Conference 2(1). https://doi.org/10.20429/stem.2018. 020103
211 Efstathiou, I., Kyza, E. A., & Georgiou, Y. (2018). "An inquiry-based augmented reality mobile learning approach to fostering primary school students' historical reasoning in non-formal settings." Interactive Learning Environments 26(1): 22-41. https://doi.org/10.1080/10494820.2016.1276076
212 Tobar-Muñoz, H., Baldiris, S. & Fabregat, R. (2017) "Augmented reality game- based learning: Enriching students' experience during reading comprehension activities." Journal of Educational Computing Research 55(7). http://journals.sagepub.com/doi/10.1177/0735633116689789
213 Radu, J. (2014) "Augmented reality in education: A meta-review and cross-media analysis." Personal and Ubiquitous Computing 18(6): 1533-1543.
214 E.g., Nepris (https://www.nepris.com) and Educurious (https://educurious.org), which both support schools to connect with experts from around the world, to bring an industry perspective into the classroom. Possibilities include interactive question and answer sessions, virtual field trips, and project mentorships.

과 협력을 촉진한다. 참여자들은 서로 상호작용하고, 학습 경험을 공유하고, 관계를 형성하고, 조언을 나누고, 리뷰를 제공하고, 협업하고, 공동으로 창작하는 활동을 할 수 있다.[215] 인공지능 기술은 이러한 LNO의 많은 기능을 자동화하기 위해 천천히 도입되고 있으며, 이전에 달성할 수 없었던 새로운 네트워크의 가능성을 열어주고 있다.

예를 들어, 새로운 접근법인 써드 스페이스 러닝(Third Space Learning)은 수학에서 실패의 위험이 있는 영국 초등학교 아이들과 인도와 스리랑카의 수학 강사를 연결해준다. 이 시스템은 양방향 오디오(two-way audio)와 공유된 상호적인 화이트보드(shared interactive whiteboard)가 있는 안전한 온라인 가상 교실에서 강사와 학생들이 서로 의사소통을 할 수 있도록 개인 맞춤형 학습을 지원한다. 인공지능은 매주 수천 시간의 교수(teaching)와 학습(learning) 활동을 통해 막대한 양의 데이터를 생성하고, 모든 세션을 자동적으로 추적·관찰하기 위해 도입되었다. 알고리즘은 실시간 피드백을 사용해 강사들을 안내하는 것을 목표로 하고 있다. 실제 교수 과정에서도 충분한 과학적 근거에 기반한 강의용 스크립트의 범위에 있는지를 실시간으로 확인하고 있다. 또한 강사들이 파악하지 못한 학생들의 실수나 오개념 등에 대해 분석해 강사들이 이를 교수 활동에 활용할 수 있도록 제공한다.

스마트 러닝 파트너(Smart Learning Partner)[216]는 학생들이 자신의 학습을 더 잘 통제할 수 있도록 하기 위해 간단한 인공지능 기술을 사용한다. 이는 베이징사범대학교(Beijing Normal University)의 미래 교육

---

215 Holmes, W., et al. Technology-Enhanced Personalised Learning.
216 http://slp.bnu.edu.cn (Note: Only accessible to students and faculty who have an account.)

을 위한 어드밴스드 이노베이션 센터(Advanced Innovation Center)와 중국 베이징의 퉁저우(Tongzhou) 지구 간의 협력 사업 결과이다. 스마트 러닝 파트너(Smart Learning Partner) 시스템의 핵심 구성요소는 학생들이 핸드폰을 통해 인간강사(a human tutor)와 연결할 수 있게 하는 인공지능 기반 플랫폼(AI-driven platform)이다. 이 플랫폼은 이미 개인교습을 받은 다른 학생들로부터 주어진 강사(tutor)의 이용 가능성(availability), 순위(ratings)와 함께 학생들의 질문과 강사의 전문영역에 따라 학생과 강사를 연결한다는 점을 제외하면 데이트 앱(dating app)과 기능이 유사하다. 학생들은 이 앱을 이용해 강사를 찾고, 그들이 학습 주제에 대해 알고 싶은 것이 무엇인지 물어본 다음, 20분 동안 일대일 화면과 오디오를 통해 온라인 수업을 받게 된다.

10 인공지능의 다른 활용이 가능할까?
(What Else is Possible?)

지금까지 우리가 논의했던 AIED의 많은 부분은 일반적인 학습 방법에 인공지능 기술들을 응용하는 것과 연관되었거나 또는 기존 교육적 가정들과 훈련들을 자동화하는 경향을 보였다. 특히 우리가 주목할 만한 것은 AIED의 많은 사례들이 의도적이든 아니든 인공지능이 교사를 대체해 학습자를 지도하거나 교사에게 보조적인 역할만을 부여하는 방식이었다.217 교사들이 더 효과적으로 가르칠 수 있도록 돕도록 설계된 것은 많지 않다. 이러한 접근법은 교사가 적거

---

217 Worryingly, one of the developers we have mentioned has suggested that the sophistication of their AIED means that teachers only need to play an auxiliary role, working like fast-food chefs ("KFC-like") to strictly regulated scripts.

나 멀리 있는 상황에서는 매우 유용하지만, 분명히 교사들의 특별한 기술과 경험뿐 아니라 학교에서 이루어지고 있는 사회적 학습(social learning)과 지도에 대한 필요를 과소평가한 것이다. 그러나 인공지능은 컴퓨터 앞에 앉아 있는 학생들에게 가르치는 것을 자동화하는 대신의 다른 방법으로는 달성하기 어렵다. 또한 기존 교수법에 도전하고 교사들의 효과적인 가르침을 도울 수 있도록 교수와 학습의 가능성을 여는 데 도움이 될 것이다. 여기서 몇 가지 가능성에 대해 추측해보려 하는데, 그중 일부는 이미 논의된 AIED 도구들에 반영되어 있기도 하고, 또 어떤 것들은 복잡하지만 모두 새롭고 흥미로운 사회적 질문들을 제기한다. 우리는 협력학습(collaborative learning)을 지원하기 위한 인공지능으로부터 시작해 학생 포럼 모니터링을 위한 인공지능, 지속적인 평가를 지원하기 위한 인공지능, 학생들을 위한 학습 동료로서의 인공지능, 교사들의 교수 보조를 위한 인공지능을 거쳐 학습과학(learning science)을 더욱 발전시키기 위한 연구 도구로서의 인공지능을 소개해보려고 한다. 학습과학은 우리가 학습이라는 활동을 더욱 잘 이해할 수 있게 돕는 연구라고 할 수 있다.[218]

협력학습(Collaborative Learning)

학생들이 문제를 해결하기 위해 함께 일하는 협력학습은 학습효과를 높일 수 있다고 잘 알려져 있다. 하지만 실제 교실에서 학생들이 효과적인 협력학습을 하는 것은 쉽지 않은 일이다.[219] AIED는 협

---

[218] 아직 효과가 검증되지 않아서 자세히 다루지는 않을 것이지만, AI의 교육에의 응용에 있어서 매우 흥미로우며 여전히 주목해야 할 분야는 퀴즈 자동생성 분야이다.

[219] Luckin, R., et al. (2017). Solved! Making the Case for Collaborative Problem-Solving. Nesta. https://www.nesta.org.uk/report/solved-making-the-case-for-collaborative-problem-solving/

력학습의 다양한 가능성을 제공한다. 우선 AIED 도구는 학생의 이전 학습 경험과 성과, 학생이 다른 교실에서 배우고 있는 것, 그들의 성격 등에 대한 지식으로 구성된 개별적인 학습자 모델의 통계를 활용한다.[220] 학습자 모델의 자료를 지능적으로 연결해 특정한 과업을 수행하기에 가장 적합한 학습 집단을 자동으로 제안할 수 있다. 또한 교사들의 요구사항을 반영해서 혼합된 능력 또는 유사한 능력의 학생들의 그룹, 특정 학생들에게 리더십 역할을 맡을 기회를 주기 위해 고안된 그룹, 성격이나 기질의 특성을 고려해 충돌을 피하는 그룹 등을 제안할 수도 있다. 교사가 인공지능이 제안한 다양한 학습 집단을 거부할 수도 있는데 인공지능은 그 과정으로 또 다른 학습을 하게 된다. 또한 AIED 도구는 전문가로서 조력자나 조정자의 역할을 담당해 학생 협력학습 활동을 모니터링하고, 학생들이 공유된 개념을 이해하는 데 어려움을 겪을 때 이를 인지하고, 맞춤형 지원을 제공할 수 있다. 인공지능은 그룹 토론에서 가상 동료나 교육 가능한 에이전트로서의 역할로 참여할 수도 있다. 인공지능은 같은 교실에서 다른 그룹이 토론을 한 내용이나 인터넷을 통해 수집한 자료를 역동적으로 연결하도록 지원하는 가상 에이전트(virtual agent)로서의 역할을 수행하는 것이다. 인공지능이 협력학습을 지원하도록 하는 연구가 진행되어 왔지만,[221] 실제 교실에서 활용 가능해지기 전에 극

220 The Universitat Politècnica de València have been researching just such a system: Alberola, J. M., del Val, E., Sanchez-Anguix, V., Palomares, A., and Teruel, M. D. (2016). "An artificial intelligence tool for heterogeneous team formation in the classroom." Knowledge-Based Systems 101: 1-14. https://doi.org/10.1016/j.knosys. 2016.02.010

221 E.g., Diziol, D., et al. (2010). "Using intelligent tutor technology to implement adaptive support for student collaboration." Educational Psychology Review 22 (1): 89-102. https://doi.org/10.1007/s10648-009-9116-9 and Spikol, D., et al. (2016). "Exploring the interplay between human and machine annotated multi-modal learning analytics in hands-on stem activities." In Proceedings of the Sixth

복해야 할 기술적 문제는 여전히 남아 있다.

학생 포럼 모니터링(Student Forum Monitoring)

모든 연령대의 학생들이 온라인 교육에 참여하고 있고, 온라인을 활용한 토론 시스템의 활용도 늘어나고 있다. 학생들은 주어진 과제에 대한 응답을 포럼 사이트의 게시판에 작성하거나 협력학습 시스템에 참여하고 있다. 학생들은 강의 내용에 대해 질문을 하거나 강의 관련 자료를 요청하기 위해 강사와 연락을 취하기도 한다. 방송통신대학이나 MOOC와 같이 많은 학생이 수강하는 과목의 온라인 포럼 장에는 많은 수의 게시물이 등록되고, 모니터링되고, 관리되고, 질문에 대해서 답변이 등록되어야 한다. 반복적이고 사소한 질문에 대해 강사가 계속 응답을 하는 것은 비효율적이기도 하고 불가능한 경우도 있다. 학생들의 개별적인 질문에 대해 최신의 정보를 제공해 주는 것도 쉬운 일이 아니다.

AIED는 온라인 강의 시스템에서 여러 가지 방법으로 도움을 줄 수 있으며 이에 대한 연구들이 진행되고 있다.222 특히 교수자나 강사가 그들의 학생들을 더 잘 지도할 수 있도록 도울 수 있다. 첫째, AIED 도구들은 학생 포럼 사이트의 질문 중에서 자동적으로 응답이 가능한 게시물들(예를 들어 "과제를 언제까지 제출해야 하는지?"처럼 일정과 관련된 질문)과 인간 강사가 응답해야 하는 질문(예를 들어 더 심층적인 핵심 주제와 관련된 문제를 논의하는 것)을 식별해 포럼에 게시된 질문들을 선별해낼 수 있다. 간단한 질문에 즉각적으로 자동화 응답을 제시함으로써 학생들은

International Conference on Learning Analytics & Knowledge. 522-523.
222 Goel, A. K., & Joyner, D. A. (2017). "Using AI to teach AI: Lessons from an on-line AI class." AI Magazine 38(2): 48. https://doi.org/10.1609/aimag.v38i2.2732

좀 더 실질적인 학습으로 빠르게 이동할 수 있다. 또한 인간 강사에게 수많은 반복적 답변의 업무를 줄여줄 수 있다. 만약에 학생의 질문 심도 있는 내용이라면 인간 강사에게 자동적으로 전달해 응답할 수 있도록 조치할 수 있다.

둘째, 학습의 내용과 관련된 질문이 많을 경우에 유사하거나 중복되는 이슈를 식별해 분석하는 역할도 수행이 가능하다. 수천 명의 학생이 수강하는 대형 강의에서 수천 개의 질문이 올라와 있다면 모두 독자적인 질문이기 보다는 몇 개의 유사한 그룹으로 나누어 볼 수 있을 것이다. 인간 강사는 유목화되어 있는 질문을 그룹별로 묶어서 응답을 할 수 있다. 또한 질문을 올린 학생들에게 개별적으로 이 응답을 전달해 줄 수 있다. 모든 학생들의 질문에 대해 개별적으로 답하는 것이 더 좋을 수도 있지만 질문에 대한 응답을 받기에 너무 많은 시간이 소요된다거나 때로는 무시되는 일을 방지하는 효과가 매우 크다고 할 수 있다. AIED가 학생 포럼 사이트에서 도움이 될 수 있는 또 다른 접근법은 강사들에게 학생들의 오개념에 대해 분석해 알려주거나, 학생들이 흥미로워할 수 있는 게시물에 대해 분석해 알려주는 기능도 있다.

셋째, AIED는 부정적이거나 비생산적인 학생들의 정서 상태가 드러나는 게시글을 식별하는 감정 분석(sentiment analysis)의 인공지능 기법을 사용할 수도 있다. 게시글을 분석해 학생이 지나치게 도전적이거나 중퇴할 가능성이 있거나, 정신 건강 문제로 인해 고통 받는 상황을 인지해낼 수 있다. 또한 인종차별주의, 여성혐오주의 또는 불필요하게 공격적인 코멘트가 포함되어 허용되는 범위를 벗어난 경우도 찾아낼 수 있다. 또한 게시된 글의 내용이 주제의 흐름에서 벗어난 경우도 식별해낼 수 있으며 너무 많은 게시글 중에서 일부 놓칠 수 있는 문제 요인들에 대해 강사에게 신속하고 적절하며 효과적으로 알려줌으로써 해결의 가능성을 높여줄 수 있다. 따라서 강사는 문제 해결을 위해 직접 학생에게 전화를 걸 수도 있을 것이다. 이러한 다양한 기술들은 강사들이 학생 포럼 사이트에서 발견되는 학생들의 의견 또는 집단의 우려, 되풀이되는 주제에 대해 잘 인지할 수 있도록 도움을 줄 수 있다.

과정평가(Continuous Assessment)

심리학자와 교육자들은 단일 시험 점수에 근거해 결정을 내리는 것은 문제가 있으며, 결정은 각 아이들에 대해 균형 잡힌 완전한 이해를 반영하는 것이 바람직하다고 본다. 단순한 숫자로 표현되는 평가 점수는 우리가 질적 접근법과 양적 접근법을 모두 사용해 얻을 수 있는 전체 그림을 고려하지 않으므로 잘못된 결론으로 이끌 수 있다.[223]

비록 평가의 타당성(validity), 신뢰성(reliability), 정확성(accuracy)에 대한 비판이 있음에도 불구하고, 객관식의 고부담(high-stakes) 평가는 전 세계 교육 시스템의 핵심적인 부분이다.[224] 아마도 객관식 평가가 많이 활용되는 것은 이전부터 관습적으로 그렇게 해왔기 때문이거나, 학생들의 서열을 매기는 데 효율적이기 때문이다. 또한 현실적으로 대규모 평가에서 비용과 관련해 효율성이 더 좋은 대안을 찾기 어렵기도 하다. 그리고 평가 시스템을 운영하는 사람들이 전형적으로 시험에서 가장 성공한 사람들이기 때문에 변화의 필요성에 대해 감정적으로 동조하지 않을 수도 있다.

---

223 Gunzelmann, B. G. (2005). "Toxic testing: It's time to reflect upon our current testing practices." Educational Horizons 83(3): 214.
224 https://curriculumredesign.org/wp-content/uploads/Evolving-Assessments-for-the-21st-Century-Report- Feb-15-Final-by-CCR-ARC.pdf

이유야 어떻든 고부담 평가를 시행하면서, 학교와 대학들은 모두 깊은 이해와 진정한 적용보다는 일상적인 인지 기능(cognitive skills)과 지식 습득(knowledge acquisition)을 우선적으로 평가한다. 가르치는 것을 평가함으로써 교육을 마치고 있다는 것은 다시 말해서, 학생이나 사회의 필요성보다는 평가의 내용이 무엇을 가르치고 배울 것인지를 결정하게 된다는 의미이다. 역설적으로 인공지능 기술은 대부분의 시험들이 평가하고자 하는, 바로 그러한 지식의 유형을 자동화시키고 있다. "자동화할 수 없는 인간 지능의 많은 요소들이 있지만, 우리가 가치를 두어왔고 또 학업에서 시험의 성공과 관련 있는 부분들은 우리가 자동화해 올 수 있었던 부분 중의 하나이다."225 어찌되었건 학습 일정의 시점을 정해서 행해지는 표준화된 테스트, 따라서 잠재적으로 학습을 방해할 수 있는 시험은 학습된 모든 것에 대한 학생의 이해를 엄격하게 평가할 수 없다. 강좌로 공부했던 내용 중에서 일부 조각의 짤막한 묘사(snapshot)에 대한 평가 결과를 제공할 수 있다. 그러나 앞에서 말한 내용들과 마찬가지로 중요한 점은 모든 연령대의 학생들이 때때로 심각한 시험 불안감에 고통 받을 수 있는데, 이것은 일반적인 3시간의 시험에 해당하는 결과가 학생들의 성공에 부정적인 영향을 줄 가능성이 높다는 것이다. 더 나아가서 학생들의 학습 결과에 대한 평가의 정확도와 신뢰도를 흐리게 할 수 있다.

그럼에도 불구하고, 평가 분야에서 대부분의 AIED 연구는 발전 속도가 빠르지 않다. 평가와 관련해 기초 원리에 맞는 도전을 하기보다는 기존 시험제도의 관리 측면에서 개선을 하는 데 초점을 맞추어왔다. 예를 들어 온라인에서 시험을 치르는 학생의 신분을 증명하는 인공지능 기술 개발 등이다.226 일반적인 ITS와 다른 AIED 도구

---

225 Rose Luckin quoted in https://www.jisc.ac.uk/news/the-ai-revolution-is-here-17-aug-2018

들은 교과 내용과 관련된 피드백을 제공하고 학생이 과제의 내용을 숙지했는지 여부를 평가하기 위해 이미 학생들의 학습을 지속적으로 모니터링해왔다. 이와 유사한 정보가 협력학습을 지원하도록 설계된 AIED 도구들에 의해 포착될 수 있으며, AWE 도구들은 학생의 이해에 대해 추론을 할 수 있다. 이러한 학습자 관련 정보와 다른 많은 정보는 전체 학습자들에 대한 이해를 돕기 위해 학생들의 정규 교육 환경(학습과학은 오랜 시간에 걸쳐서 학생들이 평가 활동에 참여하는 것의 가치를 이해해왔다), 비형식적 학습(예를 들어, 악기를 배우거나 공예 또는 기타 기술 등), 비공식적 학습(예를 들어, 경험과 적극적인 참여로 학습을 통한 언어 학습이나 문화적응 등)등을 통해 수집한다. 인공지능 기반 평가는 항상 시험이 치러진 뒤에 이루어지기 때문에, 학생들이 부정행위를 하거나 평가 시스템의 의도를 따르지 않거나,[227] 혹은 학생들이 충분히 좋은 점수를 얻을 때까지 필요한 횟수만큼 시험을 반복하는 것을 거의 불가능하게 만든다.

개별 학생에 대한 더욱 상세하고 미묘한 정보는 인공지능 기반 이포트폴리오(e-portfolio)나[228] 개인 이력서(사실상 확장된 개방형 학습자 모델)에 다양한 그래픽을 활용해 표시될 수 있다. 이 이포트폴리오는 비트코인과 같은 가상화폐에서 사용되는 것처럼 블록체인 기술[229]에 의해 작성되고 검증될 수 있다. 블록체인 기술을 활용하면 본질적으로 개방되고 분산된 원자료는 인터넷상 수백만의 컴퓨터에 동시에

226 For example, http://tesla-project.eu
227 Luckin, R. (2017). "Towards artificial intelligence-based assessment systems." Nature Human Behaviour 1. https://doi.org/10.1038/s41562-016-0028
228 Per one of the authors' US patent numbers 9,262,640 and 9,582,567, which also protect privacy and security.
229 Sharples, M. & Domingue, J. (2016). "The blockchain and kudos: A distributed system for educational record, reputation and reward." In European Conference on Technology Enhanced Learning. Springer. 490-496.

저장되고 암호를 사용해 연결되어서, 데이터를 검증가능하고 안전하고 쉽게 접근 가능한 방식으로 저장할 수 있게 해준다. 학생들은 이러한 방식으로, 학습경험과 성취에 대한 견고하고 인증되고 심층적인 기록을 증명서를 출력해 모아놓을 때보다 훨씬 더 상세하고 유용하게 관리할 수 있다. 학생들은 스마트 이력서의 일부 또는 전부를 그들의 학력과 데이터를 완전히 통제하면서 새로운 교육과정에 진학하거나 새 직장에 취직하기 위해 지원할 때 공유할 수 있다. 학습자의 관점에서 추가적인 혜택은 지속적인 평가가 변화하는 평균(moving average)으로서 작용할 수 있다는 것이다. 이포트폴리오는 평가의 날을 정해서 치루는 한 번의 시험에서 컨디션이 나쁘거나 개인 사정 등으로 인해 발생할 수 있을 평가의 문제들을 상쇄할 만큼 유연한 충격 흡수제로 작용할 수 있다. 중요한 시험에 가정이 어려운 등의 환경으로 타격을 받아 젊은 사람의 학업 성과와 미래의 삶이 결정될 수 있다는 것은 불합리하기 때문이다.

요약하면, 학생들의 행동과 성취에 대한 지속적인 모니터링은 제대로 조사되고 해결되어야 할, 그리고 중요하고 지대한 영향을 가져올 윤리적인 질문들을 제기한다. 일회성 평가는 미래의 교육 시스템에서 완전히 사라지고 과거의 유물로 여겨질 날이 곧 올 수 있다고 예상된다.

인공지능 학습 동료(AI Learning Companions)

앞에서 설명한 스마트 이력서는 인공지능 기반 평생 학습 동료(AI-driven lifelong students' learning companions)와 같이 좀 더 넓은 AIED의 응용 분야에서도 역할을 할 수 있다.230 처음에는 모든 학생들이 그들 자신만의 개인 교사를 원한다는 것이 ITS의 개발에 영감을 주었지만, 이제는 논리적인 결론으로 받아들여진다. 인공지능은 모든 학생들에게 그들 자신의 개인화된 학습 동료를 제공할 가능성을 가지고 있고, 때로는 학습 파트너로서, 때로는 많은 이용 가능한 학습 기회들을 위한 안내자로서, 또 학생들의 관심사와 진도를 블록체인으로 보호되는 스마트 이력서에 기록하는 강사로서의 역할을 할 수 있다. 시리(Siri), 코타나(Cortana), 구글 홈(Google Home), 알렉사(Alexa)의 도입과 급속한 발전은 이러한 가능성이 사람들의 기대에 부응하는 수준으로 높아졌다는 점을 시사한다.[231] 놀라운 처리 능력을 갖추었고 인터넷에 상시 접속할 수 있는 스마트폰은 이미 많은 나라에서 흔하게 활용되고 있다. 이러한 스마트 기술을 활용하며, 유치원에서 노년까지 개별 학습자들의 학습을 지원하고, 인공지능 기반 스마트폰 학습 동료를 만드는 데 필요한 기술은 현재도 사용 가능하다.

인공지능 학습 동료는 많은 가능성을 보여준다. 일단 학생이 특정 관심 주제를 결정하면 인공지능 기술을 통해 교육 활동을 제공하고, 학생의 진행 상황을 모니터링하며, 과제를 완료해야 하는 시기를 상기시키며, 목표가 된 피드백과 지침의 제공이 가능하다. 이를 모두 음성기반 스마트폰이나 다른 스마트 기기를 활용하여 진행할 수 있다. 이러한 학습 동료는 우리가 ITS+라고 불렀던 것처럼 기능할 수 있을 것이다.

인공지능 학습 동료는 더 높고 전략적인 수준에서 활동할 수도 있다. 학생의 개인적 관심사와 삶의 목표를 기반으로, 학생들이 어디서 어떻게 무엇을 배울 것인가를 결정하는 데 도움을 줄 수 있을 것

---

230 The University of Southern California have been researching just such an application over many years: http://ict.usc.edu/prototypes/personal-assistant-for-life-long-learning-pal3
231 https://www.theatlantic.com/magazine/archive/2018/11/alexa-how-will-you-change-us/570844

이다. 인공지능 학습 동료는 공식과 비공식, 온라인과 오프라인상에서 이용 가능한 학습 기회들을 찾아내고 연결할 수 있다. 또한 학생들이 당면한 개인적인 삶의 목표들을 이루는 것을 돕기 위해 설계된 장기적 맞춤형 학습 경로(long-term individualized learning pathways)에 따라 안내할 수도 있다. 장기적 맞춤형 학습 경로는 학생들의 학습 관심사와 성과들을 연결시키고, 학생들이 그들의 장기 학습 목표들을 개발하고 생각해 볼 수 있도록 격려하고 상기시키는 등의 과정이다. 인공지능 학습 동료[232]는 소위 21세기 핵심역량(21st Century Skills)과[233] 사회 – 정서 학습(Social- emotional learning)에[234] 초점을 맞춘 학습 기회를 제안할 수도 있다. 또한 같은 교실이나 세계의 반대편에서 그들의 공통된 관심사와 목표에 따라 동료 학습자들을 연결해 줄 수도 있다. 학습자의 개인적이고 집단적인 성취, 공동 작업과 팀워크, 다른 문화 간의 인식에 다른 중요한 기술 촉진하기 위해 돕는 것이 가능하다. 학습자가 우선순위를 매긴 프로젝트에서 함께 발전하고 협력하도록 도우면서, 잠재적으로 협력학습의 참여자로 연결할 수도 있다.

인공지능 조교(AI Teaching Assistant)

대부분의 AIED 기술은 교사들이 가르치는 데 있어서 반복적인 일들을 덜어주기 위한 목적으로 설계되었다. 교실의 시험과 과제의 평

---

232 World Economic Forum. (2015). New Vision for Education: Unlocking the Potential of Technology. World Economic Forum.
233 Trilling, B. & Fadel, C. (2012). 21st Century Skills: Learning for Life in Our Times. John Wiley & Sons.
234 Fadel, C., Bialik, M., & Trilling, B. (2015). Four-Dimensional Education: The Competencies Learners Need to Succeed. Center for Curriculum Redesign.

가를 자동화하는 것을 예로 들 수 있으며 실제 많은 AIED 기술들이 교사보다 학생의 개별화된 적응적 학습에 더 도움을 줌으로써 가르치는 일을 대체할 수 있다고 본다. 또는 ITS의 활동을 위해 피드백을 위한 스크립트를 작성해 주거나 학생들이 ITS를 활용할 수 있도록 지도해 주는 보조적 역할을 부여하고 있다. 하지만 AIED가 학교의 교사를 대체할 것으로 보지는 않는다. 분명한 것은 교사의 역할이 인공지능 기술로써 시간을 효율적으로 활용하고, 전문적 지식을 더 잘 다루는 방향으로 변해야 한다는 점이다.235

미래 교사의 역할은 논리적인 주장이 아니라 감정적인 호소일 수도 있다. 이러한 주장은 근본적으로 학교에서의 교육활동이 근본적으로 사회화의 과정이라는 점을 강조하는 것이다. 이런 관점에서 인공지능의 핵심적인 역할은 교사가 학생들을 가르치는 과정을 지원하는 것이라고 할 수 있다.

이러한 목표를 달성하는 방법은 교사가 학생들의 학습 지원을 위해 인공지능 조교를 활용하는 전문적 지식과 기술을 익히는 것이다. 현재 교사들이 다양하게 활용하고 있는 컴퓨터의 교수 지원 시스템의 활용도 이상을 요구한다. 교사는 AIED를 활용해 학생들의 학습 효과를 높여야 한다. 이러한 가능성은 "교실에서 인공지능은 교사의 새로운 조교이다."236라는 표현으로 압축할 수 있다. 교사들이 개인적이고 헌신적인 인공지능 조교의 지원을 받아 교육활동을 하는 미래 교실을 묘사하는 표현이다.

이 책에서 제안한 많은 아이디어들은 미래에 실현 가능한 시나리오에서 역할을 할 수 있다. 예를 들면 자동으로 학생들의 협력학

---

235 Luckin. R., et al. Intelligence Unleashed, 11.
236 Luckin, R., & Holmes, W. (2017). "A.I. is the new T.A. in the classroom." How We Get To Next. https://howwegettonext.com/a-i-is-the-new-t-a-in-the-class-room-dedbe5b99e9e

습 그룹을 설정하는 것, 객관식 시험을 인공지능이 지원하는 과정중심의 수행평가로 대체하는 것, 동료평가와 자동화된 평가를 수행하는 것 등이다. 인공지능 조교는 교사가 필요로 하는 직무능력 개발 자료(텍스트, 이미지, 비디오, 증강 현실 애니메이션, 링크, 네트워크 연결)를 제공하고 학습하는 것도 도와줄 수 있다. 또한, 학생들이 교실의 교육 활동에 참여하는 동안에 지속적으로 학습자 모델을 업데이트하고, 가르치는 주제에 대한 도메인 모델과 연결시키고, 시간 경과에 따라 진행상황을 추적하면서 학생들의 성과를 모니터링할 수 있다. 인공지능 조교는 교사가 요청할 때 학습 경험에 대한 정보와 함께 다른 수업에서의 평가, 비공식적 학습 성과, 관련 의료 또는 가족 정보 등을 즉시 제공해 줄 수 있다. 이런 미래의 교실에서 교사는 학생들에게 무엇을 어떻게 가르칠 것인지, 그리고 어떻게 학습을 지원할 것인지에 대해 결정하고 책임을 져야 할 것이다. 인공지능 조교의 역할은 교사의 일을 더 효율적이고 효과적으로 만드는 데 도움을 주는 것이다.

학습 과학을 발전시키는 연구 도구로서의 AIED
(AIED as a Research Tool to Further the Learning Sciences)

미래에 AIED를 활용 가능하게 만드는 것은 연구에 기반을 두고 있다. 따라서 학습 과학(learning science)을 발전시키기 위한 연구 도구로서 AIED의 역할이 더욱 커질 것으로 예상된다. 어떤 기술을 활용해 교육적 효과를 거두었다는 사실은 그 교육 활동을 체계적으로 이해했다는 의미이다. 결과적으로 기술은 오랫동안 존재해 왔지만 미처 발견하지 못했거나 간과해왔던 것들을 밝혀주는 역할을 수행하는 것이다. 또한 가장 효과적인 교수법에 대해 찾아내는 것을 포함한다. 실제 인공지능을 교육에 도입하는 과정에서 많은 학습과학의 문제들이 해결되고 있다. AIED 연구에서도 많은 성장이 있었지만 대부분 이론적인 수준이어서 그 잠재력과 영향력에 대해서는 아직 분명하지 않다.

실제 학습과학의 연구 도구로서의 AIED는 종종 빅데이터 연구[237]로부터 도출된 통계적 기법을 사용하는 두 개의 독립적이지만 중복되는 학문 분야인 학습 분석학(learning analytic) 및 교육 데이터 마이닝(educational data mining)과 연결된다.[238] 학습 분석학은 "학습과 학습이 일어나는 환경의 이해와 최적화를 목적으로 학습자와 학습 상황(contexts) 대한 데이터를 측정, 수집, 분석, 보고"하는 것을 의미한다.[239] 교육 데이터 마이닝은[240] "학생들의 학습을 이해하고, 지원하고, 증진시키기 위해 데이터를 수집하고 분석하는 것과 관련 있다."[241] 그런데 이러한 엄밀한 구분을 하지 않고 통합적으로 활용한 사례는 영국의 개방대학(The Open University)에서 개발한 분석도구이

237 Mayer-Schonberger, V. & Cukier, K. (2013). Big Data: A Revolution That Will Transform How We Live, Work and Think. John Murray.
238 학습자 분석(Learning Analytic)과 교육 데이터 마이닝(Educational Data Mining)의 유사점과 차이점에 대해 더 배우고 싶은 독자들은 베네딕트 드 보레이(Benedict du Boulay)와 다른 저자들의 글을 읽어보면 좋을 것이다. "What does the research say about how artificial intelligence and big data can close the achievement gap?" in Luckin, R. (ed.) (2018). Enhancing Learning and Teaching with Technology. Institute of Education Press, 316-27; or Siemens, G., and Baker, R.S.J.d.. (2012). "Learning analytics and educational data mining: Towards communication and collaboration." In Proceedings of the 2nd International Conference on Learning Analytics and Knowledge, 252-254. http://dl.acm.org/citation.cfm?id=2330661
239 Siemens, G. (2011). "1st International conference on learning analytics and knowledge 2011: Connecting the technical, pedagogical, and social dimensions of learning analytics. https://tekri.athabascau.ca/analytics/about
240 In a distinction reminiscent of Monty Python's Life of Brian: "BRIAN: Are you the Judean People's Front? REG: F**k off! BRIAN: What? REG: Judean People's Front. We're the People's Front of Judea! Judean People's Front. Cawk." http://montypython.50webs.com/scripts/Life_of_Brian/8.htm
241 du Boulay, et al., "What does the research say about how artificial intelligence and big data can close the achievement gap?" 270.

다.242 이 분석도구는 학교 전체의 데이터(온라인 학습 자료의 학생 접근, 평가 제출 및 결과 제출 등)를 활용해 학업중단의 위험이 있는 학생들을 파악하고, 교수와 직원이 적절한 예방적 조치를 취할 수 있도록 한다.

학습 분석, 교육적 데이터 마이닝, 학습과학 연구 도구로서의 AIED는 실제 상황에서 서로 데이터를 공유하고, 기능을 향상시키는 과정에서 엄밀한 구분이 약화되고 있다. 연구자가 속한 커뮤니티나 사용하는 용어의 차이가 있을 뿐이다. AIED의 분야에서는 학습과학이라는 용어를 사용한다.

최근 영국 캠브리지 대학교(University of Cambrige)의 의학연구위원회 인지뇌과학부243에서 학습과학의 연구 도구로 활용되는 중요한 AIED의 사례를 발표했다. 학습장애가 있는 학생들을 넓은 범주에서 ADHD, 난독증, 자폐증으로 나누는 전통적인 구분법은 교육자들이 실제 개인 학생들의 학습 성과를 향상시키려고 할 때 충분히 도움이 되지 않는다. 캠브리지 대학교의 연구진은 학습장애가 있는 학생들을 '듣기 기술, 공간 추리력, 문제해결력, 어휘력, 기억력 척도' 등을 활용해 좀 더 세분화된 분류를 하기 위해 머신러닝의 방법으로 조사하고 있다. 500명 이상의 학습장애 아이들의 데이터를 분석한 결과, 학습장애와 관련한 네 개의 그룹(clusters)을 발견했다. 작업 기억에 대한 어려움, 단어(words)를 소리(sounds)로 처리하는 데 있어서의 어려움, 많은 분야에서 폭넓은 인지적 어려움, 그리고 학생의 나이에 맞는 수준의 인지적 능력의 부족으로 구분한 것이다. 그리고 이러한

---

242 See Herodotou, C., et al. (2017). "Predictive modelling for addressing students' attrition in higher education: The case of OU analyse." http://oro.open.ac.uk/ 49470/ and https://analyse.kmi.open.ac.uk

243 See Astle, D. E., Bathelt, J. & Holmes, J. (2018). Remapping the cognitive and neural profiles of children who struggle at school." Developmental Science. https://doi.org/ 10.1111/desc.12747 and, for a short summary https://www.opencolleges.edu.au/ informed/learning-strategies/artificial-intelligence-identifies-students-struggle-school

구분이 교육자들에게 더 유용하다는 것을 발견했다.

학습과학 연구 도구로서의 AIED에 대한 마지막 사례는 매우 중요한 시사점을 줄 수 있다. 학습설계를 위해 머신러닝을 활용하는 것이다. 학습 설계(learning design)는 "교원/설계자가 학습 활동 및 개입(intervention)을 설계할 때 보다 많은 정보를 가지고 결정을 내릴 수 있도록 하는 다양한 방법들"을 말한다.244 이러한 방법들은 교수법(교습과 학습)이나 학생들의 학습 경험을 지원하는 방법들에 대한 결정을 하기 위해 정보를 제공하기 위한 것이다. 학습 분석학 또는 교육 데이터 마이닝을 위한 핵심 데이터를 제공하는 데도 사용할 수 있다. 대학에서 사용되는 대부분의 접근방식은245 교수(teaching)와 학습(learning)에 대한 교수의 전문적 지식을 의존하는 것이다. 교수법과 관련된 지식은 대부분 암묵적이어서 교수들로부터 이끌어내야 하는데, 이것은 단순한 작업이 아니며 모호함으로 이어질 수 있다. 현재 개방대학에서 연구되고 있는 접근방식은 매우 세밀한 수준에서 활동 범주를 식별하기 위해 수천 개의 현존하는 모듈 활동(module activities) 데이터를 머신러닝(machine learning)으로 분석한다. 학습 설계 활동 범주(learning design activity categories)가 파악되고 인증되면, 학생들이 어떻게 학습하는지 더 잘 이해할 수 있다. 결과적으로 교과목(course modules)의 실제 학습 설계를 학생 성취(outcome)와 상호 연관시킬 수 있도록

---

244 Conole, G. (2012). Designing for Learning in an Open World (v. 4). Springer Science & Business Media. https://books.google.co.uk/books?hl=en&lr=&id=gjHNlbc1BMYC&oi=fnd&pg=PR5&dq=Designing+for+learning+in+an+open+world+&ots=SwmKc5sSR3&sig=9RUsYFxOKFtZkfxj85WsLkJGcKc

245 E.g., Cross, S., et al. (2012). "OULDI-JISC project evaluation report: The impact of new curriulum design tools and approaches on institutional process and design cultures." http://oro.open.ac.uk/34140/; Laurillard, D., et al. (2013). "A constructionist learning environment for teachers to model learning designs." Journal of Computer Assisted Learning 29(1): 15-30; Dalziel, J. (ed.), Learning Design. Routledge.

할 수 있다. 이러한 연구 결과를 활용해 교수나 학습 설계자들에게 어떤 학습 설계가 특정 영역, 특정 주제, 기간, 수준에 따라 가장 효과적일 것인지에 대한 정보를 제공할 수 있을 것이다.

⑪ 인공지능의 활용한 교육: 잠정적인 결론
(AI in Education — A Tentative Summary)

앞에서 우리는 다양한 현존하는 또는 가능성 있는 AIED 기술들을 논의했다. 이러한 다양한 기술 발달을 활용하는 방법을 이해하기 위해 세 가지 관점으로 나누어 살펴보고자 한다. 첫째, 학생을 가르치는 데 활용하는 것으로 교육주의(instructionist approach)의 관점이다. 둘째, 학생 스스로 학습하는 것을 지원하는 데 활용하는 것으로 학습주의(constructivist approach)이다. 셋째, 교사의 교육을 지원하는 데 활용하는 것(teacher supporting)이다. 이에 대한 설명을 다음 [표 2]에 요약해서 제시했다. 이 표의 내용을 살펴보면 주요 내용만을 제시했는데 많은 AIED 접근법은 중복되는 목적이 있을 수 있고, 다른 부분에 속할 수도 있다. 시간이 지나면 서로 다른 AIED의 기술들이 통합적인 시스템으로 발전해 나갈 수도 있다. 예를 들어 체계적인 학습 과정을 제공하는 ITS와 소크라테스식의 토론식 방식을 활용하는 DBTS 그리고 자기주도 학습을 지원하는 ELE의 기술이 통합되는 시스템이 나타날 가능성도 있다.[246]

---

246 Early examples of this include Holmes, W. (2013). "Level up! A design-based investigation of a prototype digital game for children who are low-attaining in mathematics." (Unpublished PhD thesis, University of Oxford) and Rummel, N., et al. (2016). "Transforming learning, empowering learners." The International Conference of the Learning Sciences 1.

[표 2] 교육주의, 학습주의, 교사 지원에 활용되는 AIED

	학생 교육 (교육주의)	학습 지원 (학습주의)	교사 지원
AIED 애플리케이션	• 지능형 튜터링 시스템(ITS) • 대화형 튜터링 시스템(DBTS) • 언어 학습 애플리케이션	• 탐구 학습 환경 • 자동 서술형 평가 (AWE) • 학습 네트워크 오케스트레이터 (Learning network orchestrators) • 언어 학습 애플리케이션 • AI 협력 학습 • AI 과정평가 • AI 학습 동료	• 지능형 튜터링 시스템 + (ITS+) • 자동 쓰기 평가 (총괄 평가) • 학생 포럼 모니터링 • AI 조교 • 학습과학을 발달시키는 AI
AIED 기술과 접근방법	• 챗봇 • 증강현실과 가상현실 • 자연 언어 처리 • 적응적 학습		

위에서 제시된 표에 나타난 요약에 대해서 다음 표는 AIED 기술의 특징을 더 자세히 설명하고 있다.

[표 3] AIED 기술의 상세 특징

AIED 유형	특징	결정 주체	대상
지능형 튜터링 시스템(ITS)	• 단계별 교수와 과제 • 맞춤형 학습 경로 • 시스템이 결정한 내용과 학습 경로 • 컴퓨터나 모바일 도구로 작업하는 학생들 • 맞춤형의 피드백 • 실시간 적응	시스템	학생

대화형 튜터링 시스템(DBTS)	• 단계별 대화기반 교수와 과제 • 맞춤형의 대화 • 시스템이 결정한 내용과 학습 경로 • 컴퓨터나 모바일 도구로 작업하는 학생들 • 맞춤형의 피드백 • 실시간 적응	시스템	학생
탐구학습 시스템	• 탐구 과제 • 맞춤형의 학습 진도 • 시스템이 결정한 내용과 학습 경로 내에서 학생들의 과제 선택 • 맞춤형의 피드백 • 실시간 적응	시스템과 학습자	학생
에세이 자동 피드백과 채점	• 시스템에 의해 업로드 되고 분석된 에세이 • 몇몇은 학생들이 쓰기 능력을 향상시킬 수 있도록 맞춤형의 형성적 피드백을 제공하고 몇몇은 에세이를 채점하기 위한 총괄적 평가를 제공한다.	시스템	학생 (형성적) 교사 (총괄적)
지능형 튜터링 시스템 +	• 지능형 튜터링 시스템+ 에 의존 • 전체 학교가 지능형 튜터링 시스템(ITS)화 • 교사에게 이용할 수 있는 학생 데이터		학생과 교사

마지막으로 AIED 기술을 이 책의 앞부분에서 논의했던 SAMR 모델(Substitution, augmentation, modification, and redefinition model)과 비교해 보고자 한다. 이 비교를 통해 대부분의 AIED 기술의 장점들이 어떻게 현재 활동을 보강하고 수정하고 있는지를 알 수 있고, 장기

[표 4] AIED와 SAMR 모델

	대체적인 에듀테크 (SAMR 모델)	특별한 AIED
재정의	기술이 전에 없던 업무를 새로 만듦	• 연속적인 고도의 맞춤형 평가에 의해 시험의 필요성을 없애버린 인공지능
변형	기술이 업무를 중대하게 재설계 하도록 만듦	• 증강현실과 가상현실을 이용한 학습경험 • 인공지능 학습 동반자 • 인공지능 교수 보조 • 학습 과학 연구 도구로서의 인공지능
보강	기술이 기능적인 면에서 향상되어 기존의 도구를 대체	• 지능형 튜터링 시스템 • 대화형 튜터링 시스템 • 자동 서술형 평가 • 지능형 튜터링 시스템+ • 언어학습 • 챗봇 • 협력적 학습 지원 • 학생 포럼 모니터링
대체	기술이 기능적인 면에서 차이 없이 기존의 도구를 대체	• 글쓰는 시점에서 적용대상 없음

적으로는 재정의 부분에 제시된 의미 있는 장점의 여부를 확인할 수 있다.

12 인공지능의 교육적 활용이 미칠 사회적 효과
(The Social Consequences of AI in Education)

앞에서 살펴보았듯이, 교육분야에서 인공지능 기술의 적용은 빠르게 증가하고 있다. 이 책에서는 현재 이용되고 있는 다양한 인공지능 기술들과 점점 더 활용 가능성이 높아질 것으로 예상되는 기술에 대해 살펴보았다.

AIED는 일정 부분 주목할 만한 성공을 달성했고, 활용 가능한 애플리케이션들의 내용들도 매우 흥미롭다. 하지만 AIED의 기술들이 학생, 교사, 그리고 사회에 미칠 잠재적인 영향력에 대해서는 아직 충분히 논의되지 않고 있다. AIED의 영향력은 정확성(accuracy), 선택(choice), 예측(predictions), 프라이버시(privacy), 교사들의 직업, 그리고 우리가 학교와 대학생들에게 무엇을 가르쳐야 하는지에 대한 문제들에 대한 것이다.[247] 최근 AIED의 활용에 있어서 제기되는 윤리적 문제 역시 논의가 필요하다. "전 세계적으로 교육 분야에 인공지능 기술을 사용함으로써 제기되는 윤리적 문제들을 해결하기 위한 연구도 거의 이루어지지 않고 있으며, 지침(guideline)도 제공되지 않았고, 정책(policies)도 제대로 개발되지 않았고, 활용을 위한 규정(regulations)도 제정되어 있지 않다."[248]

사람들은 AIED 기술이 교육에 효과적이라면 왜 아직 학교, 대

---

247 E.g., "Machine learning: universities ready students for AI revolution," https://www-timeshighereducation- com.libezproxy.open.ac.uk/news/broader-four-year-degrees-offered-in-response-to-ai-revolution and "The most important skills for the 4th industrial revolution? Try ethics and philosophy." https://www.edsurge.com/news/2018-10-06-the-most-important-skills-for-the-4th-industrial-revolution-try-ethics-and-philosophy

248 Holmes, W., et al. (2018). "Ethics in AIED: Who cares?"In Artificial Intelligence in Education (ed. Rosé, C.P., et al.). 19th International Conference Proceedings, Part II. https://doi.org/10.1007/978-3-319-93846-2

학, 직업훈련 회사들에서 널리 채택되지 않았는지 궁금해한다. 실제 교육에 도입된 인공지능 기술들이 주어진 임무를 잘 수행하고 있는지는 아직은 구체적으로 확인되지 않고 있다. 그동안 교육 환경에 도입되었던 인공지능 이외의 다양한 컴퓨터 기술들이 호평을 받지 못했다. 다시 말해 AIED 기술이 교실에서 잘 이용되지 않는 최신 컴퓨터 기술과 같은 운명이 될 것인가의 문제이다.[249·250] 또한 우리는 만약 비효율적이거나 편향된 데이터가 담긴 인공지능 기술이 교실에서 사용된다면 어떤 일이 발생할 것인지, 개별 학습자들에게 어떤 영향을 미칠지에 대해 고려할 필요가 있다. 예를 들어 영국의 메트로폴리탄 경찰[251]에서 사용해 본 결과 95%의 긍정 오류(false positive: 맞다고 하였는데 맞지 않은 사례)의 결과를 보인 안면 인식 기술(face recognition technology)이 교실 모니터링에 사용된다면 어떤 결과가 나올 것인지의 문제이다. 지속적이고 반복 가능한 AIED 관련 교육 효과 연구 사례는 거의 없다.

AIED 데이터 세트와 알고리즘의 활용이 더디게 진행되는 동안, AIED 자체의 발전은 매우 빠르게 진행되고 있다. 급격히 증가하는 AIED 도구들의 규모가 커졌을 때의 효과에 대한 검증되고 강력한 연구 결과는 거의 없다. 연구결과가 있는 경우에도 다른 AIED의 효과와 비교되는 것이 아니라 일반 산업 분야의 적용 성과와 비교되고 있다.[252]

249 Cuban, L. (2001). Oversold and Underused: Computers in the Classroom. Harvard University Press.
250 "거의 모든 에듀텍은 형편없다. 그리고 기계학습이 에듀텍을 발전시키지 않을 것이다." ― Al Essa, McGraw-Hill Education; "나는 아이들이 알렉사(Alexa) 앞에서 배울 것이라 생각하지 않는다. 왜냐하면 아이들이 배워야 할 다른 수많은 신호(Cues)들이 있기 때문이다. ―Janel Grant, Both quoted in Johnson, S. (2018). "What can machine learning really predict in education?" EdSurge. https://www.edsurge.com/news/2018-09-26-what-can-machine-learning- really-predict-in-education
251 The Independent, May 2018. https://ind.pn/2InMfGf
252 Holmes, W., et al. Technology-Enhanced Personalised Learning, 65 and 68.

많은 AIED의 적용 효과는 인공지능 기술의 자체적인 효과 보다는 교실에서 새로운 도구가 활용되었기 때문에 나타나는 효과일 수도 있다.[253] 결론적으로 아직까지 AIED의 교육적 효과에 대한 검증된 결과가 없다고 할 수 있다.

교실에서 AIED 기술의 의미(The Implication of AIED Technologies for Classrooms)

이 책에서는 AIED에 관한 사례 중에서 가장 흔하게 볼 수 있는 ITS를 가장 먼저 살펴보았다. 이제 인공지능 기술이 교실에서 적용되는 과정에서 나타날 수 있는 사회적 결과에 대해 살펴보고자 한다. 오래전부터 인공지능은 데이터의 숨겨진 특징을 계획적으로 증폭시키고, 그 기초적인 가정(underlying assumptions)을 효과적으로 강화하는 것으로 인식되어 왔다.

알고리즘이 "인간적 편견을 포함하는 데이터로 훈련받은 경우, 알고리즘은 그러한 편견을 학습하고 더 나아가서 그런 편견을 증폭시킬 가능성이 있다. 특히 사람들이 알고리즘이 공정하다고 가정한다면 이는 큰 문제다."[254] 이러한 측면에서는 규칙-기반(rule-based) ITS와 머신러닝 기반의 ITS가 다르지 않다. 인공지능의 상황적이고 사회적인 효과를 무시하면서 AIED에서 지향하고 있는 지식 커리큘럼(knowledge curriculum)에 초점을 둔 단계별 교수법을 구현하는 방식

---

253 Schomaker, J. & Meeter, M. (2015). "Short- and long-lasting consequences of novelty, deviance and surprise on brain and cognition." Neuroscience & Biobehavioral Reviews. https://doi.org/10.1016/j.neubiorev.2015.05.002

254 Douglas, L. (2017). "AI is not just learning our biases; it is amplifying them." Medium. https://medium.com/@laurahelendouglas/ai-is-not-just-learning-our-biases-it-is-amplifying-them- 4d0dee75931d

이 효과적인 교수법이라고 인정하는 것은 기존의 문제 제기를 증폭시킬 우려가 있다.[255] ITS에 대해 잘 인식되지 못하는 역설이 있는데, 맞춤형 학습의 접근법이 집단적이고 평균적인 교육의 목적을 달성하는 것을 추구한다는 점이다.

지능형 튜터링 시스템(ITS)은 시스템의 다른 학습자들이 어떻게 학습을 수행했는지에 근거해 사용자에게 수업(lessons)을 추천한다. 이러한 시스템은 개별 학생들이 다른 사람들과 비슷하다는 가정을 바탕으로 하고 있다. 만약 어떤 유효성 연구(efficacy study)가 평균적으로 효과가 있다면 개입(intervention)이 효과가 있다고 말하는데, 이는 그 개입이 특정 학생들에게는 효과가 크지 않을 수 있다는 개인 간의 미묘한 차이를 무시하는 것이다. 요약하자면 개별 학습자가 각각 힘들어하는 부분은 이 시스템 안에서는 노이즈로 인식되어 쉽게 사라져서 무시될 수 있다는 것이다.[256]

다시 말해서, 평균에 기반한 적절한 개입의 방법을 결정하는 것은 필연적으로 한계를 갖고 있다. 두 가지의 교수법 중에서 연구 결과 평균적으로 더 효과적인 교수법이 있다면 다른 교수법이 특정 개인이나 집단에 더 효과적일 수 있음에도 불구하고 무시되고 효과적이라는 교수법이 받아들여지는 문제가 발생할 수 있다.

또한 ITS를 활용하면 학생을 지도하는 교사의 역할을 계획적으로 줄일 수 있다. 비록 국가나 지방의 정책담당자에 의해 결정되는

---

255 교수주의(Instructionism)는 선생님에 의해 행해지는 교수(teaching)에 중점을 둔 인지학습 이론에 기반한다. 교수주의의 관점에서 교수는 더욱 좋은 결과를 얻기 위해 향상되어야 한다. Seel, N. M., ed. (2012) Encyclopedia of the Sciences of Learning. Springer.
256 Mubeen, J. (2018). "When 'personalised learning' forgets to be 'personalised.'" Medium. https://medium.com/@fjmubeen/when-personalised-learning-forgets-to-be-personalised-48c3558e7425

교육과정의 제한을 받을 수는 있지만 ITS에서는 무엇을 어떤 순서로 학습해야 할 것인지를 시스템 설계자가 결정한다. 학생의 경우에는 선택의 여지가 거의 없이 ITS가 결정한 학습의 경로를 따라가야 하는 것이다. 이 과정에서 교사의 역할은 매우 줄어들 수 밖에 없다. 학생이 무엇을 배워야할지에 대한 결정권을 교사가 아니라 시스템이 갖게 되는 것이다. 예를 들어, 대부분의 ITS는 기초적인 지식에서 시작해 학생 개개인의 숙달 목표를 향해 단계별로 수행하는 과제를 통해 지도하고, 그 과정에서 실패를 최소화한다. 직관적으로 호소력이 있는 이러한 교육주의(instructionist approach)[257]의 방식에 반영되어 있는 철학적 기반에는 학습주의의 다양한 접근방식이 무시되어 있다. 예를 들어 협력학습, 탐구학습, 브랜디드 러닝, 생산적 실패 등은 전혀 고려되지 않는 것이다.[258]

ITS와 관련해 데이터 선택의 문제도 제기될 수 있는데 이는 신뢰성과 관련된 복잡한 문제이다.[259] 예를 들어, 완전한 원자료(raw data)는 없다는 주장이 있다.[260] 어떤 분석이건 시스템에 의해 만들어진 모든 데이터를 계산에 포함하는 것은 불가능하기 때문에 사용되는 데이터는 미리 선택된 것이라는 것이다. 데이터를 선택하는 결정 과정에서는 의식적이건 무의식적이건, 명시적이건 암묵적이건 선택 편향(selection biases)의 문제가 불가피하게 발생한다.[261] 마찬가지로 선

---

257 Gagné, Conditions of Learning and Theory of Instruction.
258 Dean Jr., D. and Kuhn D. (2007). "Direct instruction vs. discovery: The long view." Science Education 91. https://doi.org/10.1002/sce.20194
259 E.g., https://www.theatlantic.com/magazine/archive/2018/11/alexa-how-will-you-change-us/570844/
260 Gitelman, L., et al. (2013). "Raw Data" Is an Oxymoron. MIT Press.
261 "데이터는 쉽게 얻을 수 있지만 많은 편향이 존재한다." John Behrens (Pearson), quoted in Johnson, What Can Machine Learning Really Predict in Education? https://www.edsurge.com/news/2018-09-26-what-can-machine-learning-really-predict-in-education

택되거나 개발된 알고리즘은 추가적인 문제가 발생하는데, 예를 들면 시스템에 의한 예측의 정확성과 함축성과 관련된 것들이다. 만약 알고리즘의 계산이 부정확하다면 학생들은 그들의 원하는 관심 분야에서 멀어지는 방향으로 지도받을 수도 있다는 것이다. 그리고 알고리즘의 실수들이 치명적으로 해롭지는 않다고 확신할 수 없다. 학생들의 정서적인 상태를 추론하고 이에 따라 반응하는 것도 학생의 깊은 감정은 프라이버시에 해당하는 것이 아닌지에 대해서도 문제가 제기될 수 있다. 또한 ITS는 자동화하기 쉬운 내용을 중심으로 개발되는데 이 경우에 학생들에게 장기적으로 가장 유용할 수 있는 지식의 유형은 소외될 수 있다는 문제가 제기될 수 있다.262

앞에서 논의한 바와 같이, 실제 교육 상황에서 ITS의 교육적 효과에 대해서는 연구가 필요하다. 많은 학생들을 대상으로 하는 강의식 교육에 비교할 때 효과가 있는 것으로 나타난 부분이 있지만 이는 필요한 효과 분석의 일부분에 해당한다.263 실제 서밋 러닝(Summit Learning)264이라는 ITS는 페이스북(Facebook)의 엔지니어들에 의해 개발되어 약 400개의 학교에서 사용되며 그 과정에서 학생들의 항의와 거부를 받은 사례도 있다.

불행하게도 우리는 컴퓨터 앞에 앉아서 몇 시간의 수업시간을 필요로 하는 그 프로그램을 사용하며 좋지 않은 경험을 했다. 과제들은 지루하고, 과제들을 통과하는 과정에서 부정행위를 하는 것이 너무 쉽다. 학생들은 마치 그들이 아무것도 학습하지 않으며, 프로그램은 졸업을

262 Rose Luckin quoted in https://www.jisc.ac.uk/news/the-ai-revolution-is-here-17-aug-2018
263 du Boula2y, B. "Artificial intelligence as an effective classroom assistant." IEEE Intelligent Systems 31. https://doi.org/10.1109/MIS.2016.93
264 https://www.summitlearning.org

하는데 필요한 시험을 위한 도움이 되지 않는다고 느낀다. 하지만 무엇보다도 가장 중요한 것은 전체적으로 프로그램이 다수의 인간 상호작용(human interaction), 교사 지원(teacher support), 우리의 비판적 사고를 개선하는 데 필요한 동료들과의 토론(discussion)과 토의(debate)를 없애버렸다는 것이다. 프로그램의 홍보 자료에서 주장하는 것과는 다르게 학생들은 거의 아무것도 배우지 않고 있다는 것을 알게 된다. 이것은 교육과정에 심각한 손상을 입혔고, 그래서 우리가 항의에 나선 이유라고 할 수 있다.[265]

ITS는 교사보다 효과적으로 학습을 지도함을 강조하고, 적어도 교사의 업무 중에서 일부를 담당하게 할 수 있으며, 결과적으로 교사의 역할에 대한 근본적인 의문을 제기하고 있다.[266] 많은 ITS 연구자들의 목적은 수업의 과정에서 진행 상황을 모니터링하고 과제를 채점하는 교사들의 부담을 덜어주고 학생들의 참여 수업 등의 인간적인 측면에 집중할 수 있게 해준다는 것이다. 인공지능은 복잡한 전략적 계획을 만들어 내거나, 새로운 개념을 만들어내거나, 교육을 관리할 수는 없다. 아직 관찰되지 않은 알려지지 않은 공간과 구조화되지 않은 공간은 다룰 수 없다. 그리고 인간 교사들이 하고 있는 학생과의 공감이나 연민을 느끼는 상호작용을 할 수는 없다. 이러한 역할을 위해서는 인간 교사가 필요하다.[267]

---

265 The Chan Zuckerberg Initiative funded the Summit Learning project and disputes these claims. https://www.washingtonpost.com/education/2018/11/17/students-protest-zuckerberg-backed-digital-learning-program-ask-him-what-gives-you-this-right/?noredirect=on&utm_term=.27d5e322ac1c

266 적어도 하나의 ITS회사가 그들의 상품을 학교에 판매하려고 하다가 그만둔 것으로 보이는데 이는 교사들이 자신들 대신에 일을 할 기술들을 왜 써야만 하는지에 대해 확신이 없었기 때문이다.

267 https://www.linkedin.com/pulse/10-jobs-safe-ai-world-kai-fu-lee. Also see, "Intelligent machines will replace teachers within 10 years, leading public school head teacher predicts." https://www.independent.co.uk/news/education/education-news/intelligent-

만약에 교육과 관련되어 있는 교육자, 학생, 학부모가 비판적으로 참여하지 않는다면 AIED의 기술은 인간 교사의 역할을 패스트푸드의 음식을 만드는 로봇처럼 교육을 스크립트 기반의 학습관리자 역할로 대체해 나갈 수도 있다.[268] 그렇게 된다면 가르치는 역할에서 인간은 완전히 배제되고 인공지능이 가르치는 활동과 관련된 모든 것을 담당하게 될 것이다.

이런 문제들에 대해 해결하고자 하는 ITS도 등장하고 있다. 마시아(Mathia)의 개발자는 교사의 역할을 부여한 혼합적 맥락을 만들었다. 또한 단계적 접근이지만 소크라테스의 접근법을 우선시하는 DBTS이나, 인공지능 기반의 ELE 등도 교육주의적 방식을 보완하고자 하는 것이다.

공급자 중심의 교육 상황에서 벗어나서 인공지능 기술을 혁신적으로 사용할 수 있는 교수법들에 대해 고민이 이루어져 왔다. 예를 들어 학생들이 원하는 것을 배울 수 있도록 선택한 인간 강사와 연결할 수 있도록 해주는 비교적 단순한 인공지능의 사례도 새로운 접근 방법이다. 학습자의 필요에 따라 평생학습의 동반자를 찾아주는 인공지능도 있다. 그러나 이러한 AIED 기술도 방대한 양의 개인 데이터와 효율적인 알고리즘에 의존하고 있어서 프라이버시의 문제와 윤리적 문제가 여전히 남아있다.

---

machines-replace-teachers-classroom-10-years-ai-robots-sir-anthony-sheldon-wellington-a7939931.html; "Could artificial intelligence replace our teachers?" https://www.educationworld.com/could-artificial-intelligence-replace-our-teachers; and "Why artificial intelligence will never replace teachers," https://www.the-techedvocate.org/artificial- intelligence-will-never-replace-teachers
268 이전에도 언급했듯이 한 ITS 개발자는 그들의 AIED가 교사들은 단지 패스트푸드 음식점의 셰프같이 레시피만 충실히 관리하는 보조적 역할만 하면 됨을 의미한다고 말했다.

AIED의 윤리(The Ethics of AIED)

이제 이 책의 결론에 해당하는 내용으로 AIED의 윤리적 문제를 다루고자 한다. 한 학교의 상황을 예로 들어보자.

학생들이 수업 중에 얼마나 집중하고 있는지에 대해 살펴보기 위해 교실에 안면 인식 기술(facial recognition technology)을 적용한 장치를 설치했다. 학생들의 모든 움직임은 칠판 위에 설치한 세 대의 카메라에 의해 관찰되었다. 일부 학생들은 이미 모니터링이 시행되는 것을 인식해 그들의 행동을 바꾸고 있다. "나는 교실에 카메라가 설치된 이후로 감히 산만해지지 못하겠어. 마치 한 쌍의 신비한 눈이 끊임없이 나를 지켜보고 있는 것 같아." 이 시스템은 학생들의 다른 얼굴의 표정을 식별하는 방식으로 작동하며, 수집된 데이터는 그들이 수업을 즐기고 있는지, 또는 심리적으로 방황하고 있는지를 평가하는 컴퓨터에 전달된다. 컴퓨터는 중립(neutral), 행복(happy), 슬픔(sad), 실망(disappointed), 분노(angry), 두려움(scared), 놀라움(surprised)을 포함하는 7가지 다른 감정으로 평가를 하게 된다. 만약 학생이 수업 중에 다른 생각에 정신이 팔려있다고 결론 내리면, 교사에게 조치를 취하라는 알람을 보내게 된다.269

인공지능 기술을 활용해 학생들이 수업에 집중하도록 하기 위한 위 내용은 중국에서 실제 적용한 사례이다. 하지만 중국의 문화적 특성에 의한 것이라고 볼 수만은 없다. 미국의 알트 스쿨(ALT School)에서도 인공지능 기반 교실 카메라를 사용해 학생들의 행동을 모니터링했기 때문이다. 영국에서는 수만 명의 어린 학생들이 본인이나

---

269 https://www.telegraph.co.uk/news/2018/05/17/chinese-school-uses-facial-rec-ognition-monitor-student- attention/

그들의 부모가 모르는 사이에 웹캠을 통해 감시당할 위험이 있다는 지적도 있다.270

이러한 사례를 살펴보는 이유는 교실의 비디오 촬영 내용을 분석하기 위한 인공지능의 활용이 비윤리적이라는 의미가 아니다. 예를 들어 피츠버그(Pittsburgh) 대학교의 연구원들은 인공지능과 교실 비디오를 사용해 교실에서 이루어지는 토론 내용, 토론의 활기, 그리고 학생들의 참여 수준이 어떻게 효과적인 학습에 기여하는지에 대한 분석을 했다. 이러한 연구는 어떤 토론 방식이 교육적으로 효과가 있는지 이해하는 데 도움을 줄 수 있다.271

머신러닝 기술을 사용해 패턴을 찾아내기 위한 막대한 양의 학생 상호작용 데이터(student interaction data)를 수집하는 사례도 있다.272 당연히 그 목적은 소프트웨어의 알고리즘이 학생들은 언제 기쁘고, 지루하고, 참여하는지를 알 수 있도록 훈련시켜 학생들의 학습을 증진시키는 데 활용하려는 것이다.273 그럼에도 불구하고 이러한 접근법은 논란이 되고 있는데, 이러한 데이터 수집은 정신 건강을 평가하는 경계선(borderline)이 되고 아이들을 치료하기 위해 잠재적인 환자로 보는 관점이 반영되어 있기 때문이다.274

교실에서 연구가 진행되고, 연구에서 논의되는 인공지능 기술

---

270 https://https://www.telegraph.co.uk/technology/2018/12/15/children-young-5-risk-spied-webcams- using-school-software
271 Kelly, S., Olney, A. M., Donnelly, P., Nystrand, M., & D' Mello. S. K. (2018). "Automatically measuring question authenticity in real-world classrooms." Educational Researcher 47. https://doi.org/10.3102/0013189X18785613
272 E.g., https://www.algebranation.com
273 "How (and why) ed-tech companies are tracking students' feelings". https://mobile.edweek.org/c.jsp?cid=25919761&bcid=25919761&rssid=25919751&item=http%3A%2F%2Fapi.edweek.org%2Fv1%2Few%2Findex.html%3Fuuid=C08929D8-6E6F-11E8-BE8B-7F0EB4743667
274 Jane Robbins, American Principles Project Foundation, quoted in preceding note, "How (and why) ed- tech companies are tracking students' feelings."

의 범위가 광범위하게 증가하고 있지만 윤리적 문제는 충분히 고려되지 않고 있다는 것이 현실이다. 적어도 윤리를 고려해 연구된 결과가 출판된 것은 거의 없다. 실제 대부분의 AIED 연구 개발과정에서 본질적으로 도덕적 공백(moral vacuum)이 발생하고 있다. 예를 들어 아이가 자신도 모르는 사이에 그들의 진로 계획에 부정적이거나 진로에 도움이 되지 않는 편향된 알고리즘에 의해 학습을 받고 있다면 어떤 일이 벌어질 것인가? 특히 AIED를 개발하는 연구자들에게 사회적 합의를 바탕으로 한 도덕적 규범이나 규율이 없는 상황이다.

AIED 기술은 아직 답이 분명치 않은 윤리적 문제를 안고 있다. 다른 분야의 인공지능과 마찬가지로 AIED를 개발하기 위해 수집된 대량의 데이터에 대한 우려가 있다. 학생들이 더 잘 학습할 수 있도록 하기 위해 학생 역량(competencies), 감정(emotions), 전략(strategies), 오해(misconceptions), 스크린 사용량(screen usage) 기록[275] 등 선의의 목적으로 수집된 데이터라고 할지라도 누가 이 데이터를 소유하고 접근할 수 있는지, 프라이버시의 문제는 없는지, 데이터는 어떻게 분석되고 해석되고 공유되는지에 대한 분명한 기준이 없다. 데이터가 목적과 다르게 사용되었을 때 책임은 누가 져야 하는지에 대해서도 명확하지 않다. 건강관리(healthcare) 분야에서는 개인 데이터의 사용과 관련된 논쟁이 꾸준히 이루어지고 있다.[276] 그러나 아직 교육분야에

---

275 "FaceMetrics lands $2 million to gamify kids' screen time and track immersion with AI." https://venturebeat.com/2018/06/13/facemetrics-lands-2-million-to-gamify-kids-screen-time-and-track- immersion-with-ai

276 For example, https://www.bbc.co.uk/news/technology-46206677: "A controversial health app developed by artificial intelligence firm DeepMind will be taken over by Google…" Lawyer and privacy expert Julia Powles [said]: "DeepMind repeatedly, unconditionally promised to 'never connect people's intimate, identifiable health data to Google.' Now it's announced… exactly that. This isn't transparency, it's trust demolition."

서 데이터 사용에 대한 논의가 충분히 이루어지지 않고 있다.

AIED 분야에서 데이터에 대한 윤리적 우려를 제기했지만, AIED 와 관련된 윤리는 데이터에 대한 문제에 국한되지는 않는다. 데이터 를 분석하는 방법과 관련된 인공지능 알고리즘의 영역[277]에 대한 것 도 있다. 내용과 관련해 어떠한 측면에서 배울만한 가치가 있다고 가정되는지, 교수법에 있어 어떤 접근법이 가장 효과적이라고 가정 되고 있는지, 어떤 학생 정보가 가장 적절하다고 가정하는지 등의 설계하는 기획자의 내재된 의식적이거나 무의식적인 편견[278]의 경우 에도 중요한 윤리적 이슈가 될 수 있다. AIED 모델링 과정에서 컴퓨 터의 판단이 사람의 판단과 구분되지 않거나 적어도 인간 전문가 패 널과 구분되지 않는다면,[279] 아마도 그러한 결정들은 받아들여져야 할 것이다.[280] 이러한 알고리즘과 모델을 구성하는 데 사용된 각각의 결정은 성, 연령, 인종, 사회－경제적 지위, 소득불평등(income inequal-

---

277 퓨 리서치 센터(The Pew Research Center)에 의한 최근의 조사는 다음과 같다. "대중은 실 생활에 알고리즘이 쓰이는 것에 대해 종종 회의적인데, … 약 58%의 외국인들은 컴퓨터 프로 그램이 항상 어느 정도의 편향을 지니고 있다고 느낀다." http://www.pewinternet.org/ 2018/11/16/public-attitudes-toward- computer-algorithms/

278 "[A]s algorithms play an increasingly widespread role in society, automating—or at least influencing—decisions that impact whether someone gets a job or how someone perceives her identity, some researchers and product developers are raising alarms that data-powered products are not nearly as neutral as scientific rhetoric leads us to believe." Kathryn Hume, integrate.ai, quoted in "AI needs debate about potential bias," by Carole Piovesan, https://www.lawtimesnews.com/ar- ticle/ai-needs-debate-about-potential-bias-15180. Also see, The Fairness Toolkit, https://unbias.wp.horizon.ac.uk/fairness-toolkit

279 To give an anecdotal example, a Masters thesis written by one of the authors at a prestigious university was marked as a distinction by one professor and a fail by another.

280 다른 관점에서, UCLA 법학교수인 유진 볼크(Eugene Volokh)는 "컴퓨터는 인간 패널들이 컴퓨터가 쓴 의견에 관해 인간의 판단과 최소한 같거나 더 좋다고 판단할때만 받아들여져야 한다." (https://www.axios.com/artificial-intelligence-judges-0ca9d45f-f7d3-43cd-bf03- 8bf2486cff36.html)

ity) 등의 측면에서 개별 학생들의 인권에 부정적인 영향을 미칠 수도 있다. 그러나 아직 우리는 AIED의 알고리즘에 의한 교육과정에서 윤리적 문제를 유발하고 있는지에 대해 정확하게 알지 못하고 있다.

인공지능의 데이터와 알고리즘의 편견을 중심으로 한 인공지능의 윤리적 이슈는 "알려진 미지의 것(known unknowns)"이며, 이미 다른 분야의 주류 인공지능 연구[281]에서 이에 관련된 연구와 논의가 활발하게 이루어지고 있다. 하지만 인공지능의 교육분야 적용에 있어서 더욱 중요한 윤리적 문제는 "알려지지 않은 미지의 것(unknown unknowns)"이 무엇인지에 대한 것이다.

AIED의 윤리적 문제는 다음에 제시한 내용 이상일 것이다.

- 윤리적으로 용인될 수 있는 AIED 기준들은 무엇인가?
- 학생의 목표(goal), 흥미(interest), 감정(emotion)의 일시적인 성향 (transient nature)이 AIED의 윤리에 어떤 영향을 미치는가?
- 민간기관(AIED 제품 개발자)과 공공기관(AEID 연구에 참여한 학교 및 대학)

---

281 E.g., Ada Lovelace Institute (https://www.adalovelaceinstitute.org), AI Ethics Initiative (https://aiethicsinitiative.org), AI Ethics Lab (http://www.aiethicslab.com), AI Now (https://ainowinstitute.org), DeepMind Ethics and Society (https://deepmind.com/applied/deepmind-ethics-society), and the Oxford Internet Institute (https://www.oii.ox.ac.uk/blog/can-we-teach-morality-to- machines-three-perspectives-on-ethics-for-artificial-intelligence). Also see Winfield, Alan F. T., & Jirotka, M. (2018). "Ethical governance is essential to building trust in robotics and artificial intelligence systems." Phil.
Trans. R. Soc. A 376. https://doi.org/10.1098/rsta.2018.0085 And see "Top 9 ethical issues in artificial intelligence." https://www.weforum.org/agenda/2016/10/top-10-ethical-issues-in-artificial-intelligence "Establishing an AI code of ethics will be harder than people think." https://www.technologyreview.com/s/612318/establishing-an-ai-code-of-ethics-will-be-harder-than-people-think, and Willson, M. (2018). "Raising the ideal child? Algorithms, quantification and prediction." Media, Culture & Society, 5. https://doi.org/10.1177/0163443718798901

의 AEID 윤리적 의무는 무엇인가?

- 학교, 학생, 교사들이 어떻게 참여하지 않거나 도전할 것인지 (opt out from, or challenge)와 그것들이 대규모 데이터에서 어떻게 표현되는가?
- 다층 신경망을 사용할 때와 같이 AIED의 보이지 않는 시스템 내부의 결정들이 어떻게 이루어졌는지를 쉽게 조사할 수 없다는 사실의 윤리적 의미는 무엇인가?

인공지능 알고리즘이 해킹과 조작에 취약하기 때문에 위험(risk)을 완화시키기 위한 전략도 필요하다. 2018년에 케임브리지 애널리티카(Cambridge Analytica)가 페이스북(Facebook)의 개인 데이터를 정치적으로 활용했던 사건은 이러한 문제의 사례이다. "큰 규모에서(at scale) 개인의 프라이버시 통제를 가져서는 안 되기 때문에 데이터를 사용할 용도가 윤리적일 것과 윤리적인 가이드라인을 명확하게 이해하는 것이 대단히 중요하다."282 AIED의 개입이 특정 행동이나 행동 경로로 개인들을 유도함으로써 학생의 행동 변화를 목표로 삼는 경우 AIED에서 사용하는 교수 활동의 전체 순서들은 역시 윤리적으로 확인될 필요가 있다. 마지막으로 AIED의 윤리 문제에 대해 또 다른 관점을 인식하는 것이 중요하다. 각 AIED 적용 사례에서 아무것도 하지 않는 것과 혁신에 실패하는 것의 윤리적인 비용 문제이다. 적용하지 않거나 실패하는 것의 비용이 AIED를 통한 혁신이 학습자들과 교육자들, 교육기관들에게 가져다줄 실제 이익과 균형을 이루어야 한다. 결론적으로 말해서 AIED의 윤리는 복잡하다.

이 책에서 강조하고자 하는 것은 인공지능이 가르치고 배우는

---

282 Tarran, B. (2018). "What can we learn from the Facebook-Cambridge Analytica scandal?" Significance 15(3): 4-5.

데 있어 제공할 수 있는 긍정적인 부분이 있지만 한편 신중한 접근이 필요하다는 것이다.

광범위한 수준에서 AIED 접근법(Mathia, AutoTutor, Betty's Brain, Ada chatbot, OpenEssayist, Lumilo 등)을 살펴보았고, 몇 가지 놀라운 미래 AIED 가능성(시험 종료부터 평생학습 동료, 인공지능 교육 보조자까지)을 검토해 보았다. 그렇지만 인공지능이 일상적인 학습의 과정에 완전히 적용되기 이전에 검토해야 할 부분에 대해서도 살펴보았다.

AIED의 윤리는 충분히 연구해야 할 가장 중요한 부분이다. 하지만 윤리적인 문제는 광범위한 이해 당사자가 참여해야 하기 때문에 간단한 문제는 아니다. 학생과 철학자, 교사와 정책입안자, 학부모와 개발자가 모두 참여할 필요가 있다. 교사, 정책입안자, 학습과학자 등은 데이터와 관련해 제기된 '수집할 데이터과 무시할 데이터의 결정, 데이터의 소유권, 데이터와 관련된 프라이버시' 등의 핵심적인 윤리적 이슈를 검토해야 한다. 교육 분야의 구성원들이 AIED에서 적용하고 있는 알고리즘에 대해서 어떤 결정이 이루어지고 있는가, 어떤 편견이 서서히 유입되고 있는가, 그리고 어떻게 결정이 '정확하고 투명한' 것이라고 확신하는지[283]에 대해서도 이해할 필요가 있다. 이 정도의 수준은 명확한 문제이기 때문에 세계적으로 인공지능의 윤리를 결정하고 관리하기 위한 많은 계획이 논의되고 있다.

우리는 교육과정에서 이루어지는 가르침과 배움, 그리고 다양한 교육적 과제들이 윤리적인 문제가 없는지에 대해서도 철저히 논의해야 한다. 또한 특정한 교수법의 선택, 교육과정의 선정, 평균중심의 접근, 사용 가능한 재정 투자의 우선 순위와 관련한 논의가 필요하다. 데이터와 알고리즘, 교육이 상호 이해 충돌이 발생할 경우에

283 See, Miller, T. (2019). "Explanation in artificial intelligence: Insights from the social sciences." Artificial Intelligence 267. https://doi.org/10.1016/j.artint.2018.07.007

해결 방법에 대해서도 논의가 필요하다.

아직 해결되지 않은 많은 문제들은 이 책이 제기하는 가장 중요한 주제라고 할 수 있다. 여러 가지 풀리지 않은 문제들이 있음에도 불구하고 인공지능은 교육과 학습의 맥락에서 점점 더 많이 활용되고 있다. 우리는 교육 분야에서 인공지능을 어떻게 개발하고 활용할 것인지에 대해 컴퓨터 과학자, 인공지능 엔지니어[284] 그리고 큰 기술 회사들에게 맡겨 놓을 수도 있고, 직접 논의에 참여할 수 있다. AIED를 수동적으로 받아들이는 조연의 입장을 취할 것인지, 아니면 적극적으로 논의에 참여해 생산적인 토론을 통해 더 나은 AIED가 적용되는 교육의 상황을 만들어가는 주인공이 될 것인지는 각자의 선택에 달려있다.

[284] "You and AI-, achine learning, bias and implications for inequality." https://royal-society.org/science- events-and-lectures/2018/07/you-and-ai-equality

PART 04

미래의 학교는 어떤 모습이어야 하는가?: 미래교육의 방향

미래의 학교는 어떤 모습이어야 하는가?
: 미래교육의 방향

    교육환경의 급격한 변화로 인해 교육계의 혁신은 이제 선택이 아니라 필연으로 다가오고 있다. 앞에서 살펴본 바와 같이 저출산·고령화와 학령인구의 감소, 사회적 양극화와 교육격차 심화, 지능정보기술의 발전과 인공지능 사회의 도래 등은 이제 변수가 아니라 상수가 되고 있는 상황이다. 이러한 환경변화에 대응하는 교육혁신의 기본적인 방향은 개인별 맞춤형 교육이라고 할 수 있다. 인공지능 기술은 이러한 목표를 구현하는 혁신의 지렛대 역할을 할 수 있을 것으로 기대된다. 개인별 맞춤형 학습을 구현하기 위해서는 인공지능 기술에 기반한 AI보조교사 시스템과 개인별 학습지원시스템, 첨단 미래학교 인프라 구축을 하는 것이 필수적이다. 인공지능, 빅데이터 등을 활용한 에듀테크 산업의 발달은 기존 학급 단위의 강의식 교육에서 학습자의 데이터를 기반으로 학습자의 특성에 맞는 학습 콘텐츠를 제공하는 개인별 맞춤형 교육을 구현해 줄 수 있다.

정부에서도 여러 분야에서 인공지능 시대를 맞이하기 위한 준비를 하고 있다. 교육분야에서는 2020년 11월에 '인공지능 시대 교육정책 방향과 핵심 과제'를 발표하고 교육 혁신을 위한 노력을 기울이고 있다. 하지만 학교 현장에서 체감할 수 있는 변화의 모습은 아직 느껴지지 않는다. 맞춤형 교육을 위한 시스템을 공교육에서 구현하기 위해서는 이를 뒷받침할 수 있는 체계적인 준비가 필요하기 때문이다. 교육부에서는 미래교육을 위한 비전을 확립하고 이를 실현하기 위한 로드맵을 마련하고 있다. 하지만 중요한 것은 17개 시·도교육청, 각급 학교, 실제 교실 현장으로 이어지는 top-down 방식으로는 구현되기 어렵다는 점이다. 교육부는 제도적인 틀을 만들고 현장에서는 혁신의 사례를 만들어가는 노력이 동시다발적으로 이루어져야 한다. 이러한 AI, 메타버스 등의 에듀테크는 교육 혁신을 위한 중요한 도구가 될 수 있지만, 역시 변화의 주인공은 현장의 교사가 되어야 할 것이다.

1 미래교육의 방향 설정: 개인별 맞춤형 교육

전통적인 강의식 수업은 개별 학생의 학습 수준, 학습 속도, 학습 필요, 문화적 차이를 반영하지 않은 채 정해져 있는 학습 내용을 모든 학생에게 같은 방식으로 전달함으로써 학교에 부적응하는 학생을 만들고 있다는 비판을 20세기부터 지속적으로 받아 왔다. 1968년에 Benjamin Bloom은 모든 학생이 학습에 성공하기 위한 방안으로 완전학습(Mastery Learning)이론을 제시하였다. 완전학습이 이루어지려면 학습에 필요한 시간을 파악하고 개별 학생에게 맞는 학습의 시간을 제공해주어야 한다는 것이다. 현재 학교는 개별 학생에게 필요로 하는 시간에 대한 고려 없이 동일한 학습의 시간을 제공하는 가장 치명적인 문제가 있다.

<완전학습 이론에서 학습의 성과>

학습 성과=(학습에 사용된 시간) / (학습에 필요한 시간)

Bloom의 완전학습 이론을 적용해서 학습의 성과를 높이기 위해서는 두 가지 전략을 활용할 수 있다. 첫째는 분모에 해당하는 개별 학생들이 학습에 필요한 시간을 정확히 파악하고 최소화시키는 전략이다. 우선적으로 개별 학생의 적성과 수업이해력을 파악하는 것이 가장 중요하다는 점을 강조하는데 이를 진단평가라고 해석할 수 있다. 학습자의 특성을 파악한 후에 이에 맞는 교수법을 활용하여 수업의 질을 높여줌으로써 개별 학생이 필요로 하는 학습의 시간을 줄여줄 수 있다는 것이다. 둘째는 개별 학생에게 필요한 시간을 정확하게 파악한 후에 개별적 교수 전략을 활용하여 학습에 성공하도록 하는 것이다. 교육계에서는 학생들이 필요로 하는 가장 효율적인 교수전략을 활용하기 위해 다양한 노력을 해왔다.

'일대일 맞춤형 교육(one-to-one tutoring)'의 교육적 효과에 대해서는 상당히 많은 실증 연구가 진행되어 왔다. 가장 대표적인 연구는 Bloom(1984)의 실험 연구이다. 일대일 맞춤형 교육(one- to-one tutoring)을 통해 학습 효과를 통계적으로 '2 − 표준편차(2-sigma)'만큼 높여줄 수 있다는 결과를 발표한 것이다. '2시그마 효과'라고도 불리는 이 결과는 교육계에 상당한 반향을 일으켰다.

Bloom의 연구 결과에 따르면 전통적인 강의식수업을 했을 때를 기준으로 하여 형성평가를 통한 피드백을 하면 상당한 교육 효과가 있다. 더 나아가 교사에 의해 일대일 튜터링(one-to-one tutoring)을 하

[그림 1] 학교가 안고 있는 2시그마 문제

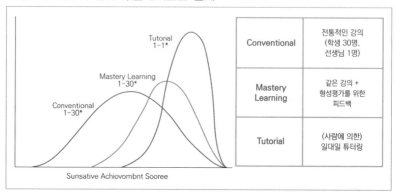

출처: Bloom, B. S. (1984). The 2 sigma problem: The search for methods of group in-
struction as effective as one-to-one tutoring. Educational Researcher, 13(6), 4-16.

게 되면 학생들의 학업성취도 평균이 전통적인 강의식 수업을 받은
학생들의 평균에 비해 2시그마만큼 높아진다는 것을 보여주었다. 이
후 다양한 후속 연구가 진행되었는데 대부분 Bloom의 연구결과를
긍정적으로 지지해 주는 결과였다. Corbett(2001)은 LISP라는 프로그
래밍 언어를 학습하는 데 있어서 학생들이 고정된 순서의 문제를
푼 경우에 비해 컴퓨터를 활용한 튜터링 시스템을 활용하여 개인별
맞춤형으로 문제를 풀게 한 경우 40%의 문제를 더 풀고, 최종 평가
에서도 정답율이 25% 정도 높아졌다는 결과를 보고하였다.

② 학급당 학생수 감축으로 맞춤형 교육을 구현할 수 있는가?

Benjamin Bloom의 완전학습 이론과 '일대일 맞춤형 교육(one-to-one tutoring)'의 방향에 대해서 많은 교육자들이 공감을 갖게 되어 이를 구현하기 위한 다양한 노력이 이루어졌다. 그중에서 미국에서 이루어진 가장 대표적인 대규모 교육 실험이 학급당 학생수를 줄여서 맞춤형 교육을 하려는 시도라고 할 수 있다. 이를 통칭하면 '학급당 학생수 감축 프로젝트(CSR(class size reduction) project)'이다. 1980년대 이후에 미국의 주정부 수준에서 이루어진 대표적인 CSR 프로젝트는 테네시주의 'STAR Project', 인디애나주의 'Prime Time Project', 위스콘신주의 'SAGE Program', 캘리포니아주의 'CSR Program'이다.

교육의 성과를 높이기 위해 이루어진 가장 대표적인 CSR 프로젝트는 테네시주의 'STAR(Student/Teacher Achievement Ratio) Project'이다. STAR Project는 미국 테네시주에서 1985년부터 1989년까지 4년에 걸쳐 이루어진 학급규모 감축의 교육 효과에 관한 연구이다. STAR Project는 테네시주 42개 학교구의 79개 학교, 300개 학급이 표집되었으며, 유치원에서 초등학교 3학년까지 7,000명의 학생을 대상으로 비교 연구가 수행되었다. 실험 설계를 위해 비교집단은 학급규모가 22~25명으로 구성된 '일반 학급(regular class)'으로 설정하고, 실험집단은 정상적인 학급에 보조교사를 추가하는 집단(regular/aide)과 학급규모를 13~17명으로 구성한 '소규모 학급(small class)'으로 설정하였다. 연구 결과, 소규모 학급의 학생들은 일반 학급의 학생들과 비교하여 표준화 학력검사(Stanford Achievement Test)와 기본 기능시험(Basic Skills First) 모두에서 높은 성취를 나타낸 것으로 보고되었다.

다른 주의 연구결과도 유사한 결과를 보여주고 있는데, 인디애

나주의 'Prime Time Project' 결과, 소규모 학급의 학생들의 읽기 성적과 수학에서의 긍정적인 학업성취 결과에도 불구하고, 일부는 대규모 학급에서도 높은 성취를 나타내는 혼합된 연구 결과를 보이기도 하였다. 위스콘신주의 'SAGE Program' 결과, 소규모 학급에서의 학생들의 학업성취는 대규모 학급 학생들에 비해 우수하였지만 그 차이는 크게 증가하지 않았다. 캘리포니아주의 'CSR Program' 결과, 소규모 학급 학생들의 학업성취는 대규모 학급 학생들과 비교하여 긍정적이었다.

미국에서 진행된 학급규모 감축 연구의 결과와 시사점을 정리하면 다음과 같다. 첫째, 미국에서 수행된 학급규모 감축 연구에서 소규모 학급의 교육 효과는 대부분 긍정적인 것으로 나타났지만, 일부 연구에서는 그 결과가 부정적인 것으로 나타나기도 했다. 둘째, 학급규모 감축의 교육효과는 상급학교보다 하급학교의 하급학년에서 더 긍정적으로 나타나고 있었다. 셋째, 소규모 학급의 교육적 효과는 학생 활동 측면보다는 교사 활동 측면에서 업무를 경감하는 긍정적 효과가 더 많이 나타났다.

이러한 학급규모 감축 연구의 결과, 미국에서는 정책적으로 어떤 결정을 했을지에 대해 주목할 필요가 있다. 결과부터 제시한다면 당시 학급의 규모를 유지하면서 교사의 역량 강화를 위한 재정지원을 확대하는 쪽으로 정책 결정이 이루어졌다. 그 이유는 학급규모 감축에 투자해야 하는 재정에 비해 교육적 효과가 크지 않다는 것이다. 학급규모를 감축하는 것이 저학년에서 학습 효과를 높이는 결과로 나타났지만 학습 효과가 지속적으로 높아진다는 결과를 발견하지 못했다. 또한 상급학교로 올라갈수록 학급규모 감축의 교육적 효과를 발견하기 어렵다는 점이 중요하게 고려되었다. 미국의 CSR 연구 결과의 시사점은 학급규모의 감축만으로는 재정적 투자를 통해 기대하는 만큼의 학습 효과를 거두지 못하는 것을 확인할 수 있다. 학급규모 감축의 효과를 높이기 위해서는 학급 규모를 감축함과 동시에 교육 내용 및 교수학습 방법의 측면에서 혁신이 이루어져야 함을 알 수 있다.

③ 부분적 교육개혁의 한계

근대식 학교제도는 상당히 효율적인 시스템을 통해 산업사회의 인력을 양성해내는 성과를 이루어왔다. 특히 해방 이후 우리나라는 근대화 과정에서 세계가 주목할 만큼 빠른 속도로 교육의 양적 성장을 이룩했다. 많은 학생들을 효율적으로 가르치기 위한 교육제도인 학교 시스템은 2차 산업혁명의 대량생산 시스템(mass production system)과 닮은 대량교육 시스템(mass education system)이라 할 수 있다. 하지만 2차 산업혁명의 산물인 표준화, 전문화와 관료제적 관리, 컨베이어 벨트를 통한 분업 등의 방식이 그대로 담긴 학교제도는 여러 문제를 노정해왔다(정제영, 2016).

학생들은 제각기 고유한 소질과 적성을 갖고 있으며 다양한 경험에 의해 학습 결과가 체화되어 있는데도, 학교제도는 이러한 다양성을 존중하지 못하고 있다. 학년제(school ladder system)의 기본 운영 방식은 공장의 컨베이어 벨트와 같은 원리라고 할 수 있는데, 실제 운영과정에서 개별 학생의 학습 성과에 대한 관리가 이루어지지 못하고 있다. 국가교육과정은 학년제와 연계되어 운영되는데, 학년별로 학습해야 할 내용의 분량은 표준화되어 있으며 학생들의 학습과 무관하게 진도라는 형태로 수업이 진행되고 있다. 평가는 교육적 성장의 목적보다는 사회적 선별(screening)이라는 목적이 더 앞서며, 그

대표적인 형태가 집단 내 서열을 매기는 상대평가 방식이다. 학교의 시설과 구조는 학습자의 자유로운 학습을 위한 기능보다는 효율적인 관리 위주로 설계되어 있으며, 전국적으로 거의 동일한 구조를 갖추고 있다.

학교를 중심으로 하는 교육제도를 개선하려는 노력은 세계적으로 지속되어 왔다. 하지만 이러한 교육개혁의 시도를 Tyack & Cuban(1995)은 '유토피아를 향한 어설픈 땜질(tinkering toward utopia)'이라고 표현한 바 있다. 우리나라에서도 수많은 교육개혁이 이루어져 왔으나 학교교육의 근본 문제를 해결하지는 못했다.

우리나라에서는 학교교육을 개선하기 위한 노력을 다음과 같이 지속적으로 추진해왔다. 1945년 해방 이후 우리나라의 학교교육은 거의 새로운 시작에 가까운 수준이었다. 1948년 당시 13세 이상 인구 1,500만 명 중에서 초등학교 이상 학력 소지자는 12.6%에 불과하였고, 문맹자는 53%에 이르렀다. 학교교육의 입학과 졸업의 기회를 확대하는 것이 당시에는 가장 큰 교육적 과제였다(이종재·김성열·돈 애덤스, 2010). 이후 교육의 질적인 성장을 위한 정책들을 꾸준히 지속해왔는데, 특히 1995년 5·31 교육개혁 이후의 교육정책들은 학습 성과를 높이기 위한 목표를 설정하고 노력했다는 점에서 매우 큰 의미를 지닌다. 하지만 이러한 교육개혁의 노력들이 목표한 성과를 거두지 못한 데 대해서는 평가와 반성이 필요하다.

교육개혁이 성공을 거두지 못한 가장 큰 원인은 학교교육의 개선을 위한 시스템적 사고가 부족했기 때문이다. 정제영(2016)은 우리나라 교육개혁의 실패 원인을 "부분 최적화 전략의 한계"로 지적했다. 학교 시스템은 하위 시스템 사이에 유기적인 연계를 갖고 있는데, 이러한 시스템 간 연계를 고려하지 않고 하위 시스템별로 최적화하려고 시도하는 것은 결과적으로 전체 학교 시스템에 긍정적인

[그림 2] 학교교육 시스템에 대한 부분적 개선 노력의 결과

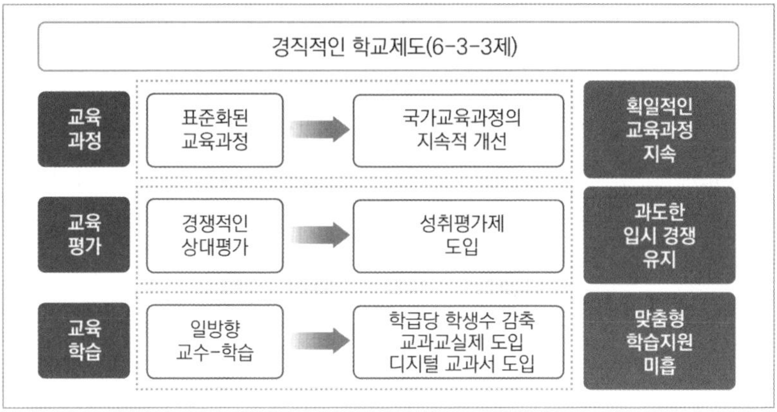

경직적인 학교제도(6-3-3제)		
교육 과정	표준화된 교육과정 ➡ 국가교육과정의 지속적 개선	획일적인 교육과정 지속
교육 평가	경쟁적인 상대평가 ➡ 성취평가제 도입	과도한 입시 경쟁 유지
교육 학습	일방향 교수-학습 ➡ 학급당 학생수 감축 교과교실제 도입 디지털 교과서 도입	맞춤형 학습지원 미흡

출처: 정제영(2016).

변화를 가져오기 어렵다는 의미이다.

거의 매년 바뀌어온 대입제도를 포함한 다양한 변화의 노력들은 현재의 교육 패러다임을 바꿀 수 있는 수준에 이르지는 못하고 부분적으로 개선하려고 시도해왔다. 하지만 이러한 교육제도 개선의 노력은 패러다임을 바꾸는 결과보다는, 일선 교육 현장에서 교육개혁의 피로감으로 누적되어 왔다고 평가된다.

4 미래 학교교육을 위한 시스템적 혁신

학교교육의 문제를 분석하고 재설계하기 위한 분석의 모형으로 시스템적 접근을 활용하고자 한다. 시스템이란 여러 부분으로 이루어진 전체 또는 여러 요소의 총체를 의미한다. 원래는 세포로 구성된 유기체를 총체적으로 지칭하는 생물학적 개념에서 비롯되었으나,

사회과학의 영역에서 조직을 유기체로 보는 관점에서 조직을 이해하는 개념적 틀로서 활용되고 있다. 세상을 하나의 복잡한 시스템으로 보는 관점을 '시스템적 사고(system thinking)'라 할 수 있으며, 이를 통해 시스템에 내재된 구조적 변화와 작동의 원리를 이해할 수 있다(Sterman, 2001). 즉, 시스템적 사고는 시스템의 작동 원리를 직관적으로 파악하여 시스템을 효과적으로 변화시킬 수 있는 전략을 발견하기 위한 사고방식을 의미한다(김동환, 2011).

시스템적 사고는 학교를 여러 하위 시스템(sub-system)으로 구성된 총체라고 인식하고, 학교교육은 이러한 하위시스템들의 변환 과정을 통해 이루어지는 것으로 이해하는 것이다. 학교교육 시스템은 '투입－전환 과정－산출'의 과정으로 나누어 볼 수 있고, 환경과 긴밀하게 상호작용하고 있으며, 기대했던 산출과 실제 산출의 차이에 따라 피드백이 이루어지게 된다. 학교교육 시스템에서 투입은 인적, 물적 자원으로 학생, 교원, 교육재정, 교육정책, 교육여건 등이 해당한다. 전환 과정은 교육과정과 교육평가에 기반하여 교수－학습 활동을 하는 과정이다. 산출은 학생들의 학업 성취도, 학교 만족도, 학업 지속, 교육의 질 등이 해당한다.

모든 조직에는 가장 우선시 되는 목적이 있고, 이 목적을 달성하기 위한 핵심적인 전환 과정이 있다. 학교교육 시스템에서는 핵심적인 전환 과정이 교사와 학생 사이에 이루어지는 '교수－학습 활동'이다. 특히 강조되는 것은 학생들이 주체가 되는 학습 활동이다. 학교교육 시스템의 모든 하위 시스템은 주로 학생의 학업성취를 위해 운영되고 있다.

학교교육은 시스템으로 구성되며, 각각의 하위 시스템이 역동적으로 작용해 유기적으로 작동하는데도, 많은 교육정책들은 하나의 원인이 하나의 결과를 낳는다는 단선적 사고를 기반으로 한다. 눈에 보이는 직접적인 원인에만 관심을 집중하여 문제를 해결하려고 시도하는 것이다. 따라서 전체 학교교육 시스템을 고려하지 않고 수립된 정책은 불가피하게 예기치 못한 결과를 초래하게 된다. 교육정책 부작용의 원인을 파악하기 위해서는 학교교육 시스템을 총체적으로 파악하는 것이 필수적이다(김창욱, 김동환, 2006).

Sashkin과 Egermeier(1992)는 미국에서 추진된 학교개혁 정책을 역사적으로 분석하였는데, 첫째, '부분 변화(fix the parts)'로 교육과정, 교수법 측면에서의 변화가 있었고, 둘째, '교직원 변화(fix the people)'로 교직원의 관행, 행동, 태도를 변화시키기 위한 연수와 개발 프로그램 제공 등의 접근이 있다고 보았다. 셋째, '학교 변화(fix the school)'는 단위 학교 차원의 변화를 의미한다. Sashkin과 Egermeier(1992)는 이러한 세 가지 접근 방법이 성공적이지 못했다고 지적하며, '시스템 변화(fix the system)'를 그 대안으로 제시했다. 이는 시스템에서 한 부분의 변화는 다른 부분에도 영향을 주기 때문에 시스템을 구성하는 모든 부분에 동시에 관심을 기울여야 한다는 의미이다.

Senge(1990)가 제시한 시스템적 사고는 기업에서 시작하여 학교로 적용되었고, 학업 성적 향상을 위해 시스템을 어떻게 설계할지 고민하던 교육자들에게 이론적 기반을 제공했다. Banathy(1995)는 교육 부문에서의 시스템적 사고에 대해 설명했는데, 학교의 교수-학습 활동으로부터, 조직, 행정에 이르기까지 하위 시스템이 복잡하게 연계되어 있고, 이러한 하위 시스템들은 깊은 상호 의존성을 갖고 있으며 하위 시스템 사이에서 행위, 관계 등에 대해 이해하는 것이 필요하다고 강조했다. Smith와 O'Day(1991)는 시스템적 변화를 위한 핵심요소로 첫째, 학교가 어떠해야 하는가에 대한 비전과 목표를 통합해야 하고, 둘째, 교육과정, 교육평가 등 목표와 일치하는 일관된 교수 시스템이 필요하며, 셋째, 학교 관리 시스템의 재구성이 필요하다고 강조했다.

　Fullan(2010)은 학교의 개선을 위해서는 총체적인 시스템의 변화 (whole-system reform)가 필요하다고 강조하면서, 이를 실현하기 위한 일곱 가지 중요한 과제를 제시했다. 첫째, 모든 학생이 학습을 할 수 있도록 하고, 둘째, 소수의 최우선 목표가 설정되어야 하고, 셋째, 강력한 리더십이 필요하며, 넷째, 집합적 역량이 요구되고, 다섯째, 정교한 전략이 요구되고, 여섯째, 인지적 책무성이 있어야 하며, 일곱째, 모든 하위 시스템이 개선되어야 한다고 강조했다. 우리나라의 학교교육을 개선하려면 하위 시스템들의 최적화를 전체적으로 결합해 학교 전체의 개선으로 이어질 수 있도록 하는 시스템적 사고가 필요하다.

　그동안의 교육개혁은 부분 최적화의 전략을 사용했기 때문에, 한국 교육이 거둔 많은 성과에도 불구하고 근본 개선이 이루어지지 못했다는 한계가 있다. 지능정보사회의 미래 학교교육 전략을 수립하려면 '시스템적 사고(system thinking)'가 필요하며, 학교교육을 가능하게 하는 여러 요인이 유기적이고 종합적으로 고려되어야 할 것이다. 교육과정의 개선, 교육평가의 개선, 교육시설의 개선뿐만 아니라 교원정책의 변화, 대입제도의 개선 등 시스템적인 관점에서 총체적인 학교교육의 혁신이 이루어져야 한다.

　미래 학교교육 전략 수립을 위해서는 첫째, 4차 산업혁명 등 장기적 관점에서 교육환경 변화에 대응하여 교육혁신 방향을 설정할 필요가 있다. 학교교육을 가능하게 하는 여러 요인이 유기적으로 상호 관련되기 때문에, 학교교육을 혁신하려면 교육과정, 교수-학습, 교육평가의 개선과 더불어, 교원정책, 교육행정지원체제, 교육시설의 개선이 총체적으로 고려되어야 한다. 초·중등교육 혁신을 위해 대입제도 개선까지, 종합적인 관점에서 학교교육 혁신이 이루어져야 할 것이다.

5 디지털 전환에 대응한 미래교육의 방향

국내·외에서 미래학교로의 전환을 위한 다양한 교육적 실험이 진행되고 있다. 우리나라에서는 근대식 학교교육의 한계를 극복하기 위한 교육 혁신이 다양한 이름으로 여러 학교에서 시도되고 있다. 해외에서도 국가별로 미래 교육을 위한 다양한 노력을 기울이고 있는데, 스웨덴 프트럼 스쿨, 네덜란드 스티브잡스 스쿨, 미국의 칸랩 스쿨 등이 대표적이다. 국내외에서 시도되고 있는 다양한 미래학교 사례를 분석해보면 다음과 같은 공통적 노력이 이루어지고 있음을 확인할 수 있다.

첫째, 교수-학습 형태의 변화이다. 기존 한 명의 교사가 다수의 학생을 대상으로 강의식으로 수업을 진행하는 대량교육 시스템을 변화시키기 위해 노력하고 있다. 빅데이터 기반의 인공지능 기술을 활용하여 개인별 맞춤형 학습(one-to-one tutoring)을 구현하고자 시도하고 있는데, 우리나라의 미래학교 시범학교들이 이에 해당한다. 오랫동안 학교는 대량교육시스템으로 운영되면서 사회구성원의 양성이라는 국가적 수준의 목표와 상급 학교의 진학이라는 개인 수준의 목표를 지향해 왔다. 하지만 미래학교의 방향은 학생의 개별적 성장과 지속적인 학습 경험의 축적, 삶에 적용되는 실제적 지식의 습득으로 변화하고 있다. 개인별 학습 시스템은 학습자 개인의 목표와 능력을 고려하여, 개인에게 최적화된 학습의 기회를 제공하는 것을 목적으로 한다.

둘째, 다양한 수준의 학생들을 국가교육과정이라는 일정한 틀에 집어넣었던 교육과정은 개인별 학습의 속도와 수준에 맞추어 유연하게 적용하고 있다. 스웨덴 프트럼 스쿨, 네덜란드 스티브잡스 스쿨의 사례에서도 살펴볼 수 있는 것과 같이, 개별 학생들의 개별화된 미래 설계를 위해 최적의 학습 환경을 제공하고 있다. 학습의 과정에서 학생들 스스로가 지니고 있는 꿈과 재능, 진로에 맞는 학습 기회를 제공하는 것이 중요한 점이다. 이를 위해서 획일적인 교육과정에서 벗어나, 학생들의 개별적인 학습계획에 따라 유연하게 교육과정을 운영하는 것이 중요하다. 학생의 나이에 따라 교육내용을 결정하는 학년제의 틀에서 벗어나, 학습의 수준에 따라 유연하게 교육과정을 구성하는 무학년제 교육과정을 지향해야 한다.

셋째, 교수·학습 과정은 교사가 주도되어 정해진 진도에 따라 지식을 전달하는 형태에서 벗어나서 개념적 지식 학습을 바탕으로 미래 사회에 필요한 핵심역량을 갖추도록 하는 창의적 학습으로 전환할 필요가 있다. 지식의 암기와 이해 중심의 학습 방법을 첨단 기술 기반의 'AI 튜터링 시스템'으로 모든 학생이 이해할 수 있도록 지원하고, 교사는 창의적 학습이 이루어질 수 있도록 고차원적 학습을 지도하도록 하는 것이 필요하다. 다양한 미래학교 사례에서 블렌디드 러닝이나 하이브리드 러닝의 방식을 활용하는 것을 볼 수 있는데 이는 모든 학생들이 기본적인 개념학습의 과정에서 개별화된 지원을 통해 성공적인 학습을 하도록 하는 것이다. 더욱 중요한 것은 교사가 '프로젝트 학습(PBL: project based learning)'이나 '문제기반 학습(PBL: problem based learning)'을 활용하여 고차원적인 학습이 이루어지도록 지도한다는 것이다.

넷째, 미래학교에서 지식전달 수업이 아닌 프로젝트 학습 등이 이루어지기 위해서는 기존 총괄평가와 상대평가 중심에서 과정 중심 평가, 개개인의 성취에 초점을 맞춘 절대평가로의 전환이 요구된다. 학습의 결과만이 학습이 아니라 학습 그 자체가 성과가 될 수 있다는 인식의 전환은 제도적 혁신과 더불어 교사, 학생, 학부모 모두에게 필요하다. 국가 교육과정을 전환하여 개인별 선택이 확대된 유연한 교육과정을 도입하더라도, 기존 평가 방식이 변하지 않는다면 궁극적인 학교 시스템의 변화를 기대하기 어려울 것이다.

빅데이터와 인공지능을 활용한 개별화된 AI 튜터링 시스템을 도입하더라도 학교 제도의 전반적인 혁신이 함께 하지 않는다면 미래 학교의 전환은 어려울 수 있다는 것이다. 교육의 목적은 학생의 개별적 성장으로 전환되어야 한다. 표준화된 교육과정은 개인별 교육과정 및 무학년제로, 교사 주도의 지식전달 중심 교수·학습 과정은 학생 중심의 지식 기반 프로젝트 학습으로, 총괄평가와 상대평가 중심의 평가방식은 과정평가와 절대평가로 혁신되어야 할 것이다. 이와 같은 학교 시스템의 총체적 변화를 위해 교사는 학생을 평가하고 관리하는 주체가 아니라 개인별 학습을 독려하기 위한 학습의 조력

[표 1] 미래 학교의 변화 방향

구분	대량교육 시스템 (Mass education system)	개인별 학습 시스템 (Personal learning system)
학교의 역할	• 사회 구성원의 양성 • 상급 학교의 진학	• 학생의 개별적 성장 • 지속적 학습 경험 축적
교육과정	• 표준화된 국가 교육과정	• 개인별 교육과정 • 무학년제
교수·학습 과정	• 교사 주도 • 지식전달 중심	• 학생 중심 • 지식 기반의 프로젝트 학습
평가방식	• 총괄평가, 상대평가	• 과정평가, 절대평가
교사의 역할	• 지식의 전달자 • 엄정한 평가자	• 개인별 학습 시스템 디자이너 • 학습의 조력자, 설계자
학교 공간	• 지식전달 편의형 • 효율적 관리 중심	• 창의적 학습촉진형 • 학습 효과 중심

자 혹은 설계자, 환경 조성자의 역할로서 개별화된 학습 효과를 극대화시켜주는 역할로의 변화가 필요하다. 학교의 공간 역시 미래교육을 위한 창의적 학습 공간으로 변화되어야 할 것이다.

AI 기반의 다양한 에듀테크 시스템을 도입하는 것으로 인공지능 시대의 미래교육을 구현하는 것에는 한계를 갖고 있어서 제도적 혁신이 함께 이루어져야 한다. 올해 교육부가 발표한 미래교육 정책의 로드맵은 이러한 미래교육의 변화의 방향을 제시하고 있다.

교육제도 변경의 시점은 2025년으로 볼 수 있다. 대상은 올해 초등학교 6학년이 고등학교에 입학하는 해이다. 2025년을 시작으로 교육제도는 미래교육의 방향을 지향하여 변화하도록 계획되어 있다. 우선 2022년에 확정되어 발표되는 새로운 교육과정은 2025년 중학교 1학년과 고등학교 1학년부터 적용된다. 2025학년도는 고교학점제가 모든 고등학교에 전면 도입되면서 성취평가제가 확대 적용되는 해이기도 하다. 새로운 교육과정을 적용받는 학생들이 치르게 될 2028학년도 수능시험은 2024년에 확정되어 발표될 예정이다.

인공지능 기반의 다양한 에듀테크 시스템이 활용될 수 있도록 교육부는 클라우드 기반의 K-에듀 플랫폼 개발에 착수했는데, 2024년까지 개발을 완료하고 2025년부터 전면 적용하는 것을 목표로 삼고 있다. K-에듀 플랫폼이 개발되면 현재 다양한 에듀테크 시스템이 학교에서 활용될 수 있는 기반을 갖추게 되는 것이다. 여기에 학교에서 이러한 시스템을 적용한 미래교육이 시행될 수 있는 여건을 만드는 '그린스마트 미래학교' 계획을 추진하여 2021년부터 2025년까지 18.5조 원의 예산으로 40년 이상 경과한 학교 건물 중에서 2,835동(약 1,400개교)을 개축 또는 새 단장(리모델링)하게 된다. 전국 38개 교육대학원에 인공지능 융합교육 석사과정을 신설하여 현직교원 대상으로 매년 1천 명씩 5천 명의 선도교사를 양성하게 된다.

[표 2] 미래교육 정책의 방향

교육제도 변경	확정(시작) 시점	전면 적용 시점
국가 교육과정 개편	2022년	2025년(중1, 고1부터 적용)
고교 학점제 도입	2022년(특성화고)	2025년(전체 고교)
고등학교 제도 개편 (자사고, 외고 폐지)	旣 확정	2025년
성취평가제 도입	2019년(진로선택과목)	2025년(모든 선택과목)
수능제도 개편	2024년	2027년(2028학년도 대입)
K-에듀 플랫폼	2024년까지 개발 완료	2025년 전면 적용
그린스마트 미래학교	2021년	2025년까지 약 1,400개교 개축
AI융합교육 교원 양성	2020년 1천명으로 시작	2025년까지 5천명 양성

인공지능 교육에 대응하기 위해서는 미래교육의 정책 방향에 대해 관심을 기울여서 대응하는 것이 필요하다. 특히 올해 초등학교 6학년을 기준으로 더 어린 학생들의 경우에는 교육부의 미래교육 정책의 방향에 맞는 교육과정과 방법의 변화에 대응하는 것이 필요하다. 교육의 내용과 방법, 평가의 방식에 있어서 대전환을 맞이하게 되기 때문이다.

6 학교제도의 유연화

우리나라의 눈부신 경제적 발전은 학교 교육의 성과에 기인하고 있다는 국제적 평가를 받고 있다. 하지만 세계적으로 비교해 볼 때, 중앙집권적이고 획일화된 교육과정을 운영하고 있다는 특징을 함께 갖고 있다. 현재 근대식 학교 모형으로 비판을 받고 있는 공장형의 대량생산 교육체제의 특징이 매우 강하다는 것이다. 국가가 정한 교육과정에 의거하여 전국적으로 거의 동일한 수준과 속도로 수업이 진행되고 있다는 점에서 학생의 개별화된 맞춤형 교육이 이루어지어려운 구조이다.

에듀테크의 적극적 활용이 이루어지기 위해서는 이러한 경직적 학교제도를 유연화하는 것이 매우 중요한 과제라고 할 수 있다. 산업사회의 인력을 양성하기 위해 공장과 같은 방식으로 표준화된 규격에 맞는 '인재'를 양성해 왔던 기존 방식에서 벗어날 필요가 있다. 학생 개개인의 흥미와 소질, 학습 과정에서 이해도 및 개인별 성취수준에 적합한 맞춤형 교육을 시행하는 것이 중요하다. 학생들에게 개별화된 맞춤형 교육을 실시하고 학생의 완전학습을 위해서는 동일한 시간과 과정의 평가를 시행하는 경쟁 중심의 상대평가에서 벗어나서 협력학습이 이루어질 수 있도록 절대평가 방식으로 전환하는 것이 필요하다.

코로나19는 우리 사회에 커다란 충격으로 다가왔다. 원하지 않지만 어쩔 수 없이 온라인 원격수업을 전면 도입하게 되었다. 코로나19가 사회적으로 부정적인 영향을 많이 미치고 있지만 대량의 온라인 중심 미래교육 실험을 경험하게 해 주었다는 점에서 긍정적 측면도 찾아볼 수 있다.

코로나19를 극복하더라도 현재 우리가 직면한 학교 교육의 문제에 대해 철저하게 원인을 진단하고 분석하여 인공지능 시대에 적합한 미래교육 시스템을 새롭게 설계해야 한다. 기존에 제안되고 시행된 학교교육 개혁 방안들은 단편적인 사고에 기반하여 학교교육 시스템을 부분적으로 개선하고자 시도하였다. 하지만 수많은 교육개혁이 큰 성과를 거두지는 못한 것으로 평가받고 있다(정제영, 2016).

학교 조직은 기본적으로 관료제를 중심으로 학생들을 교육시키

는 '대량생산형 교육체제(mass educational system)'이기 때문에 공장의
형태와 유사하다. 경직된 학제를 바탕으로 전국적으로 표준화된 국
가의 교육과정을 운영하고 있다. 교실의 수업은 정해진 진도를 나가
는 방식으로 진행되며 결과적으로 상당히 많은 학생들의 학습 실패
를 당연하게 받아들이는 상황을 초래하고 있다. 우리나라에서 양산
되는 수포자는 결과적으로 학교의 실패를 보여주는 중요한 증거라
고 할 수 있다.

2025년에 전면 도입이 예정된 고교학점제는 "맞춤형 교육을 실
시함으로써 고등학생 모두가 성공적으로 완전학습에 도달하는 교육
목표를 지원"하는 것을 목적으로 하고 있다. 고교학점제는 학교교육
시스템을 총체적으로 혁신하는 방향을 담고 있다고 평가할 수 있다
(정제영, 2018). 유연한 학교제도 구현의 중요한 방향인 고교학점제가
안정적으로 정착되기 위해서는 여러 가지 보완적 조치가 필요하다.
우선 '2022 개정 교육과정'의 방향을 잘 설정하여 고교학점제의 정착
을 위한 틀을 만드는 것이 무엇보다 시급하고 중요한 과제이다. 또
한 학교교육 혁신의 과정에서 정책을 안정적으로 제도화하는 것은 바
로 법령으로 규정하는 법제화의 과정이라고 할 수 있다. 고교학점제
를 도입하기 위한 법률, 대통령령, 교육부령, 훈령 등을 종합적으로
검토하여 유연한 학제의 제도적 기반을 갖추어야 한다(정제영, 황규호,
박주형, 2020).

고교학점제를 다른 말로 표현한다면 무학년제를 인정하는 것이
고, 더 나아가 학생 개인별 교육과정을 인정하는 것이다. 학생별로
개인화된 학습의 속도와 내용을 인정하는 것은 에듀테크 기술 적용
의 중요한 전제조건이라고 할 수 있다. 학교의 수학 수업을 생각해
본다면 고등학교뿐 아니라 중학교에서도 학생별로 심각한 학습 수
준 차이가 발견된다. 초등학교 고학년에서도 학업성취 수준의 차이

가 발생한다. 따라서 고교학점제의 정착 과정을 살펴보면서, 중학교와 초등학교에서도 수학과 같이 지식 구조의 계열성이 높은 교과의 경우에 학점제와 같은 무학년제 도입을 검토할 필요가 있다.

초등학교, 중학교, 고등학교의 교육기관별 특성과 교과목의 특성 등을 종합적으로 검토하여 교육활동의 효과성을 높이기 위해 학사제도와 교육과정의 유연화, 수업과 학사운영의 융통성과 자율성을 부여할 필요가 있다. 특히 교육과정 운영에 있어서 학교와 교사의 자율성을 높이는 것이 필요하다. 학생들의 소질, 능력, 흥미, 적성, 학습 속도에 맞게 학습하고, 이를 바탕으로 자기주도 학습능력을 키우며 미래 성장 잠재력을 극대화 할 수 있는 맞춤형 교육을 위해 학점제 도입을 적극적으로 확대해 나갈 필요가 있다.

유연한 학제인 고교학점제를 적용하기 위해서는 국내외 사례를 분석하여 벤치마킹하는 것도 중요한 과제이다. 미국의 칸아카데미 (Khan Academy)는 초·중·고교 수준의 수학, 화학, 물리학부터 컴퓨터 공학, 금융, 역사, 예술 분야의 약 6,000여 개의 동영상 강의를 무료로 제공하고 있으며, 미국 내 2만여 개의 학급에서 개인별 맞춤형 학습 자료로 활용하고 있다. 이러한 온라인 학습 자료, 특히 인공지능 기반의 ITS 시스템을 적극적으로 활용하는 것이 중요하다.

코로나19로 인해 실험적으로 운영된 쌍방향 실시간 수업은 고교학점제의 성공적 안착을 위한 온라인 공동 교육과정 운영에 활용할 수 있다. 기초과목·심화과목 등 학교에서 개설되지 않는 과목을 온라인으로 배울 수 있도록 초·중등 온라인 강좌 시스템을 활용하는 것이 필요할 것이다.

7 AI 교육혁명: 하이터치 하이테크 교육

인공지능 기술은 학생들의 학습 과정과 결과 데이터를 기반으로 맞춤형 교육을 지원할 수 있다. 학생 한 명 한 명의 데이터에 기반하여 학습자의 수준을 진단하고 목표를 달성하기 위해 맞춤형으로 지원하게 된다. 벤자민 블룸의 완전학습 모형에 기반하여 학습자에게 필요한 시간과 경로를 추천해주는 것이다. 교사의 중요한 역할을 보조해 줄 수 있다. 인공지능 기술을 활용하면 교수자는 좀 더 적극적인 교육활동을 할 수 있다. 인공지능 활용 교육의 의미는 인공지능 보조교사 시스템을 활용하여 교수자가 주도해 학생 개인별 맞춤형 교육을 수행한다는 점이다. 교수자의 주요 역할인 '수업설계-교수-학습-평가-기록-피드백'의 과정에서 인공지능 보조교사 시스템의 도움을 받아 개별화된 수업 관리가 가능하다.

교육에 인공지능 기술을 활용하는 변화가 시작되고 있다. 인공지능의 교육적 활용(AI in Education)은 학생 개인이 필요로 하는 수준의 학습, 즉 맞춤형 개별화 학습을 적은 비용으로 구현해주는 역할을 하고 있다. 현재 에듀테크 산업 분야에서 개발하여 다양한 형태로 적용되고 있는 인공지능 활용 교육의 시스템은 학생의 수준에 맞추어 성공할 때까지 학습을 지원해 준다. 인공지능 시대의 미래교육은 다양한 에듀테크를 활용하여 지식을 학습하고, 이를 기반으로 창의적 교육이 이루어지는 하이브리드 러닝(Hybrid Learning)으로 정의할 수 있다.

하이터치 하이테크 교육은 인간 교사가 하이테크를 활용하여 창의적 교육 성과를 이루어내는 것을 목적으로 한다. 인공지능 기술을 적극적으로 활용하되 창의적 교육은 교사의 주도로 학생들과 함께 이루어질 수 있도록 하는 것이다. 이를 교사와 함께 하는 하이터치

(High Touch) 교육, 에듀테크 기술을 활용한 하이테크(High Tech) 교육의 결합으로 정의할 수 있을 것이다. 하이테크로 성취하기 어려운 개별 학생의 동기화, 협업 역량과 의사소통 역량 등의 미래 인재의 역량 (soft skills)을 길러주는 역할은 역시 교사 주도의 하이터치 교육이 필요할 것이다.

8 '교육과정-수업-평가-기록' 과정을 지원하는 'AI 보조교사 시스템'

일대일 맞춤형 교육을 구현하기 위해서는 학생 개개인에게 필요한 학습의 시간을 확인하기 위해 진단평가가 이루어지고 학습의 과정에서 지속적인 형성평가가 이루어져야 한다. 이러한 학생의 학습진단을 기반으로 학생에게 필요한 학습에 대한 처방이 지속적으로 이루어져야 한다. 교사는 교육과정을 재구성하여 수업을 설계하고, 이에 따라 교수-학습의 과정을 진행하고, 수업의 결과를 평가로 확인하고, 이를 기록하고 학생에게 피드백을 제공한다. 현재 이루어지고 있는 '교육과정-수업-평가-기록'의 과정에서 혁신을 할 수 있는 시간적 여력이 많지 않다. 현재의 역할을 수행하는 데에도 시간이 모자라는 상황이기 때문이다. 우리가 지향하는 '일대일 맞춤형 교육(one-to-one tutoring)'을 할 수 있는 여력이 없고, 학급당 학생수 감축만으로는 이를 구현하기 어렵다고 할 수 있다.

'AI 보조교사 시스템'을 제안하는 이유는 일대일 맞춤형 교육을 효과적으로 구현할 수 있는 효과적인 수단이기 때문이다. 개인별 맞춤형 학습지원이 가능한 클라우드 기반 교수학습 플랫폼을 설계할 때 가장 중요한 것은 교사의 역할과 시스템의 활용이 조화를 이루어야 한다는 것이다. AI 보조교사 시스템은 빅데이터와 AI를 활용한 개인별 맞춤형 학습지원 시스템 및 AI 자동 채점 시스템을 구축하는 것이다. 데이터 중심의 학습 분석에 기반한 개인형 맞춤 학습의 실현을 통해 학습자 중심의 교육으로 전환이 이루어지는 것이다.

여기서 중요한 것은 교사가 AI 보조교사 시스템을 적극적으로 활용하되 교사가 교육을 직접 주도적으로 운영해야 한다는 점이다. 인공지능 기술이 다양하게 도입되는 에듀테크 산업이 전면적으로 학교에 도입될 때 교사의 역할에 대한 고민이 필요하다. 일부에서는 인공지능 기술로 만들어진 로봇 교사가 인간 교사를 대체하게 될 것이라는 예측과 우려가 등장하고 있다. 하지만 완전히 프로그램화된 AI교사가 학습을 지도하게 된다면 그야말로 지식교육 중심의 학교 교육으로 변화될 우려가 있다. 인공지능의 교육적 활용(AI in Education)의 주요 영역과 기술은 크게 교육주의, 학습주의와 함께 교사의 역할 중심으로 나누어 볼 수 있다. 인공지능 기술의 발달로 교육 분야에서 기술이 다양하게 활용되고 있으며, 이러한 변화는 지속적으로 증가하게 될 것으로 보인다. 인공지능 기술에 모든 교육을 의존하는 교육주의나 학생의 구성적 학습을 강조하는 학습주의는 모두 장단점을 갖고 있다. 하지만 보다 중요한 것은 교사가 주도하여 미래형 교수법을 활용하는 것이 가장 바람직하다.

인공지능 기술을 활용한 에듀테크의 가장 중요한 목표는 'AI 보조교사'의 역할을 수행하도록 설계해야 한다는 것이다. 교사가 AI 보조교사의 지원을 받아서 더 효과적으로 수업을 지도하는 것이 바람직한 미래 교실의 모습이라고 할 수 있다. 모라벡의 역설에서는 인간이 컴퓨터보다 잘하는 일과 컴퓨터가 인간보다 잘하는 일의 영역이 구분된다는 함의를 주고 있다. 많은 데이터를 수집, 관리, 분석하고 패턴화된 예측을 수행하는 것은 컴퓨터가 더 잘 할 수 있는 일에 속한다. 인간교사는 학생들과 의사소통하면서 개별화된 학습 지도를 위해 동기를 자극하고 자기주도성을 높여줄 수 있는 격려, 배려, 지원 등의 역할을 수행하는 것이 바람직하다. 또한 교사는 지식교육을 바탕으로 미래 역량을 길러주는 창의적 학습을 지도하는 역할을 수행해야 한다.

⑨ 미래 교사의 역할과 역량 변화: EX with AI

우리나라에서는 2020년에 코로나19를 계기로 온라인 원격수업이 일상화되면서 교육에서의 IT 기술의 활용에 대한 교사들의 인식 개선이 이루어졌다. 하지만 수업 인정 기준이 출결 위주로 질문이나 토론보다 출석에 치중하였고, 학교 현장에서 다양한 소프트웨어를 활용할 수 있는 충분한 지원이 이루어지지 못했다는 한계가 있다. 이러한 부분을 보완하기 위한 정책이 발표되고 있기 때문에 개선이 이루어질 것이라 생각이 된다. 하지만 더욱 중요한 것은 교원의 에듀테크 활용 역량을 강화하는 것이다. 클라우드 기반 교수학습 플랫폼이 구축되고 다양한 에듀테크 시스템이 채워지는 마켓 플레이스가 형성되더라도 이를 활용하는 교원의 역량이 부족하다면 무용지물이 될 수밖에 없다.

다양한 에듀테크 시스템이 제대로 활용되기 위해서는 교원들의 온라인 원격수업의 역량 강화를 위한 교육 및 연수를 강화하고 수업 혁신을 촉진하는 것이 중요하다. 교원들은 아직 에듀테크를 활용한 창의적 수업에 익숙하지 않고 두려워하며 많은 시행착오를 겪고 있다. 따라서 에듀테크를 활용한 창의적 수업의 품질 제고를 위해서는 교원의 교육과 연수, 사례 및 경험 공유, 문화 확산이 필요하다. 특히 에듀테크를 활용한 창의적 수업의 경험이 쌓이면 다양한 수업 및 학습 콘텐츠(실험실습, 사례 등)를 교원 스스로 만들어 나갈 수 있을 것이다. 교원의 역량을 강화하기 위한 정부의 과감한 투자와 재정 지원이 필요하다.

코로나19로 인해 시행된 온라인 원격수업 경험에서 교원의 성공적인 운영의 가장 중요한 요인임을 확인하였다. 교원의 에듀테크를 활용한 창의적 수업에 대한 지식, 긍정적 태도, 디지털 역량 등 종합적인 역량 증진이 필요하다. 전국의 거의 모든 교사가 원격수업 경험을 했기 때문에 이제는 참여를 위한 인식의 제고는 이루어진 것으로 평가할 수 있다. 에듀테크를 활용한 창의적 수업을 위해서는 교실에서 학생과의 상호작용과 달리, 온라인과 오프라인에서 학생과의 상호작용, 온라인 튜터링 및 학습 퍼실리테이션 기법 등의 새로운 연수 내용이 필요하게 되었다.

에듀테크를 활용한 창의적 수업을 위해서는 온라인-오프라인을 넘나드는 방식의 하이브리드형 수업 진행 역량이 필요하다. 포스트 코로나 시대에 원격수업이 더욱 확대될 때, 더욱 효과적인 교육과정 계획과 운영을 지원해야 한다. 미래의 수업은 전 학기 종일 수업보다는 교실수업, 현장학습, 플립러닝 등의 다양한 온라인과 오프라인 수업이 혼용되는 방식의 하이브리드 형태가 될 것으로 예상된다. 예를 들어, 원격수업이 디지털 기반 학습활동을 저장하여 학생마다 맞춤형 진단과 콘텐츠를 줄 수 있는 점을 살려서, 기존 수업과 함께 보충학습용 교재와 맞춤형 개별 수업방식을 도입할 수 있다. 국내외 미래학교의 수업 운영 사례에서 이미 다양하게 활용되고 있는 이러한 하이브리드형 방식 수업에 대한 가이드라인 및 사례, 수업모형 등을 제공하는 것이 필요하다.

이번 코로나19의 상황에서 경험한 온라인과 오프라인의 병행 수업 상황에서 축적된 교사의 전문성과 자율성을 활용하여 미래교육을 위한 대비가 이루어질 필요가 있다. 미래를 위해 온라인과 오프라인 수업이 혼합되는 방식으로 유연한 교육체제를 구축해야 한다.

교원들에게 요구되는 중요한 역량은 오프라인뿐만 아니라 온라인상에서 학생들과 소통하는 역량을 높이는 것이다. 학부모와 학생, 교사 등 현장의 불편한 점을 면밀하게 파악하는 것이 중요하며, 온라인 교육에 다양하고 분산된 플랫폼이 활용되고 있어 공공 LMS 구축을 통한 효율적인 관리를 할 수 있는 역량이 필요하다.

교원들의 역량을 높이기 위한 방법은 두 가지로 나누어 볼 수 있다. 첫째, 예비교원의 에듀테크를 활용한 창의적 수업 역량을 강화하는 것이다. 전국 교육대학과 사범대 등 교원양성기관의 교육과정을 개편하는 것이 필요하다. 미래사회에서 인공지능 활용의 보편화를 대비하여 인공지능 부전공을 적극적으로 장려하고, 향후 학교에서 STEAM 같은 '인공지능+X'의 융합교육이 일어날 수 있도록 교사의 역량을 제고하는 것이 필요하다. 교직 소양 과목으로 SW·AI 관련 교과를 신설하고 필수적으로 이수하도록 추진할 필요가 있다. 모든 분야에서 AI, 수리, 데이터 과학의 지식을 활용할 수 있는 인재를 배출할 수 있도록 교대−사범대 교육체계를 개편할 필요가 있다. 미래 창의·융합형 인재양성을 지원하는 우수한 예비교원 양성을 위해 교원양성기관의 교육과정을 혁신해야 할 것이다.

둘째, 현장 교원의 에듀테크를 활용한 창의적 수업 역량 강화를 위한 연수를 지원해야 한다. 지역별로 'AI 융합교육 교원 연수 거점 센터'를 지정하여 단기·중기 연수 프로그램을 개발하고 운영함으로써 단기적으로 연수를 확대할 필요가 있다. 기존 교원 SW 역량 강화 연수를 AI 분야로 확대하고 관련 프로그램을 확충해야 할 것이다. 학교현장에서 정규 교육과정과 연계하여 AI 교육을 실천할 수 있는 모델 개발 및 중장기적 관점에서 미래교육을 선도할 수 있는 실천적 모형 연구를 장려해야 한다.

한 분야의 전문성을 갖추고 있는 인재(expert)가 인공지능 기술로 대표되는 첨단 분야의 전문성을 갖추는 경우 이를 '인공지능 분야의 역량을 갖춘 분야별 전문가'라는 표현으로 'X with AI'라고 지칭한다. 교사는 해당 교육 분야의 내용과 방법적 전문성을 갖추고 있는 교육 전문가(EX: Educational Expert)라고 할 수 있는데, 이제는 인공지능 등 첨단 분야의 전문성을 결합하는 것이 필수적인 과제라고 볼 수 있다. '인공지능 분야의 역량을 갖춘 교육 전문가'라는 표현으로 'EX with AI'라고 표현하고 싶다. EX with AI가 바로 미래형 인재인 교육 분야의 'M자형 인재'라고 할 수 있다.

인간 교사가 AI 보조교사를 잘 활용하여 도움을 받게 되면 이를 증강지능(augmented intelligence)이라는 강력한 역량을 갖춘 EX with AI 라고 할 수 있다. 교육과정의 재구성에서부터 수업 중에 개별화된 지식 이해와 전달, 평가에 있어서의 개별화된 접근과 평가 결과의 정리, 맞춤형 평가 결과의 기록을 위한 기초 자료 생성, 학생별로 필요로 하는 피드백의 기초 자료 제공 등의 역할을 인공지능에게 맡길 수 있을 것이다.

유명한 영화인 아이언맨을 보면 인간 주인공이 아이언맨의 옷을 입게 되어 신체적으로 강한 파워를 갖게 된다. 더 눈여겨보아야 할 부분은 바로 인공지능 비서인 '자비스'로부터 인지적 측면에서 다양한 지원을 받는다는 것이다. 결과적으로 인간이 갖고 있는 역량을 뛰어넘는 초인적 역량을 발휘하게 된다. 교사의 경우에도 AI 보조교사의 지원을 받게 되면 지금보다는 더 뛰어난 교육적 역량을 발휘할 수 있을 것으로 기대된다.

인공지능 기술을 교육에 활용하는 변화는 이미 시작되었다. 인공지능의 교육적 활용(AI in Education)은 학생 개인이 필요로 하는 수준의 학습, 즉 맞춤형 개별화 학습을 적은 비용으로 구현해주는 역할을 하고 있다. 현재 에듀테크 산업 분야에서 개발하여 다양한 형태로 적용되고 있는 인공지능 활용 교육의 시스템은 학생의 수준에 맞추어 그들이 성공할 때까지 학습을 지원해 준다. 인공지능 시대의 미래교육은 다양한 에듀테크를 활용하여 지식을 학습하고, 이를 기반으로 창의적 교육이 이루어지는 하이브리드 러닝(Hybrid Learning)으로 정의할 수 있다.

인공지능 기술을 적극적으로 활용하되 창의적 교육은 교사의 주도로 학생들과 함께 이루어질 수 있도록 하는 것이다. 교사는 에듀테크 기술을 활용한 하이테크(High Tech) 교육을 기반으로 학생별 개성에 맞는 하이터치(High Touch) 교육을 결합하여 미래교육을 완성할 수 있을 것이다. 모든 학생이 학습에 성공하고 각자의 역량을 키울 수 있는 교육이 바로 미래교육의 지향점이다.

부록 1

Appendix 1

부록 1(Appendix 1)

1 주제와 개념 간의 연결
(Connection Between Topics and Concepts)

교육과정을 설계할 때, 모든 콘텐츠가 관련 지식 영역의 경계값 개념을 수준별로 강조하도록 하는 것이 중요하다. 다음 표는 화학 주제와 관련 핵심 아이디어 사이의 관계를 보여준다.

[표 1] 주제들과 개념들 간의 관계

주제	핵심 아이디어와의 관계
주기적 경향 (Periodic Trends)	• 원자/분자 구조와 특성: 열(rows)과 행(columns)을 따라 반복되는 경향성은 원자구조(atomic structure)로부터 생긴다. • 정전기학(electrostatic)과 결합 상호작용(bonding interactions): 아원자입자들(subatomic particles) 사이의 정전기적 상호작용이 대부분의 주기적인 특성을 설명한다. • 에너지(energy)/양자(quantum): 이온화 에너지(ionization energies)의 패턴은 에너지 준위(energy levels)의 양자적인 성질(quantized nature)로부터 생긴다. • 화학 시스템에서의 변화와 안정성: 인력(attractive force)과 척력(repulsive force)의 균형이 원자의 크기를 결정한다.
용액(solutions)	• 원자/분자 구조와 특성: 물질의 용해도(solubility)는 용질(solute)과 용매(solvent) 분자수준의 구조에 의존한다. • 정전기학과 결합 상호작용: 용매와 용질의 상호작용이 용해도를 결정한다. • 에너지(energy): 물질이 용해될 때 일어나는 온도변화는 상호작용을 극복하는 데 필요한 에너지와 새로운 상호작용을 형성

	하는 데 필요한 에너지에 의존한다. • 화학 시스템에서의 변화와 안정성: 물질의 용해도는 물질이 용해될 때 전체 엔트로피(entropy) 변화에 의존한다.
상(phase)과 상의 변화 (phase changes)	• 원자/분자 구조와 특성: 물질의 녹는점/끓는점은 분자수준의 구조에 의존한다. • 정전기학과 결합 상호작용: 분자수준 상호작용의 유형과 세기가 녹는점/끓는점에 영향을 준다. • 에너지(energy): 상변화(phase changes)와 관련된 에너지 변화는 상호작용의 유형과 세기에 따라 결정된다. • 화학 시스템에서의 변화와 안정성: 상변화 온도는 시스템과 주변과의 에너지 이동과 해당하는 엔트로피 변화에 의존한다.
운동역학 (kinetics)	• 원자/분자 구조와 특성: 화학반응의 속도(rate)는 반응물의 구조와 반응물이 충돌할 때 적절한 방향으로 운동할 확률에 의존한다. 반응의 구조(mechanism)는 또한 분자구조에 의존한다. • 정전기학과 결합 상호작용: 화학반응의 속도는 반응물질들 사이의 상호작용의 세기와 반응물 사이 결합의 세기에 의존한다. • 에너지(energy): 화학반응의 속도는 구조와 상호작용에 따른 활성화 에너지(activation energy)와 충돌하는 반응 분자들의 운동 에너지에 의존한다. • 화학 시스템에서의 변화와 안정성: 운동역학은 어떻게(how) 그리고 왜(why) 화학반응이 일어나는지에 대해 연구한다. 정반응(forwarding reaction)과 역반응(reverse reaction)사이 속도의 경쟁이 반응의 정도와 언제 평형(equilibrium)에 도달할지를 결정한다.
열화학 (thermochemistry)	• 원자/분자 구조와 특성: 화학 반응에서는 몇몇 결합과 상호작용이 깨지고 새로운 결합과 상호작용이 생성된다. • 정전기학과 결합 상호작용: 결합과 상호작용의 유형과 세기는 관련된 분자의 구조와 극성에 의존한다. 상호작용의 세기는 정전기적 고려에 의해 예측될 수 있다. • 에너지(energy): 화학 반응에서의 에너지 변화는 결합과 상호작용이 깨지는 데 필요한 에너지와 새로운 결합과 상호작용이 생성되는 데 발생하는 에너지에 의존한다. • 화학 시스템에서의 변화와 안정성: 화학 반응이 일어날지의 여부는 시스템의 엔탈피와 엔트로피 변화의 의해 결정되는 전체 엔트로피 변화에 의존한다.

출처: Cooper, Posey, 그리고 Underwood.

위의 표에서 핵심 아이디어들 중 일부는 내용을 구성하는 좋은 방법이라는 점에서 그것들 스스로 잠재적인 주제인 것처럼 보일 수 있다. 이것은 그렇게 세밀한 규모로 지식을 살펴본 결과이며, 주제는 개념과 내용의 혼합일 수 있다. 그러나 이것은 내용면에서는 치밀하지만 개념적으로는 그렇지 않은 요소들을 교육과정으로부터 추출하기 위한 중요한 기준을 제공한다.

예를 들어 세포&분자 생물학의 주제로서 크렙스 주기(Krebs cycle)를 상상할 수 있지만, 다른 개념과 명백히 관련이 있더라도 그것 자체로서 유용한 개념이 아니다. 이와는 대조적으로 생태학에서의 연속성(연쇄)이라는 주제는 비록 연속이 교과서 목차 제목일지라도 시간의 경과에 따라 생태계에서 일어나는 역동성의 유형으로, 생태학의 경계치 개념처럼 그 자체가 중요한 개념임이 명백하다. 그렇다면 크렙스 주기는 그 자체로 외워서는 안 되고 다른 개념을 제공하는 정도까지만 연구해야 하는 반면, 연속성은 생태학의 유일한 독립형 주제일 것이다.

2 콘텐츠의 진화(Evolution of Content)

교육과정에 있어 가장 영향력 있는 초기 서양 공식은 대학 교육을 위한 7개의 교양과목을 문법, 논리학, 수사학, 천문학, 기하학, 산술, 음악으로 정의한 중세 그리스 고전 교육 이론인 트리비움(Trivium)과 쿼드리비움(Quadrivium)이었다.

이는 느리게 변화되었는데 천문학, 윤리, 라틴어 등과 같이 일부 과목이 선택 과목이 되거나, 혹은 수사학, 웅변을 커뮤니케이션으로 고등교육 수준에서 가르치게 된 것이다. 미국 중등교육에서의 지식

[그림 1] 고대 그리스 교육의 프레임워크(7자유학과)

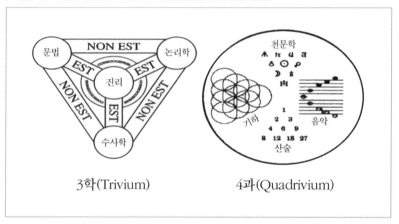

3학(Trivium)   4과(Quadrivium)

훈련기준은 1893년 하버드 대학 총장인 찰스 앨리엇(Charles Eliot)과 국가교육연합(National Education Association)의 주도로 백인위원회(Committee of Ten)에 의해 처음 만들어졌다. 찰스 앨리엇은 주로 대학 총장과 학장들로 구성된 교육전문가 10명을 소집했고 그들에게 모든 공립 중등학교에 표준화된 교육과정 요건을 정의하도록 임무를 부여했다.

이러한 초기 교육훈련 기준은 그리스어, 라틴어, 기타 특정 언어 요구사항들을 제외하고 오늘날 많은 교육 시스템에서 여전히 다양한 정도로 중등학교 졸업 요건으로 반영되어 있다.

그래서 전 세계의 대부분의 교육 시스템에서 가르치는 전통적인 학문은 다음과 같다.

- 언어(국내)
- 수학(산술학, 기하학, 대수학)
- 과학(생물학, 화학, 물리학)
- 언어(해외)

[그림 2] 백인위원회(Committee of Ten)의 보고서

1ST SECONDARY SCHOOL YEAR.	2ND SECONDARY SCHOOL YEAR.
Latin .... 5 p.	Latin .... 4 p.
English Literature, 2 p.⎫ .. 4 p.	Greek .... 5 p.
" Composition, 2 p.⎭	English Literature, 2 p.⎫ .. 4 p.
German [or French] .... 5 p.	" Composition, 2 p.⎭
Algebra .... 4 p.	German, continued .... 4 p.
History of Italy, Spain, and	French, begun .... 5 p.
France .... 3 p.	Algebra,* 2 p.⎫ .... 4 p.
Applied Geography (European	Geometry, 2 p.⎭
political — continental and	Botany or Zoölogy .... 4 p.
oceanic flora and fauna) .. 4 p.	English History to 1688 .... 3 p.
‾‾‾ 25 p.	‾‾‾ 33 p.
	* Option of book-keeping and commercial arithmetic.

3RD SECONDARY SCHOOL YEAR.	4TH SECONDARY SCHOOL YEAR.
Latin .... 4 p.	Latin .... 4 p.
Greek .... 4 p.	Greek .... 4 p.
English Literature, 2 p.⎫ .. 4 p.	English Literature, 2 p.⎫ .. 4 p.
" Composition, 1 p.⎬	" Composition, 1 p.⎬
Rhetoric, 1 p.⎭	" Grammar, 1 p.⎭
German .... 4 p.	German .... 4 p.
French .... 4 p.	French .... 4 p.
Algebra,* 2 p.⎫ .... 4 p.	Trigonometry, ⎫ .... 2 p.
Geometry, 2 p.⎭	Higher Algebra, ⎭
Physics .... 4 p.	Chemistry .... 4 p.
History, English and	History (intensive) and Civil
American .... 3 p.	Government .... 3 p.
Astronomy, 3 p. 1st ½ yr.⎫ 3 p.	Geology or Physiography,
Meteorology, 3 p. 2nd ½ yr.⎭	4 p. 1st ½ yr. ⎫ .. 4 p.
‾‾‾ 34 p.	Anatomy, Physiology, and ⎬
* Option of book-keeping and commercial arithmetic.	Hygiene, 4 p. 2nd ½ yr. ⎭
	‾‾‾ 33 p.

FIG. 2. The Range of Offerings for a High School As Set Forth by the Committee of Ten in Table III, p. 41, of the Report. [Table III represented the total program as derived from recommendations of the conferences, with some adjustment of periods per week. From it the programs of individual pupils could be derived. Eliot apparently preferred this to the set courses of study identified by the committee in Table IV.]

- 사회(역사, 지리, 정치, 경제 등)
- 예술(공연과 미술)
- 보건(특히 체육)

    각 학문 내에서 패턴은 유사하다. 지식의 영역은 그들이 충분히 알려졌을 때 추가되지만, 크게 재설계되는 것은 없다. 예를 들어 수학에서의 교과과정은 1202년에 계산책(Liber Abbaci)을 쓴 레오나르도 드 피사(Fibonachi)의 기념비적인 기여를 반영해 상인들이 로마 숫자를 사용하는 것에서 힌두-아랍 시스템의 10자리 숫자를 사용하는 것으로 전환하도록 돕고 비율과 비례, 요율, 선형 방정식 등의 것들을

[그림 3] 시간에 따른 학문의 진화

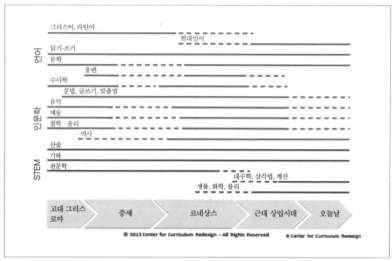

출처: CCR.

배우도록 도와주었다.

그러나 13세기 상인들에게는 유용했던 내용이 21세기 학생들에게 는 관련이 없다는 사실이 명백해졌다. 인간 노력의 진보는 기하급수 적으로 증가했고, 비록 삼각법(Trigonometry)과 미적분학(Calculus)이 교 육과정에 추가되었지만 로봇학(Robotics)과 기업가정신(Entrepreneurship) 과 같은 더 현대적인 과목들은 현재의 과밀한 상황에 맞지 않는다. 게다가 표준화된 평가는 특히 언어와 수학에 압력을 가하고 있어, 학교 과목의 범위를 더욱 좁히고 있다. 아래 그림에서 사회, 과학, 휴식(recess), 예술/음악, PE(체육)는 대체로 압축됨으로써 미국의 ELA (English Language Arts)와 수학을 위한 공간을 만든다.

[그림 4] 2001년부터 미국에서 수업시간을 줄인 교육구 비율

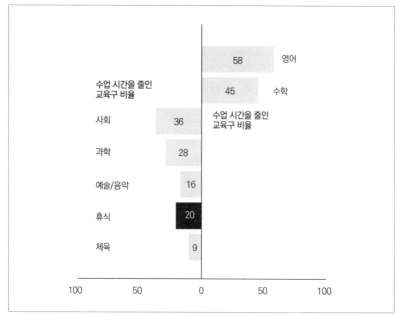

출처: Center for Public Education.

3 융합적 주제(Cross-cutting themes)

환경 리터러시(Environmental Literacy)

앞에서 논의한 바와 같이, 인류는 우리 행성의 다수 생태학적 한계들에 빠르게 접근하고 있거나 혹은 그 한계들을 이미 넘었을지도 모른다. 그렇기 때문에 미래의 커다란 환경적 위기나 생태학적 재앙들을 피하기 위해서 모든 시민들은 환경과학의 기초와 인류의 장기적 지속성에 대한 우리 사회의 영향에 관해 기본적 이해를 가지고

있어야 한다.

21세기 스킬에 대한 파트너십(The Partnership for 21st Century)은 환경 리터러시의 구성요소로써 다음과 같은 능력을 규정한다.

특히 공기, 기후, 토지, 음식, 에너지, 물 및 생태계와 관련된 환경 및 조건에 대한 지식과 이해를 입증한다.

- 자연계에 미치는 사회의 영향에 대한 지식과 이해(인구증가, 인구 발달, 자원 소비율 등)를 설명한다.
- 환경문제를 조사 분석하고, 효과적인 해결책에 대해 정확한 결론을 내린다.
- 환경문제 해결을 위한 개별적, 집단적 조치(예를 들어 지구적 조치에 참여, 환경문제에 대한 행동을 유발하는 해결책 설계)를 취한다.

글로벌 리터러시(Global Literacy)

우리의 지구촌은 계속해서 더 상호 연결되고 있으며, 더 이상 한 나라만의 관점에서 배우는 것으로는 충분하지 않다. 21세기를 위한 교육을 받기 위해 모든 학생들은 전 세계의 다양한 문화적 관점에서 각각의 과목들을 배울 필요가 있다. 예를 들어 세계사에는 세계 각국의 역사가 포함되고, 수학 수업은 서양 수학자들뿐만 아니라 관련 동양(아랍, 인도, 중국) 수학자들을 논하고, 학생들은 그들의 문화적 편견과 관점을 비판적으로 검토하도록 유도하고, 다른 관점에 대한 이해와 수용을 발전시키도록 하는 것이다. 교육과정 내내 학생들은 국제적인 사회-문화적 중요성의 맥락 안에서 개별적인 이슈를 보는 법을 배워야 하고, 국제적인 인식을 얻어야 하며, 문화적 다양성에 대한 깊은 인식을 가져야 한다.

시민 리터러시(Civic Literacy)

인간과 교육 시스템은 사회 내에 존재하며, 사회와 가장 직접적으로 상호작용하는 주된 방법은 법과 정책을 통해서이다. 학생들이 그들의 사회와 연결되어 있다고 느끼고 변화를 가져올 수 있다고 느끼는 것은 중요하다. 앞으로도 공개적으로 논의되고 사회적 규모로 결정되어야 할 많은 문제들이 있을 것이고, 따라서 읽고 쓰는 시민적 능력은 점점 더 중요해질 것이다. 학교가 필요할 때 그러한 대화로 전환할 수 있도록 하기 위해서는 법과 정책이 과정 내용과 연결되는 방법, 그리고 정보에 입각한 관점에서 고려해야 할 사회가 직면한 질문의 종류를 분명히 강조해야 할 것이다. 21세기 스킬을 위한 파트너십(The Partnership for 21st Century)에 따르면, 시민 리터러시는 다음과 같다.

- 정보를 알고 정부 과정을 이해함으로써 시민생활에 효과적으로 참여한다.
- 지역, 주, 국가, 글로벌 차원에서 시민의 권리와 의무를 행사한다.
- 시민적 의사결정의 지역적·전반적 함의를 이해한다.

그들은 또한 시민 리터러시에 대해 더 많이 배울 수 있는 몇 가지 자료를 추천하고 있다.

정보 리터러시(Information Literacy)

구글의 CEO 에릭 슈미트(Eric Schmidt)에 따르면 우리는 이틀에 한 번씩 문명의 여명부터 2003년까지 만들어진 만큼의 정보를 만들어 낸다. 과학 논문의 양은 매년 7~9%씩 증가하는데, 이는 10년마다 대략 과학지식이 두 배씩 증가하는 것과 같다.

많은 사람들이 인터넷에서 정보를 검색하는 방법을 알고 있는 것은 사실이지만, 엄청난 양의 정보를 고려할 때 우리가 그것들을 비판적으로 평가하고 종합하는 데 필요한 추론 기술을 가지고 있음은 확실하지 않다.

'대중과학(The People's Science)'의 프로그램인 21세기 정보활용 도구(TILT: Twenty-First Century Information Literacy Tools)는 현실적 맥락에서 정보와 교류하고 적용하는 6가지 핵심기술과 감성을 파악했다. 이러한 목표는 풍부한 정보를 책임감 있게 조정, 평가 및 사용 가능한 지식으로 변환하기 위해 개발해야 하는 필수 역량의 개요를 나타낸다.

TILT는 21세기 정보 리터러시에 대해 다음과 같은 핵심 역량을 제시했다.

- 정보의 진보적인 속성을 수용하고 새로운 증거에 대해 열린 자세를 유지함으로써 역동적인 성향을 유지한다.
- 정보의 해석과 새로운 사상의 확산에서 사회문화적인 렌즈(lens)의 역할을 고려한다.
- 정보에 입각한 논의를 복제, 정교화, 궁극적 합의를 향한 중요하고 미묘한 단계로 인정함으로써 증거를 다투는 것에 교양을 쌓는다.
- 정보 보급 주기의 공통 접속점에 대한 원천신뢰도를 평가한다.

- 관련 지식의 넓은 시야에서 구체적인 증거가 어떻게 위치하는지를 명확히 할 수 있도록 정보에 입각한 방향을 개발한다.

정보 생산량이 전례 없는 속도로 증가함에 따라, 모든 과목의 모든 학생들에게 정보 리터러시는 점점 더 중요해지고 있다.

디지털 리터러시(Digital Literacy)

앞에서 논의한 바와 같이 기술적인 지식은 점점 더 중요해지고 있다. 도구와 기술이 계속해서 발전함에 따라, 학생들은 다양한 새로운 기술들을 사용하는 것을 배워야 한다. 가능한 대부분의 직업이 기술 혁신을 통합하기 시작함에 따라, 대다수의 직업들은 숙련도 향상을 필요로 할 것이다. 따라서 학생들이 인터넷 검색, 워드 프로세싱, 스프레드시트(spreadsheets), 소셜 미디어 애플리케이션과 같은 기존의 기술 도구에 익숙해지는 것을 배우고 새로운 기술의 배움을 편안하게 느끼는 것이 중요하다.

이는 교육자와 학생 모두에게 학습을 더 목적에 적합하도록 하고, 현실 세계의 기반과 동기를 부여하며, 행동 지향적으로 만들 수 있는 방법을 제공한다. 또한 내용물과 기능을 짜 맞출 수 있는 돋보기이기 때문에 교육자들이 콘텐츠 영역과 역량에 섞여서 일치시킬 수 있도록 렌즈로서 학제 간 사고의 기반을 제공한다.

시스템 사고력(System Thinking)

사회 시스템뿐만 아니라 과학 분야도 복잡계(complex system)의 아이디어에 수렴하고 있다(아래 그림 참조). 이것은 20세기 서구 문화의 기계론적 및 환원주의적 모델에서 더욱 균형 잡힌 접근으로의 패러다임 변화를 필요로 한다. 분석은 파라미터(parameters)를 격리시키고 따라서 그들의 심층적인 접근과 이해를 가능하게 하는 중요한 도움을 준다. 하지만 각 부분이 전체적으로 더 큰 시스템의 부분으로서 간주될 수 있도록 합성을 통한 전체론적 관점과 통합되어야 하며, 그 모든 요소들 사이의 관계를 탐구해야 한다.

[그림 5] 학문 간 관련성

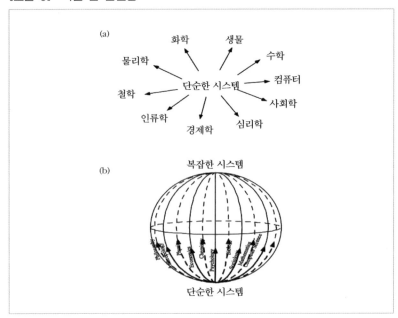

출처: Bar-Yam, Y. Dynamics of Complex Systems.

교육 이론가이자 인지 과학자 데릭 카브레라(Derek Cabrera)에 따르면 학생들은 구별, 시스템, 관계, 그리고 관점을 고려하도록 권장되어야 한다(DSRP: distinction, systems, relationship, and perspectives).

- 구별(distinctions) : 아이디어와 사물에 대해 점점 더 정교한 특성을 개발한다.
- 시스템(system) : 다양한 부품 그리고 전체 상호작용과 함께 아이디어를 분해하고 새로운 통합 개념을 재구축한다.
- 관계(relationships) : 사물의 연관성을 파악한다.
- 관점(perspective) : 다른 관점에서 사물을 본다.

학습자는 복잡계의 공통 특성을 고려함으로써 이 접근법을 적용해 현대적이고 시스템적인 관점에서 더욱 전통적인 학문을 살펴볼 수 있다.

디자인 사고력(Design Thinking)

우리는 현재 21세기의 도전들을 직면하고 있다. 교육에서부터 농업과 에너지 사용, 제품 설계와 제조, 그리고 경제와 정부에 이르기까지 많은 사회 기관들을 재검토하고 재설계할 필요성이 제시된다. 또한 정보통신 기술 사용 증가, 글로벌 연결성, 에너지 및 물질 생태학적 지속가능성 증가, 웰빙 증대에 비추어 거의 모든 제품과 서비스를 재설계할 필요가 있다. 그리고 제품과 서비스를 넘어, 도전에 접근하는 방법에서 디자인적 사고력이 요구된다.

디자인 프로세스를 구체적으로 개념화하는 한 가지 방법은 다음과 같은 네 가지 주요 원칙을 통해 이루어진다.

- 인간 규칙: 모든 설계 활동은 궁극적으로는 사회적이다.
- 모호한 규칙: 설계 사상가들은 모호함을 유지해야 한다.
- 재설계 규칙: 모든 설계는 재설계된다(실수는 반복적인 개선 과정의 자연스러운 부분이다).
- 유형의 규칙: 아이디어를 구체화하면 의사소통이 용이해진다.

컴퓨팅 사고력(Computational Thinking)

21세기를 어떻게 가장 잘 준비할 것인가에 대한 논의에서는 점점 더 보편화되고 있는 기술의 역할에 초점을 맞추는 것이 일반적이며, 따라서 학생들이 컴퓨터 과학 기술을 배울 필요가 있다. 그러나 전문가들은 특정한 프로그래밍 언어나 패러다임보다는 컴퓨터 과학의 숙달과 관련된 사고 유형을 내면화하는 것이 가장 중요하다는 데 동의했다. 왕립학회(Royal Society)에 따르면, "컴퓨터 사고는 우리를 둘러싸고 있는 세계에서의 컴퓨터화(Computation) 측면을 인식하고, 자연과 인공 시스템과 과정에 대해 이해하고 판단하기 위해 컴퓨터 과학에서 나온 도구와 기술을 적용하는 과정이다." 최근 검토 논문에서 컴퓨팅 사고력의 중심에는 다음과 같은 요소가 정의되어 있었다.

- 추상화 및 패턴 일반화(모드 및 시뮬레이션 포함)
- 정보의 체계적 처리
- 기호 시스템 및 표현
- 제어 흐름의 알고리즘 개념
- 구조화된 문제 분해(모듈화)
- 반복적, 재귀적, 평행적 사고
- 조건부 논리

- 효율성 및 성능 제약
- 디버깅(Debugging) 및 체계적인 오류 감지

부록 2

Appendix 2

부록 2(Appendix 2)

① 인공지능이란 무엇인가?(What is AI?)

앞에서 인공지능을 교육 분야의 적용에 대한 충분한 논의의 근거가 될 만큼 간략히 소개한 바 있다. 부록 2에서는 그 소개를 바탕으로 관심 있는 독자들에게 더 많은 세부사항을 제공하려 한다.

어떠한 정의를 말하기 이전에, 시작점이라는 것을 염두에 두고 지금부터 다룰 내용에 대한 맥락을 제공하도록 한다. 옥스포드 영어사전에 따르면, 인공지능은 다음과 같다.

> 지능적인 행동을 보이거나 흉내 낼 수 있는 컴퓨터 혹은 다른 기계들의 능력.
> — 옥스포드 영어사전(The Oxford English Dictionary)[1]

이 정의는 인공이 컴퓨터나 다른 기계들을 지칭함을 확인시켜 주지만 여전히 지적 행동 혹은 실제 지성에 의한 것이란 무엇인지 의문을 제기한다. 사실, 지능이 무엇인지 또는 기계가 지능적일 수 있는지의 여부는 철학자 존 설(John Searle)[2]의 Chinese Room Argument

---

1 OED. (2018). "artificial intelligence, n." OED Online. http://www.oed.com/view/Entry/
271625
2 John R, Searle. (1980). "Minds, brains, and programs." Behavioral and Brain

를 보아 알 수 있듯 오랫동안 논란이 되어왔다. 많은 사람들이 현대 컴퓨팅과 인공지능의 아버지로 간주하는 앨런 튜링(Alan Turing)에 의하면 그가 말하는 모방 게임(imitation game, 그리고 현재 대부분 튜링 테스트로 알려져 있다)을 통과한 컴퓨터가 지능적이라고 느낄 수 있는데, 모방 게임에서 컴퓨터는 보이지 않게 숨겨져 있으며 일련의 대화 질문들에 답하면서 사람을 모방한다.

나는 약 50년 후에 평균적인 질문자가 5분간의 심문 후 정확한 신원을 밝힐 확률이 70%를 넘지 않을 정도로 모방 게임을 잘 할 수 있도록 컴퓨터를 프로그래밍할 수 있다고 믿는다.
— 앨런 튜링(Alan Turing)[3]

토론에 인간(질문자)을 소개하는 것 역시 인공지능과 인공지능을 비교하는 대안적 접근법이다.

인공지능은 사람들의 지능이 필요한 일을 기계로 하여금 수행하도록 만드는 과학이다.
— 마르비안 민스키(Marvin Ninsky)[4]

업데이트된 이 정보는 인공지능에 대한 다른 사전의 확대된 설명을 알려준다.

Sciences 3(3) 417-424.
3 A. M Turing. (1950). "Computing machinery and intelligence." Mind 59(236): 433-460.
4 Marvin Minsky (1968) quoted by Blay Whitby in (1996) Reflections on Artificial Intellige5nce. Intellect Books, 20.

[A] 인간이 할 때 지능이 요구되는 업무를 수행하는 컴퓨터 프로그램을 만드는 것과 관련된 학문. 인공지능에서 다루는 과제의 예로는 게임 놀이, 자동 추리, 기계 학습, 자연어 이해, 계획, 언어 이해, 정리 증명 등이 있다.

— 컴퓨터 과학의 사전(A Dictionary of Computer Science)[5]

곰곰이 생각해 보면, 인공지능에 대한 정의는 필연적으로 그 주제에 관한 책들의 수만큼이나 많을 것이다(그리고 상당수의, 대부분 기술적인 책들이 있다). 그러나, 인공지능 분야의 핵심 교과서[6]인 러셀(Russell)과 노빅(Norvig)의 교과서는 대부분의 인공지능에 대한 정의들은 생각(thinking)과 행동(behaving) 중에 어떤 것을 우선시 하는지에 따라 그리고 인간다움(human-like)과 합리적인(rational) 관점 중에 어떤 것을 우선시 하는지에 따라서 다음의 [표 1]에 나타난 것처럼 4가지 서로 다른 접근법의 행렬에 들어맞는다고 보았다.

1. AIED의 ITS에 나타나는 의사 결정 및 문제 해결과 같은 인간의 인지 능력을 자동화함으로써 인간처럼 생각하는(think like a human) 것을 목표로 하는 인공지능
2. AIED의 DBTS이나 자동 에세이 피드백에서 사용되는 것과 같은 등의 인간의 비반사적(non-reflective) 능력들을 자동화함으로써 인간처럼 행동하는(act like a human) 것을 목표로 하는 인공지능

5 "artificial intelligence." In (2016). A Dictionary of Computer Science. Butterfield, A. and Ngondi, B. E. Oxford University Press. http://www.oxfordreference.com/view/10.1093/acref/9780199688975.001.0001/acref-9780199688975-e-204.
6 Russell & Norvig, Artificial Intelligence.

3. AI 수업 조교에서 필요한 것처럼 계산 모형(Computational model)
에 의해 지각과 추론의 전산 모델로서 합리적으로 생각하는
(think rationally) 것을 목표로 하는 인공지능
4. AIED 시뮬레이션에서 사용되는 지능적인 에이전트들에 의해
합리적으로 행동하는(act rationally) 것에 목표로 하는 인공지능

[표 1] 인공지능을 위한 접근법

	인간다움(human-like)	합리적(rational)
사고	인간처럼 사고함. 의사결정, 문제해결과 같은 인간의 인지능력을 자동화시킴.	합리적으로 사고함. 지각과 추론의 전산 모델.
행동	인간처럼 행동함. 이미지와 음성 인식 등과 같은 비성찰(non-reflective) 능력을 자동화시킴.	합리적으로 행동함. 지능적인 행위를 할 수 있는 인공물인 지능형 에이전트(intelligent agents)를 설계함.

출처: CCR based on Russell and Norvig, Artificial Intelligence, p. 2.

인공지능에 인공이라는 단어를 사용했던 것과 컴퓨터 프로그램
은 결코 독립적 사고를 할 수 없다는 설(Searle)의 주장으로 돌아가
서, 아마도 우리는 인간이 아닌 무언가에 의해 보여지는 인공지능
이라는 표현을 멈춰야 하며, 따라서 해석상의 논란을 피해야 한다.
실제로, 이는 증강 지능(augmented intelligence)[7](지능 증강, intelligence aug-
mentation)[8] 또는 지능 증폭(intelligence amplification)[9]이라고 언급하는 현
대 컴퓨팅의 두 선구자, 더그 엔겔바트(Doug Engelbart)[10]와 빈트 세르

---

7 Pasquinelli, M.(2014). "Augmented intelligence, critical keywords for the digital
humanities." http://cdckeywords.leuphana.com/augmented_intelligence
8 https:// www.weforum.org/agenda/2017/01/forget-ai-real-revolution-ia
9 Asbby, W. R.(1956). An Introduction to Cybernetics. Chapman & Hall Ltd.
10 Engelbart, D. C. (1962). "Augmenting human intellect: A conceptual Framework."

프만(Vint Cerf)[11] 외 많은 필자들이 주장하고 있는 내용이다. 인공지능이라는 표현은 인간의 뇌를 지성의 원천으로 유지하고, 컴퓨터와 그 프로그램을 인간의 지적 능력을 향상하고 증강할 수 있는 정교한 도구(또는 복잡한 도구)로 자리매김함으로써 설(Searle)의 반대를 교묘히 회피한다. 이 접근법에서 컴퓨터는 거대한 양의 인간 데이터에서 패턴을 찾는 등의 인간이 더 어려워하는 일을 하기 위해 사용된다. 사실, 어떤 사람들은 그리스신화의 반인반마(half-human and half-AI)[12]와 같이 인공지능과 인간의 결합이 인간이나 인공지능 혼자보다 더 낫다고 주장해왔다.

그럼에도 불구하고 증강과 인공을 대조하는 논쟁은 불가피하게 진행될 것이며, 증강된 지능이 더 정확하거나 유용하더라도 최소한 대중적인 사용에서 인공지능이 승리할 것이다. 그렇기 때문에 대부분의 본문과 이후에서 우리는 궁극적으로 실용주의적인 접근법을 택하고 거의 전적으로 인공지능을 언급함으로써 독자가 인공지능의 A(Artificial)가 무엇을 의미하는지 스스로 결정할 여지를 남겨둘 것이다.

인공지능의 짧은 역사(A Short History of AI)

인공지능의 기반이 되는 행사(foundational event)는 1956[13]년 미국

Prepared for the Air Force Office of Scientific Research. Stanford Research Institute. http://www.dougengelbart.org/pubs/augment-3906.html

11 Cerf, V. G. "Augmented Intelligence." IEEE Internet Computing 17. http://doi.org/0.1109/MIC.2013.90

12 Case, N. (2018). "How to become a centaur." Journal of Design and Science https://doi.org/10.21428/61b2215c

13 Crevier, D. (1993). AI:The Tumulnous History of the Search for artificial Intelligence. Basic Books.

아이비리그 연구대학인 다머스 칼리지(Dartmouth College)에서 열린 워크숍으로 널리 알려졌다. 이는 최초의 인공지능 프로그램인 논리학자(Logic Theorist)가 발표되고 논의된 곳이다. 다트머스 워크숍에는 동료들에게 이 새로운 분야를 인공지능이라고 부르도록 설득한 공로를 인정받은 존 매카시(John McCarthy), 마빈 민스키(Marvin Minsky), 앨런 뉴웰(Allen Newell), 허너트 사이먼(Herbert Simon) 등이 참여했으며 이들은 모두 인공지능의 선두 연구자가 되었다.

다음 수십 년 동안 인공지능은 급속한 발전과, 신뢰와 자금이 거의 소멸되어 인공지능의 겨울이라고 알려진 시기들을 반복하며 오갔다. 초기 인공지능 연구는 특히 매사추세츠공대(Massachusetts Institute of Technology), 카네기멜론대(Carnegie Mellon University), 스탠퍼드대(Stanford University) 등 몇몇 연구소를 중심으로 이뤄졌지만 인공지능 연구의 범위는 빠르게 확대됐다. 여기서는 초기 인공지능 연구의 범위를 보여주기 위해 규칙 기반 시스템, 게임을 실행하는 컴퓨터, 컴퓨터 비전, 자연어 처리과정 등 4가지 분야를 간략하게 살펴보기로 한다.

규칙 기반 및 전문가 시스템
(Rule-Based and Expert Systems)

규칙 기반 추론 시스템은 사실 초기부터 주목받고 오래 지속된 인공지능의 성공 중 하나였다. 초기에 특별히 기억할만한 것은 엘리자(ELIZA)[14]에 구현된 규칙 기반 접근법이었는데, 이는 심리치료사를 가장하도록 프로그램되어 있었다. 엘리자는 오토튜터와 같은 DBTS

---

14 Weizenbaum, J. (1996). "ELIZA-a computer program for the study of natural language communication between man and machine." Communications of the ACM 9(1): 36-45.

의 선구자임이 자명하다. 컴퓨터 단말기에 입력된 엘리자와의 대화의 간단한 전형은 다음과 같다:

학생: "남자친구가 날 여기로 오게 만들었어."
엘리자: "네 남자친구가 널 여기로 오게 만들었구나."
학생: "내가 많은 시간 우울하다고 하더군."
엘리자: "우울하다니 안됐다."

엘리자는 즉각 반응하고 통찰력이 있으며, 따라서 지능적인 것처럼 보인다. 그러나 오직 "내 남자친구"가 "너의 남자친구"가 되었다거나, 선두 구절("그거 안됐네.")을 삽입하고, 나중에 마치 새로운 논리적 연계를 하는 것처럼 무작위로 선택된 문장으로 되돌아가는 것과 같은 규칙만을 사용하고 있었다. 엘리자는 심리적인 효과[15]가 없음에도 불구하고 상용화된 최초의 인공지능 도구 중 하나라는 점이 주목할만 하다.

규칙 기반 시스템은 시간이 흐르면서 복잡한 문제[16]를 풀고자 지식을 활용해 추론하는 컴퓨터 프로그램인 전문가 시스템으로 발전했고, 초창기의 예로는 일부 전염성 혈액 질환[17]을 진단하기 위해 고안된 마이신(MYCIN)이 있다. 마이신은 다른 전문가 시스템들처럼 연속적인 'IF … THEN … '과 다른 조건 규칙들을 사용했으며, 혈액검사나 세균 배양 결과로부터 진단을 추론하는 데에 기여한다. 단순화

---

15 Weizenbaum, J. (1976). Computer Power and Human Reason: From Judgment to Calculation. Freeman.
16 Feignebaum, E. F. (1992). "Experts systems: Principles and practice." In The Encyclopedia of Computer Science and Engineering.
17 Shortliffe, E. H, et al. (1975). "Computer-based consultations in clinical therapeutics: Explanation and rule acquisition capabilities of the MYCIN system." Computer and Biomedical Research 8(4): 303-320.

된 추출물은 논리적 추론의 과정을 보여준다.

~라면(IF)	박테리아 배양액이 양성이면
그리고(AND)	입구는 위장술이다.
그리고(AND)	복부는 감염의 근원이다.
또는(OR)	골반은 감염의 소굴이다.
그렇다면(THEN)	장내박테리아과

비록 전문가 시스템에는 일반적으로 수많은 IF THEN의 조건부 규칙이 포함되어 있지만, 보통 결과물로 이어지는 논리를 따라가는 것이 가능하다. 즉, 시스템의 규칙과 결정을 검사할 수 있다. 그러나 규칙들 사이의 상호작용이 빠르게 증가할 수 있기 때문에 전문가 시스템 또한 때때로 이해하고 디버깅(debugging)하는 데 어려움이 있을 수 있다. 그럼에도 불구하고 전문가 시스템은 상대적으로 개발 비용이 저렴하고 오류에 탄력적이며 상대적으로 유연할 수 있다. 새로운 조건을 고려해야 한다면, 대개 기존 구문과 타협하지 않고 새로운 규칙을 추가할 수 있다. 거의 그 사용이 특수 응용에만 제한되었지만 이러한 이유로 규칙 기반 시스템은 산업계에 의해 빠르게 채택되었다. 예를 들어 제너럴 일렉트릭은 전문 기관사가 은퇴를 앞두고 있다는 사실에 고무되어서 전기 기관차 수리 문제들의 80%를 진단할 수 있는 전문 시스템을 개발했다.[18]

사실, 특수 응용 분야를 위한 전문가 시스템을 개발하는 것은 지식 습득(knowledge acquisition)이라고 알려진 중요한 문제를 부각시킨다. 대개 대표되는 영역의 전문가가 아닌 전문가 시스템 설계자들은 어떻게 그들이 코딩하고자 하는 지식을 알아낼 수 있을까? 결국, 이

| 18 Crevier, AI, 198.

는 지식 도출(knowledge elicitation: 논리적으로 인스턴스화할 수 있는 방법으로 도메인 전문가로부터 지식을 추출하는 방법)과 지식 공학(knowledge engineering: 전문가 시스템의 조건부 규칙에서 도출된 지식을 인스턴스화하는 방법19) 모두의 발전으로 이어졌다. 이러한 다양한 방법들이 성숙되어 전문가 시스템이 제조, 농업, 엔지니어링, 세무 평가, 대출 자격 계산 등의 다양한 상황에서 사용되고 있으며, 최근 전문가 시스템은 추후 논의할 새로운 인공지능 기법을 사용해서 발전되어 왔다.

지금 다룰 초기 인공지능 연구의 다른 예들(게임하기, 컴퓨터 비전, 자연어 처리) 각각은 초반에 급속히 발전했다. 다른 한편으로는 각각 초기 인공지능 연구진과 자금 제공자들(funder)이 실제로 이루어진 것보다도 더 큰 발전을 기대했다는 점에서 '초기 인공지능 노력의 순진함(naivete)20'을 잘 보여주고 있다.

게임을 하는 컴퓨터(Computers Playing Games)

일부 초기 인공지능 연구자들은 체스, 주사위놀이, 체커와 같은 게임을 할 수 있는 시스템을 개발하는 데 관심이 있었다. 이러한 게임은 몇 가지 기본적인 요소만 포함하며 규칙에 얽매여 있지만 자명하지 않은(non-trivial) 해결책을 가지고 있기 때문에 다양한 접근법이 연구되었다. 한 가지 전술은 모든 가능한 움직임을 나타내는 트리구조(tree-like)의 문제 공간(problem space)을 검색해 성공에 이르는 최적의 경로를 알아내는 시행착오 검색 방법을 포함한다. 이는 어떠한 순간에 가능한 움직임의 수많은 경우의 수 때문에 체스에서는 항상

---

19 Cooke, N, J. (1994). "Varieties of knowledge elicitation techniques." International Journal of Human-Computer 801-849.
20 Crevier, AL, 89.

힘든 문제였다. 또 다른 접근방식은 평가 방법을 사용했는데, 평가 방법은 인간이 어떻게 플레이하는지를 더 밀접하게 복제했으며 이용 가능한 움직임의 적합도(goodness)를 평가하고 성공 가능성이 가장 높은 움직임을 선택하기 위한 기준을 정의하는 것을 포함한다. 또한 일부 시스템은 움직임의 선택을 가중시키기 위해 이전 게임의 많은 수의 결과에 따른 통계적인 기법을 도입했고, 다른 시스템들은 문제 영역 검색을 더욱 효율적으로 하기 위해 가지치기(pruning: 막다른 끝 제거) 또는 휴리스틱스(heuristics: 경험 규칙)를 사용하기도 했다. 비록 1997년이 되어서야 IBM의 체스를 두는 딥 블루(Deep Blue)가 세계 체스 챔피언 보리스 카스파로프(Boris Kasparov)를 물리칠 수 있었지만, 이러한 많은 시스템들은 결국 컴퓨터가 엄청난 양의 수치 데이터를 신속하게 계산할 수 있는 능력 덕분에 가능했다. 20년이 지나서야 구글의 딥마인드는 전혀 다른 인공지능을 이용해 세계 챔피언인 바둑 선수 이세돌을 꺾었다. 그럼에도 불구하고, 초기 게임 연구원들에 의해 개척된 많은 기술들이 오늘날 많이 사용되고 있다. 특히 스마트폰과 태블릿에서 수백만 명이 사용하는 다양한 게임 어플리케이션에서 그렇다.

컴퓨터 비전(Computer Vision)

컴퓨터가 실제 세계에서 물체를 인식할 수 있는 능력인 컴퓨터 비전을 개발하기 위해서는 문제를 획기적으로 단순화할 필요가 있다. 초기 연구자들은 이를 인식하고 무작위로 생긴 물체, 조직, 관점, 수백만 색깔, 움직임과 같은 인간이 보는 광경의 복잡성을 해석하기보다는 미시 세계를 차단하는 매우 단순한 모델로서 시작했다. 세계는 피라미드, 정육면체, 직사각형 등의 문구류와 같은 기하학적 물체로 이루어져 있었다. 비록 많은 노력들이 실패했지만 우선 코너, 가장자리, 그리고 사각형을 식별하기 위해 노력함으로써 다양한 초기 시도가 이루어졌다. 한 가지 중요한 문제는 시스템이 폐쇄(occulsion: 한 물체가 다른 물체를 부분적으로 숨기는 경우)를 이해하지 못한다는 점이었는데, 이 문제는 결국 시스템 내에 다양한 지식 규칙을 포함시킴으로써 해결되었다(예: 선은 두 개의 끝이 있고 아치에는 두 개의 비접촉 직립 블록이 세 번째 블록을 지탱하고 있다). 많은 중요 발전이 이루어졌지만, 컴퓨터 시력의 전반적인 발전은 느렸다.

자연어 처리(Natural Language Processing)

초기의 자연어 처리 연구 노력은 기계 번역(machine translation)에서 이루어졌다. 1950년대 초부터 미국 정부가 냉전시대 러시아 문서를 자동 번역하는 것을 목적으로 기계 번역(machine translation)에 자금을 지원했으나, 이 작업은 성공하지 못했다. "마음은 간절하나 몸이 따르지 못한다."가 "보드카는 좋지만 고기는 썩었다."로 바뀌는 악명 높은 재번역(영어-러시아어-영어로)은 기계번역이 해결할 수 없었던 어려움[21]을 보여준다. 결국 자금 지원은 곧 철회되었다. 슈드루(SHRDLU)[22]가 채택한 미시세계 봉쇄의 접근 방식은 굉장히 단순화한 방법이다. 그런데 이 슈드루의 미시세계 봉쇄는 컴퓨터 메모리 안에만 존재했지만, 소박한 야망이 존재했다. 슈드루를 사용하면 모의용 로봇 팔이 모든 언어 처리로 표현되는 명령으로 모의용 블록 객체와 상호 작용(줍기 및 이동하기)하도록 지시하는 시스템과의 간단한 대화를 할 수 있었

21 Russell and Norvig, Artificial Intelligence, 21.
22 Wunograd. T. (1980). "What does it mean to understand language?" Cognitive Science 4(3): 209-241.

다. 그러나 슈드루는 조건 규칙의 직접 코딩에 의존할 수밖에 없어 완전한 자연어 처리를 할 수는 없었다. 대부분의 언어들은 안정된 기초 구조를 가지고 있지만, 무수히 많은 표면적 차이와 여러 가지 모호성을 가지고 있다. 이와 같이 거의 한 언어 규칙이 인코딩되자 마자 예외적인 규칙이 확인되고, 따라서 겉으로 보기에 끝없는 주기로 또 다른 규칙이 필요하다.

인공지능의 첫번째 겨울(The First AI Winter)

이러한 모든 발전이 유망하긴 했지만, 그들은 모두 연구자들과 자금 지원자들의 희망과 기대에 부응하지 못했다. 초기 자금의 상당 부분은 미국 국방성 고등연구 계획국(DARPA)에서 인공지능 연구를 위해 아무 조건 없이 수백만 달러를 지원해 주었다. 하지만 영국과학 연구회(British Science Research Council[23])의 보고는 대부분의 인공지능 연구가 가까운 시일 내에 유용한 것을 생산할 가능성이 낮다고 제시했고, 기술의 부족으로 가까운 시일 내에 인공지능 연구가 유용히 적용될 것 같지 않다고 생각한 DARPA는 지원했던 지원금을 철회했다. 이에 따라 인공지능 연구는 주춤했으며, 인공지능 연구의 첫 번째 쇠퇴기로 이어질 수밖에 없었다.

인공지능 연구의 발단을 간략하게 살펴본 목적은 인공지능의 야망과 폭, 성공과 도전을 묘사해보기 위함이며 이는 인공지능의 교육적 응용에 함의를 가지고 있다. 지금부터는 가장 최근의 10년[24]을 살

---

23 Lighthill, J.(1973). "Lighthill report: Artificial intelligence: A paper symposium." Science Research Council. http://www.math.snu.ac.kr/~hichoi/infomath/Articles/ Lighthill Report.pdf

24 Readers wishing to learn more about the history of AI might enjoy Daniel Crevier's AI: The Tumultuous History of the Search for Artificial Intelligence, or the first chapter of Russell and Norvig's comprehensive Artificial Intelligence.

펴볼 것이다. 더 빠른 컴퓨터 프로세서의 등장, 대량의 빅 데이터 이용 가능성, 그리고 계산방법의 진보에 힘입어 인공지능은 르네상스 시대로 접어들었다.

2 오늘날의 인공지능(AI Today)

우리가 이 부록의 시작에서 언급했듯이 인공지능은 드러나지 않지만 중요하고, 어디에나 있고, 피할 수 없는 일상생활의 일부가 되었다. 인공지능이 우리 생활에 더 많이 통합될수록 역설적으로 우리는 그것을 인공지능으로 생각하는 경향이 적어진다는 것이다.

많은 첨단 인공지능이 일반 응용 분야에 적용되었는데, 인공지능이라고 불리지 않는 이유는 일단 충분히 유용하고 흔해지면 더 이상 인공지능으로 분류되지 않기 때문이다.[25]

대신 인공지능은 흔히 고급 컴퓨터 프로그램(전자 메일 스팸 필터링)[26], 개인 비서(코타나, Cortana)[27], 추천 시스템(넷플릭스, Netflix)[28] 또는 언어학습 앱(듀오링고, Duolingo)[29]으로 알려져 있다. 구글홈(Google Home)[30]과 아마존 에코(Amazon Echo)[31] 등 최근 음성인식 스마트 스피커들은 거실

---

25 http://edition.cnn.com/2006/TECH/science/07/24/ai.bostrom/index.html(Professor Nick Bostrom, director of the Future of Humanity Institute, University of Oxford).
26 E.g., https://www.mailwasher.net which uses Bayesian techniques to learn which emails are spam and whichh are not.
27 https://www.microsoft.com/en-us/cortana
28 https://help.netflix.com/en/node/9898
29 https://www.duolingo.com
30 https://store.google.com/gb/product/google_home
31 https://www.amazon.com/b/?ie=UTF8&node=9818047011

에서 인공지능을 더욱 많이 볼 수 있게 만들었다.

사실, 앞에서 언급한 세 가지 주요 발전들(빠른 컴퓨터 프로세서, 많은 양의 빅 데이터, 새로운 계산 방법들)에 의한 최근 인공지능의 많은 발전들은 획기적이고(groundbreaking) 또한 많은 면에서 혁신적(transformative)이다. 사실 새로운 인공지능 기술, 도구, 그리고 제품들이 항상 출시되면서 이 부록은 이미 시대에 뒤떨어져 있다.

머신러닝(지도학습, 비지도 학습, 강화학습 포함), 신경망(심층학습 포함), 진화 알고리즘 등 인공지능 기법은 모두 자율 주행차, 온라인 쇼핑, 오토 저널리즘, 온라인 데이트, 이미지 조작32, 주식 및 주식 거래, 법률 및 금융서비스 등 다양한 용도로 사용되어 왔다. 우리는 이러한 핵심 인공지능 기술에 대해 좀 더 자세히 살펴볼 것이다. 하지만 먼저 전체 맥락을 제공하기 위해, 우리는 최근의 인공지능 애플리케이션을 살펴볼 것이다.

얼굴 인식(Face Recognition)

자동 얼굴 인식은 꽤 최근 질적인 도약과 동시에 거의 보이지 않게 된 영역이다. 이 기술은 스마트폰 카메라에서 얼굴에 항상 초점을 맞추기 위해서 또한 전자여권 게이트에서 입국 전 여행자들을 인식하기 위해서 사용되는 바로 그 기술이다. 앞서, 우리는 컴퓨터 시력의 시작과, 미시세계 차단에 집중함으로써 문제를 단순화할 필요성에 대해 설명했다. 그 작업 이후 느린 진보가 있었지만, 적어도 2012년에 구글이 전혀 다른 컴퓨터 접근법을 적용하기 전까지는 여전히 거의 인간 수준의 컴퓨터 비전에 도달할 수 없었다. 구글 연

---

32 http://www.bbc.co.uk/news/av/technology-45361794/how-artificial-intelligence-can-edit-your-pictures

구원들은 컴퓨터 비전을 프로그래밍하려고 하기 보다는 유튜브[33]에서 무작위로 선택된 비디오 미리보기 1천 만 개가 포함된 1만 6천 개의 컴퓨터 프로세서로 이루어진 뇌에서 영감을 받은 인공지능 신경망을 제시했다. 이 머신러닝 시스템은 딥러닝 기법을 사용했고, 이는 특별히 어떤 것을 인식하는 방법을 알려주지 않았음에도 불구하고 곧 사진에서 인간의 얼굴을 감지하는 방법을 배웠다. 2년 후 페이스북은 타임라인 사진[34]에서 얼굴을 검출만 하는 것이 아니라 식별하기 위해 1억 2천 만 개 이상의 파라미터를 포함하는 9단 심층 인공지능 신경망을 도입했다. 이전에 인간(몇 년 동안 업로드된 사진에서 친구에 대해 행복하게 레이블을 붙인 페이스북 사용자)이 400만 장의 얼굴 이미지를 데이터 세트로 훈련한 결과, 97%를 넘는 정확도를 달성할 수 있었는데, 이는 인간 수준의 성과와 거의 일치한다. 이러한 예들은 또한 인공지능과 인간의 지능 사이의 주요한 차이점을 강조한다. 사람은 가족, 친구 또는 유명인을 쉽게 알아보기 위해 천만, 심지어 4백만 개의 얼굴을 볼 필요가 없다. 계속적인 발전으로 인해 항상 그렇지는 않을지라도 얼굴인식에 있어서 인간은 여전히 인공지능과 비교해 현재 압도적인 성과를 내고 있다.

자율주행차(Autonomous Vehicles)

최근 몇 년간 인공지능 성과가 많이 발생한 또 다른 분야는 자율주행차이다. 자동차, 트럭, 택시가 사람의 개입 없이 운전할 수 있도

---

33 http://www.nytimes.com/2012/06/26/technology/in-a-big-network-of-computers-evidence-of-machine-learning.html?_r=1
34 Facebook introduced a nine-layer deep AI neural network, involving more than 120 million parameters, to identify (not just detect) faces in timeline photographs. It was trained on a dataset of four million images.

록 신경망이 이용되고 있다. 개발자들이 공언한 목표는 우리 도로의 교통사고, 부상자, 사망자 수를 획기적으로 줄이고 교통 체증을 해소하는 것이다. 자율 차량은 카메라, 센서, 통신 시스템의 복잡한 장치와 거대한 컴퓨터 연산능력에 의존해 훌륭한 인간 운전사처럼 보고, 듣고, 느끼고, 생각하고, 결정할 수 있다. 차량이 주행할 때 센서가 도로의 가장자리 및 표지판, 도로 표지판 및 신호등, 자전거 등 기타 차량, 기타 잠재적 장애물, 보행자(보지도 않고 도로를 건너는 사람 포함)를 감지한다. 동시에 신경망으로 움직이는 지능형 에이전트가 자동차의 조향, 가속, 제동을 제어한다. 사실 모든 필요성에도 불구하고 자율주행차의 성공은 빠른 시일 내로 가능하지는 않을 것 같지만 여전히 인간에게 달려 있다. 수천 명의 사람들, 즉 자동차들이 구역을 주행하면서 포착한 수천 시간의 비디오 장면으로부터 개별 프레임에 수동으로 레이블을 붙이는 것이 그들의 업무인 커튼[35] 뒤에 숨겨진 마법사들이 필요하다. 다시 말해 자율주행차는 인공지능 연구의 한 분야로서 아직, 아마도 당분간은 인간에게 의존할 것이다.

오토 저널리즘(Auto-Journalism)

인공지능을 사용하고 있다는 것이 잘 알려지지 않은 분야는 저널리즘이다. 전 세계의 뉴스 기관들은 그들의 뉴스 수집과 보도를 지원하기 위해 인공지능 기술을 개발하고 있다. 예를 들어 인공지능 에이전트들은 글로벌 뉴스매체를 지속적으로 감시하고 의미 분석을 통해 기자들이 이야기[36]를 쓰기 위해 이용할 주요 정보를 자동으로

---

35 https://www.ft.com/content/36933cfc-620c-11e7-91a7-502f7ee26895 and https://www.bbc.co.uk/news/technology-46055595
36 E.g., http://bbcnewslabs.co.uk/projects/juicer

추출한다. 한 단계 더 나아가 자동으로 직접 이야기를 쓰는[37] 인공지능 기술까지 있다. 그들은 편집된 정보를 가져다가 템플릿에 맞추고, 여러 플랫폼에 걸쳐 게재할 수 있는 이야기를 만들어낸다. 산출물은 정형적일지 모르지만, 이 접근법은 독자들을 인간 기자들[38]의 심층적인 글쓰기로 이끌 수 있는 정확한 예시이며 기사를 쓰기에는 매우 성공적이었다. 저널리즘에서 인공지능을 사용하는 다른 방법으로는 감정 분석을 사용해 공격적이거나 부적절한 게시물을 자동으로 탐지함[39]으로써 토론 논평을 완화하고 인공지능이 자동으로 특정 데이터를 표시하는 최상의 방법을 결정하는 데이터 시각화,[40] 사용자 질문[41]에 응답하도록 설계된 챗봇(chatbots), 가짜뉴스 탐지 등이 있다. 그러나 인공지능은 이뿐만 아니라, 가짜뉴스[42](실제 기사를 쓸 수 있다면, 가짜뉴스[43]를 만들 수 있다)와 가짜미디어[딥페이크(Deepfakes)라고 알려진 인공지능 기술을 이용하면 포르노 비디오[44]의 배우들에게 극히 현실적으로 연예인들의 얼굴을 중첩할 수 있다]를 만드는 데도 이용되고 있다. 오보를 퍼뜨리는 데 혈안이 되어 있는 개인이나 국가 행위자들에 의한 잠재적인 악용에 대해서도 생각해보라. 딥페이크는 정치인의 얼굴과 입에 단어와 표현을 넣어 선거[45]에 영향을 줄 수 있다.

---

37 E.g., https://narrativescience.com/Products/Our-Products/Quill
38 E.g., https://www.washingtonpost.com/pr/wp/2016/08/05/the-washington-post-experiments-with-automated-storytelling-to-help-power-2016-rio-olympics-coverage/?utm_term=.e22fladbf5d
39 E.g., https://www.perspectiveapi.com
40 E.g., https://www.graphiq.com
41 E.g., https://www.theguardian.com/help/insideguardian/2016/nov/07/introducing-the-guardian-chatbot
42 e.g., https://adverifai.com
43 e.g., https://www.technologyreview.com/s/610635/fake-news-20-personalized-optimized-and-even-harder-to-stop
44 https://www.unilad.co.uk/featured/the-real-reason-pronhub-has-banned-deepfakes
45 https://www.ft.com/content/8e63b372-8f19-11e8-b639-7680cedcc421

인공지능이 이 부록에서 모두 다룰 수 없을 만큼 많은 상황에 적용되고 있는 가운데 법률 서비스, 일기 예보, 의료 진단의 세 가지 간단한 예로서 마무리 하려 한다.

인공지능 법률 서비스(AI Legal Services)

인공지능 이디스커버리(e-Discovery) 도구들은 변호사들이 민, 형사 소송에서 잠재적인 증거로 검토해야 하는 방대한 양의 문서를 처리하는 데 도움이 되는데, 이는 지루하고 시간이 많이 소요되는 작업46일 수 있다. 한 가지 접근방식은 전문가가 검토하고 분류한 문서에 대한 머신러닝 분석을 포함한다. 그 결과 인공지능은 심층적인 검토를 위해 나머지 문서 중 어떤 것이 우선되어야 하는지를 확인할 수 있다. 인공지능 도구는 이와 유사하게 판례 및 법령을 연구하고, 인수합병에서 법적 실사를 수행하고, 계약서 작성 뿐만 아니라 계약 검토를 실시하기 위해 개발되었다.

인공지능 기상 예보(AI Weather Forecasting)

일기예보에서 머신러닝은 전통적인 시뮬레이션 기반의 일기예보47보다 날씨를 예측하는 데에 더 정확한 것으로 나타났다. 기상학자들은 일기예보를 위해 복잡한 지식 기반 시뮬레이션에 입력하는 기상 데이터를 오랫동안 추적해 왔다. 그러나 인공지능은 방대한 양

---

46 https://talkingtech.cliffordchance.com/en/emerging-technologies/artificial-intelligence/ai-and-the-future-for-legal-services.html
47 McGovern, A., et al. (2017). "Using artificial intelligence to improve real-time decision-making for high-impact weather." Bulletin of the American Meteorological Society 98. https://doi.org/10.1175/BAMS-D-16-0123.1

의 역사적, 즉각적인 기상 데이터, 1천 개 이상의 기상 위성과 25만 개의 기상 관측소에서 나온 수십 억 개의 데이터 기록을 추적하고 있으며, 한 회사는 매일[48] 100테라바이트 이상의 데이터를 사용하고 있다고 주장하고 있다. 이러한 AI 기상 예보 시스템은 시뮬레이션에 투입되는 것이 아니라 미래 기상 상태[49]에 대한 데이터 기반 예측을 위해 데이터 패턴을 식별하고자 신경망과 딥러닝을 사용한다.

인공지능 의료 진단(AI Medical Diagnosis)

마지막의 간단한 예시는 의료 진단에 인공지능을 사용하는 것이다. 예를 들어, 방사선 전문의들은 의료 영상의 이상 징후를 더욱 신속하게 식별하는 동시에 실수[50]를 줄이기 위해 인공지능 기법을 사용하고 있다. 한 시스템은 X선 영상의 변칙(irregularities)을 찾아내고 그것이 무엇을 발견하느냐에 따라 우선순위로 배정한다. 폐의 이미지에서 결절을 발견하면 우선순위가 높은 수준으로 배정하고 폐 방사선 전문의에게 보내 추가 검사를 받는다. 또 다른 시스템은 망막 스캔을 통해 당뇨병성 안과 질환을 검출하는 것으로 인간 안과의사[51]보다 약간 더 정확한 것으로 나타났다. 최근 또 다른 혁신은 온라인 인공지능 기반의 일반 의학 진단[52]으로, 개인이 자신의 증상에 대한 설명을 입력하고 전문가 시스템과 유사한 질문에 대답하는 것을 기반으로 인공지능이 진단을 내릴 수 있도록 하는 것이다. 하지

48 http://www.theweathercompany.com/DeepThunder
49 https://www.techemergence.com/ai-for-weather-forecasting
50 Hosny, A., et al. (2018). "Artificial intelligence in radiology." Nature Review Cancer 18. https://doi.org/10.1038/s41568-018-0016-5
51 https://ai.googleblog.com/2016/11/deep-learning-for-detection-of-diabetic.html, and https://www.google.co.uk/about/stories/seeingpotential
52 https://www.babylonhealth.com

만 이러한 유형의 진단이 실제 의사의 진단만큼 정확한지는 시간이
지나야 알 수 있을 뿐 아직 확실하지 않다.

③ 인공지능 기술들(AI Techniques)

맞서 설명한 인공지능 앱이 무엇을 하고 있는지에 관해 이해하
는 것은 비교적 간단하다. 하지만 인공지능 앱이 어떻게 활동하고
있는지에 대한 이해는 고도의 기술적 지식을 필요로 할 수 있다. 이
는 한 인공지능 앱이 몇 가지 다른 인공지능 기술을 채택할 수 있다
는 사실 때문에 더욱 그러하다. 이러한 이유로 인공지능 관련자들이
수학이나 물리학에서 고급 학위를 갖고 있는 것으로 나타났다. 인공
지능은 서비스로서 점점 더 많이 제공되고 있다. 예를 들어 아마존
AWS[53]의 머신러닝, 구글의 텐서플로우(Tensorflow),[54] IBM의 왓슨
(Watson),[55] 마이크로소프트의 애저(Azure)[56] 등이 있다. 몇몇 인공지능
기술들은 이미 반복적으로 언급되었고 AIED에서 중요한 역할을 하
기 때문에, 몇 가지 핵심적이고 밀접하게 연계된 인공지능 기술과
용어들을 소개[57]할 것이다.

인공지능 핵심 기술과 용어에 대한 논의로 넘어가기 전에 인공
지능이 화두가 될 때마다 자주 제기되는 두 가지 문제, 이른바 인공
지능과 특이점을 먼저 다루겠다.

53 https://aws.amazon.com/machine-learning
54 https://www.tensorflow.org
55 https://www.ibm.com/watson
56 https://azure.microsoft.com
57 Readers wishing to learn more about AI techniques might be interested in Russell and
Norvig, Artificial Intelligence, and Domingos, P. (2017). The Master Algorithm: How
the Quest for the Ultimate Learning Machine Will Remake Our World. Penguin.

보편적인 인공지능과 특이점
(Artificial General Intelligence and the Singularity)

지금까지 언급된 인공지능 활용 사례는 모두 특정영역에 한정되거나 좁다. 즉, 인공지능이 운영하는 영역은 엄격히 제한되고 한정되어 있으며, 인공지능은 정교함에도 불구하고 다른 어떤 영역에도 직접적으로 적용될 수 없다. 예를 들어 바둑에서 이기기 위해 사용되는 인공지능은 체스 게임을 할 수 없고, 날씨를 예측하기 위해 사용되는 인공지능은 주식 시장의 움직임을 예측할 수 없으며, 자동차를 운전하는 데 사용되는 인공지능은 종양을 진단할 수 없다. 이러한 인공지능의 적용은 모두 인간의 지능처럼 어떤 상황에서도 사용할 수 있는 이른바 보편적인 인공지능과 대조적으로 좁은 인공지능이라고 할 수 있는 사례들이다. 보편적인 인공지능은 "합리적인 수준의 자기 이해와 자율적 자제력을 가지고 있으며, 다양한 맥락에서 다양한 복잡한 문제를 해결할 수 있는 능력을 갖추고, 창조[58] 당시 몰랐던 새로운 문제를 해결하는 법을 배우는 인공지능 시스템"으로 정의되어 왔다. 그러나 일부 주목할 만한 예외[59]를 제외하고는 보편적인 인공지능이 인공지능 연구의 초점이 되는 경우는 거의 없으며, 일부 언론의 제안과는 달리 아직 존재하지 않는다. 사실, 인공지능이 가져온 복잡성과 도전은 과소평가되어서는 안 된다. 그래서 보편적인 인공지능은 아직 몇 년 동안 어떤 의미에서도 존재할 것 같지 않다.

특이점(singularity)은 보통 인공지능이 인간보다 더 지능적이 될

---

58 Goertzel, B. & Pennachin, C. (eds.) (2007). Artificial General Intelligence, Cognitive Technologies. Springer.
59 E.g., https://opeicog.org

것으로 예측되는 미래의 특정 시점으로 이해되어 왔다. 흥미롭게도, 이 특이점이라는 단어는 수학에서 따온 것인데, 방정식이 이치에 맞지 않기 때문에 더는 정확히 설명할 수 없는 속성을 가리킨다. 이미 스스로[60] 재설계하고 개선할 수 있는 알고리즘이 개발되고 있다. 이는 아무도 상상하지 못했던 수준의 인공지능, 즉 인공지능 초지능에 도달할 때까지 지금까지[61] 본 어떤 기술 혁명보다도 빠른 속도로 급속히 증가하는 인공지능 지능의 소용돌이로 이어질 것이라는 주장이 제기된다. 이것이 특이점, "인간시대[62]의 종말"이 될 것이다. 그러나 다행스럽게도 인류의 종말과 반드시 같은 것은 아니다.

어떤 사람들은 놀랄 것도 없이 초지능형 인공지능이 세계의 문제를 해결하는 데 도움이 될 첨단 기술을 혁신할 것이라고 믿으며 환영하는 반면 다른 사람들은 그것이 우리의 인간의 목표와 가치를 공유하지 않을 것이며 불가피하게 우리의 통제에서 벗어나서 우리에게 대항[63]할 수도 있다고 걱정한다. 다시 말해, 몇몇에게는 보편적인 인공지능이 한번 열리면 절대로 닫히지 않으며 미지의 잠재적으로 재앙적인 결과를 초래할 수 있는 판도라의 상자이다. 그럼에도 불구하고 인공지능이 여전히 목표로서 남아 있고, 최근 인공지능이 더욱 보편적으로 급속도로 발전했음에도 불구하고 특이점 또한 수

60 Kurzweil, R. (2006). The Singularity Is Near: When Humans Transcend Biology. Duckworth.
61 Vinge, V. (1993). "Vernor Ninge on the singularity." Presented at VISION-21 Symposium Sponsored by NSA Lewis Research Center and the Aerospace Institute."
62 Bostrom, N. (2016). Superintelligence: Paths, Dangers, Strategies. Oxford University Press.
63 E.g., Hawking. S., et al. (2014). "Transcendence looks at the implications of artificial intelligence-but are we taking AI serious enough?" The Independent. http:// www. independent.co.uk/news/science/stephen2-hawking-transcendence-looks-at-the-implications-of-artificial-intelligence-but-are-we-taking-ai-seriously-enough-9313474.html

년 동안 일어날 것 같지 않다. 인공지능의 선도적인 옹호자들에게도 그 특이점은 그들이 글을 쓰는 시점[64]으로부터 보통 30년 이상이나 그 이상의 미래의 시점에 도달할 것 같다.

4 인공지능 기술 및 용어
(AI Techniques and Terminology)

알고리즘(Algorithms)

계산 또는 기타 문제 해결 작업, 특히 컴퓨터가 준수해야 하는 프로세스 또는 규칙 집합.

— 옥스퍼드 영어사전[65]

본문에서 간단히 언급했듯이, 알고리즘은 인공지능의 핵심이며 인공지능의 역사는 점점 정교해지고 효율적이 되는 또는 우아한 알고리즘 개발의 역사라고 생각할 수 있다. 이미 언급했던 것처럼 아마도 최근의 가장 유명한 알고리즘은 그들이 스탠퍼드 대학 학생일 때 구글의 설립자들이[웹페이지라기보다는 래리 페이지(Larry Page)라고 이름 지은] 1996년에 개발한 페이지랭크(PageRank)일 것이다. 이것은 구글 검색에서 웹사이트가 나타나는 위치를 결정하기 위해 웹사이트 페이지에 대한 외부 링크 수를 세는 것으로 웹사이트의 상대적 중요도를 순위로 매긴다.

---

64 Müller, V. C. & Bostrom, N. (2016). "Future progress in artificial intelligence: A survey of expert opinion." In Fundamental Issues of Artificial Intelligence, Springer, 553-570. http://link.springer.com/chapter/10.1007/978-3-319-26485-1_33
65 https://em.oxforddictionaries.com/definition/algorithm

사실 모든 컴퓨터 프로그램은 알고리즘이다. 그것들은 컴퓨터가 숫자 계산, 문법 검사, 이미지 처리 또는 자연에서66 패턴을 설명하는 문제를 해결하기 위해 따르는, 수학적 명령어 집합을 나타내는 수백 또는 수천 열의 코드들로 구성되어 있다. 인공지능 알고리즘을 다른 컴퓨터 프로그램과 구별되게 하는 것은 시각적 인식, 음성 인식, 의사 결정 및 학습과 같이 기본적으로 인간으로 생각할 수 있는 영역에 적용된다는 점이다.

다음 그림에서는 인공지능 분류기 알고리즘(완전한 알고리즘은 수천 열까지 실행될 수 있음)에서 간략한 추출물을 보여주는데, 그 자체로는 KNeighborsClassifier라고 하는 두 번째 알고리즘을 호출한다.

[그림 1] k-nearest neighbor 알고리즘의 예시

```
>>> # Split iris data in train and test data
>>> # A random permutation, to split the data randomly
>>> np.random.seed(0)
>>> indices = np.random.permutation(len(iris_X))
>>> iris_X_train = iris_X[indices[:-10]]
>>> iris_y_train = iris_y[indices[:-10]]
>>> iris_X_test  = iris_X[indices[-10:]]
>>> iris_y_test  = iris_y[indices[-10:]]
>>> # Create and fit a nearest-neighbor classifier
>>> from sklearn.neighbors import KNeighborsClassifier
>>> knn = KNeighborsClassifier()
>>> knn.fit(iris_X_train, iris_y_train)
KNeighborsClassifier(algorithm='auto', leaf_size=30, metric='minkowski',
      metric_params=None, n_jobs=1, n_neighbors=5, p=2,
      weights='uniform')
>>> knn.predict(iris_X_test)
array([1, 2, 1, 0, 0, 0, 2, 1, 2, 0])
>>> iris_y_test
array([1, 1, 1, 0, 0, 0, 2, 1, 2, 0])
```

---

66 Turing, A. (1952). "The chemical basis of morphogenesis." Philosophical Transactions of the Royal Society 237(641): 37-72.

베이즈 네트워크(Baysian Networks)

베이즈 네트워크는 인공지능 애플리케이션에 사용되는 그래픽 모델의 한 유형이다. 그것들은 세계의 특정 측면이 연관되고 의존하는 확률을 나타내며 예측이나 진단과 같은 계산적 작업을 가능하게 한다. 베이즈 네트워크 그래프(Bayes net)는 노드(nodes)를 연결하는 다양한 선[엣지(edge)로 알려짐]으로 구성되는데, 다음 그림에서와 같이 노드는 변수를 나타내며 엣지는 그러한 변수들간의 상호의존성을 나타낸다. 일반적인 베이즈 네트워크 그래프에서, 한 노드에서 다른 노드로의 엣지는 첫 번째 노드가 특정한 의존성 확률을 가지고 두 번째 노드를 발생시킨다는 것을 암시한다.

아주 간단한 예를 들자면, 인공지능 시스템은 그날의 날씨와 온도에 따라 고객이 살 수 있는 아이스크림의 맛을 예측하고 확률을

[그림 2] 날씨에 따른 아이스크림 선택의 베이즈 네트워크 예시

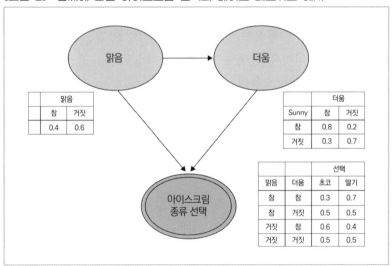

계산하도록 요구될 수 있다. 노드는 베이즈 네트워크 그래프 방식을 사용해 화창한지 더운지의 여부, 이전 고객들이 만든 아이스크림 맛의 선택 등 모두 알려진 데이터로 구성되며, 오늘 어떤 아이스크림 맛을 선택할지의 불확실한 결과를 나타낸다. 베이즈 추론 및 계산은 다양한 결과의 확률을 도출하기 위해 훈련 데이터에서 도출된 각 노드에서 나온 확률로 시작된다.

베이즈 예측과 관련된 계산의 유형은 아이스크림 예측에 있어서 다음과 같다.

$$(S = T) = \frac{P(S = T, \ C = T)}{(S = T)}$$

위의 식은 다음과 같이 읽힌다. 날씨가 화창한 날 초콜릿 아이스크림을 살 확률은 날씨가 화창하고 동시에 초콜릿 아이스크림을 살 확률을 날씨가 화창할 확률로 나눈 것과 같다. 인공지능 엔지니어들이 이 방정식이 어떻게 작용하는지를 정확히 이해하는 것은 중요하다. 그래서 그들은 특정한 상황에서 가장 적절한 접근방식을 결정할 수 있겠지만, 이것은 앞에서 언급한 서비스로서의 인공지능(AI as a service)가 제공하는 계산의 유형이다.

실제로 일반적인 인공지능 베이즈 네트워크는 복잡한 상호의존성(엣지)을 가진 수십 혹은 수백 개의 변수(또는 노드)로 구성될 수 있으며, 방정식과 이들의 해결책은 점점 복잡해질 수 있다. 그러나 베이즈식 연산 접근법은 실용적으로 이용하는 예측에 대한 정보를 제공하기 위해 불확실한 환경에서 정확한 확률을 추론할 수 있게 하며, 앞선 예시처럼 아이스크림 판매자가 각 아이스크림 맛을 얼마나 만들지 결정하도록 돕는다. 사실 베이즈 네트워크 접근방식은 많은 전문가 시스템에서 흔하며, 집값 모델링, 석유화학 탐사, 종양 분류, 피해자 식별 등 다양한 용도로 사용되어 왔다. 그 목록은 끝이 없다.

자연어 처리에 대한 통계적 접근법
(Statistical Approaches to Natural Language Processing)

자연어 처리(NLP)의 궁극적인 목표는 인간과 마찬가지로 문어와 구어를 이해하고 생성하는 것이며, 시리(Siri), 코르타나(Cortana), 에코(Echo)와 같은 챗봇(Chatbots)은 이러한 목표를 점점 더 가능한 것처럼 보이게 하고 있다. 우리가 지적한 바와 같이 초기의 언어 기반 NLP 시도는 자연 언어의 큰 변동성 때문에 성공하지 못했는데, 이로써 조건 규칙에서 효과적으로 인코딩하는 것이 불가능하다는 것이 증명되었다. 1980년대부터 NLP 연구원들은 통계적 모델을 사용해 대안적 접근방식을 채택하기 시작했다. NLP 통계 모델은 베이즈 네트워크와 마찬가지로 빠르게 복잡해진다. 여기서는 NLP에서 채택한 여러 가지 접근방식의 몇 가지 예만 소개할 것이다.

통계적 NLP는 예를 들어 브리태니커 백과사전, 뉴욕 타임즈, 의회 기록 등의 텍스트의 큰 말뭉치로부터 언어적 구성요소의 속성을 추론하는 것으로 시작한다. 이에 5가지 기본적인 형태의 언어적 요소들 즉 음운론, 형태학, 통사론, 의미론, 실용론을 각각 다룰 필요가 있다. 하나의 NLP 통계 기법은 밀도 추정(density estimation)이라고 알려져 있다. 문장이 올바르게 인식될 가능성은 텍스트 말뭉치와 그 문장의 문맥상에서 그 문장이 나타날 빈도에 기초해 평가된다. 예를 들어, "완두콩에게 기회를 주어라.(give peas a chance.)"는 비슷한 소리를 내는 "평화의 기회를 주어라.(give peace a chance.)"보다 말뭉치에서 일어날 가능성이 적기 때문에, 맥락이 국제 정치라고 가정한다면 "평화"가 정확한 해석이 될 가능성이 더 높다. 반면에, 맥락이 어린이의 저녁 식사 시간이라면 반대가 된다.

많은 문장(특히 긴 문장)이 실제로 텍스트의 말뭉치에 나타나지 않는다. 이 경우 결과는 두 번째 통계적 모델을 사용해 정제될 수 있다. 예를 들어, 그 문장에서 각 단어의 확률을 계산해 문장에 확률을 할당하는 것과 같다. 그 과정은 다음과 같다. 말뭉치에 나타나는 "평화의 기회를 준다.(give peace a chance.)"의 횟수를 세고, 말뭉치에 나타나는 "평화를 준다.(give peace a.)"의 횟수를 세고, 이 두 숫자를 나누어서 "기회(chance)"의 확률을 계산하고, 문장의 모든 단어에 대해 반복하고, 마지막으로 각 단어의 확률을 곱해서 완전한 문장의 확률을 얻는다. 다른 NLP 통계 접근법은 단어를 접두어, 접미사 및 뿌리(un + friend + ly)로 나누고, 말의 일부(명사, 동사, 형용사)를 식별하며, 다른 단어 옆에 나타나는 빈도를 기준으로 각 단어에 대한 프로파일을 만드는 방식이다. 예를 들어 "행복한 아이(happy child)"가 "삼각형 어린이(triangular child)"보다 더 그럴 듯 하고, 의미론적으로 유사한 명사를 식별하는 것이 포함된다. 예를 들어, "남자(boy)"는 "자동차(car)"보다 "여자(woman)"와 더 비슷하다.

NLP는 이러한 통계적 기법을 사용해 텍스트 요약, 정보 검색, 질문 응답, 기계 번역과 같은 다양한 응용 분야를 위해 설계되었으며 동적인 인간과 컴퓨터 간의 대화(dynamic human-to-computer conversation)를 궁극적인 목표로 하고 있다. 이에 대해서는 이미 시리, 구글 홈, 코르타나, 에코 등과 같은 디지털 동반자 챗봇을 언급했다. 기계 번역의 선도적인 예는 구글 번역으로 100개 이상 언어 간 담화와 텍스트, 또는 텍스트를 찍은 사진들을 즉시 번역하는 능력이 있다. 또한 구글의 접근 방식에 대해 특별히 흥미로운 점은 사용하면 할수록 더 나아진다[67]는 특징으로 시간이 지나면서 계속 향상된다는 것이다. 다시 말해 통계 NPL는 다음에서 다룰 머신러닝의 또한 한 예이다.

머신러닝(Machine Learning)

경험으로부터 배우기 위해 컴퓨터를 프로그래밍하는 것은 결국 많은 … 세밀한 프로그래밍 노력이 필요 없게 만들 것이다.
— A. L. 사무엘(A. L. Samuel)[68]

앞에서 살펴본 것처럼 규칙 기반 전문가 시스템을 도입할 때 많은 표준 컴퓨터 프로그래밍을 하는 것과 유사하게 인공지능은 컴퓨터가 과제를 완료하기 위해 채택할 단계, 즉 정확히 준수할 규칙을 미리 작성하는 것을 포함한다. 반면 머신러닝은 모든 단계를 미리 제공받지 않고 컴퓨터가 작동하도록 하는 것이다. 알고리즘은 정확히 무엇을 해야 하는지를 프로그래밍 되는 대신 무엇을 해야 하는지를 배울 수 있는 능력을 가지고 있다. 이것은 머신러닝이 많은 양의 프로그래밍을 필요로 하지 않는다는 것을 시사하는 것은 아니다. 왜냐하면 머신러닝은 실제로 많은 양의 프로그래밍을 필요로 하기 때문이다. 머신러닝은 직접적인 산출물을 유도하는 직접적인 명령 대신에 새로운 결과를 예측하기 위한 많은 양의 데이터 입력이 필요하다.
머신러닝 알고리즘은 데이터를 분석해 패턴을 식별하고 모델을

---

67 While most translation approaches require corpora of already translated matching texts, Facebook AI researchers have been exploring a method that only requires un-matched texts (o.c., different texts) in the two languages. https://www.forbes.com/sites/samshead/2018/08/31/facebook-develops-new-ai-technique-for-language-translation/-7b435f802f71

68 Samuel, A. L. (1959). "Some Studies in Machine Learning Using the Game of Checkers." IBM Journal of Research and Development 3(3): 210-229.

구축하며, 향후 값을 예측하는 데 사용된다. 사람들의 사진에서 패턴을 확인함으로써 다른 사진에 누가 나타나는지 예측하고, 의학적인 증상의 패턴을 확인한다. 그리고 이를 통해 특정한 진단을 예측하고, ITS에서 학생의 상호작용 패턴을 식별함으로써 가장 성공하기 쉬운 학습 경로를 예측한다. 즉, 머신러닝은 데이터를 분석하고, 모델을 구축하며, 지속적으로 반복되는 행동을 수행하는 3단계 과정으로 간주될 수 있다. 행위의 결과는 새로운 데이터를 생성하며, 이는 다시 모형을 수정하고, 다시 새로운 행동을 유발한다. 기계가 배우고 있다는 것은 이런 의미다.

지금까지 살펴본 자연어 처리, 자율주행차, 디지털 동반자뿐만 아니라 세계 바둑 1위를 꺾은 구글 딥마인드 알파고 프로그램 등[69]을 포함한 많은 애플리케이션은 모두 머신러닝 덕분에 가능해졌다. 오늘날 머신러닝은 매우 널리 퍼져있기 때문에 일부 해설자들은 머신러닝을 인공지능이라고 말하기도 하지만, 사실 머신러닝은 인공지능의 하위 영역임이 더 적절하다. 그러나 분명한 사실은 지난 10년간 인공지능의 부흥과 기하급수적인 성장이 더 빠른 컴퓨터 프로세서에 기초한 많은 양의 빅데이터의 가용성, 새로운 컴퓨터 접근법과 같은[70] 머신러닝의 중대한 진보로 인해 실현되었다는 점이다.

이를 염두에 두고, 이제 우리는 본문에서 소개했던 지도 학습(supervised learning), 비지도 학습(unsupervised learning), 강화 학습(reinforcement learning)의 세 가지 중요한 범주를 상세하게 검토해 보도록 하겠다.

---

69 https://www.theguardian.com/technology/2016/mar/15/googles-alphago-seals-4-1-victory-over-grandmaster-lee-sedol
70 Interestingly, the orgins of machine learning can be traced back to at least 1959, with the publication of "Some Studies in Machine Learning Using the Game of Checkers" cited earlier.

지도 학습(Supervised Learning)

지도 학습에서 에이전트는 입력 – 출력 쌍(input – output pairs)의 예를 관찰하고 입력을 출력에 대응시키는 함수(function)를 학습한다.[71]
— 러셀(Russell) 및 노빅(Norvig)

대부분의 실용적인 머신러닝은 지도 학습과 관련이 있다. 먼저 출력값이 이미 알려진 대량의 데이터, 즉 이미 레이블을 붙인 데이터를 인공지능에 제공한다. 예를 들어 인공지능은 자전거, 도로 표지판, 보행자와 같이 수많은 물체가 인간에 의해 식별되어 레이블이 붙은 거리의 사진 수천 장이나, 또는 인간이 번역한 수천 장의 연설문, 또는 인간의사가 결정한 진단서가 있는 증상의 수천가지 예들을 받을 수 있다. 지도 학습 알고리즘은 데이터를 레이블에 대응시키는 함수의 파악을 목표로 하며, 이로부터 새로운 유사한 데이터에 적용할 수 있는 모델을 구축한다. 이는 대략적으로 페이스북이 사진에서 사람들을 식별하기 위해 사용하는 접근법이다. 페이스북 사용자들이 제출하고 레이블을 붙인 수백만 장의 사진을 통해 새로운 사진에서 같은 사람들을 자동으로 식별하고 레이블을 붙이는 방식이다. 다른 예로 돌아가서, 거리 레이블 사진에서 감지된 패턴으로 만든 모델은 자율 차량에 의해 그들이 다루어야 하는 장애물을 식별하는 데 사용될 수 있다. 레이블이 붙은 오디오 조각에서 감지된 패턴으로 만들어진 모델은 다른 녹음에서 단어를 자동으로 식별하는 데 사용될 수 있다. 또한 증상과 질병에서 검출된 패턴으로 만들어진 모델을 사용해 유사한 증상을 보이는 환자를 자동으로 진단할 수 있다.

사실, 두 가지 유형의 지도 학습은 출력이 장애물/장애물이 아닌

| 71 Russell and Norvig, Artificial Intelligence, 708.

경우 등 범주일 때의 분류(classification), 출력이 시간이나 무게와 같은 연속적인 변수일 때의 회귀(regression)가 있다.

또한 k-nearest neighbors, 선형 회귀 분석(linear regression), 랜덤 포레스트(random forest), 서포트 벡터 머신(support vector machine) 등의 많은 지도 학습 알고리즘들이 있다.

간단한 예를 위해, k-nearest neighbor를 살펴보자. 장애물/비장애물의 두 개의 범주로 분류된 일부 데이터가 있다고 상상해보았을 때 이 데이터가 산점도에 표시된 경우, 각 데이터 지점의 범주는 함께 군집화된다. 한 개의 산점도 그림에는 장애물에 대한 데이터 군집이 하나 있고 비장애물에 대한 데이터 군집이 하나 있다. 이후 산점도에 새 객체를 나타내는 새 데이터 지점을 표시하면 k-nearest neighbor 알고리즘이 그것이 속한 군집을 결정한다. 즉, 가장 가까운 기존 데이터 지점(가장 가까운 이웃)에 따라 새로운 객체가 장애물인지 아닌지를 예측한다. 인공지능 엔지니어가 k를 5로 결정하면(이후 고려해야 할 요소가 많다) 알고리즘이 가장 가까운 5개 이웃을 확인해 결정을 내린다.

비지도 학습(Unsupervised Learning)[72]

비지도 학습에서 에이전트는 명확한 피드백이 제공되지 않더라도 입력의 패턴을 학습한다.[73]

— 러셀 및 노빅

---

72 A comprehensive list of the algorithms available on one of the leading AI as a service platforms, Microsoft Azure, is available at http://download.microsoft.com/download/ A/6/1/A613E11E-8F9C-424A-B99D-65344785C288/microsoft-machine-learning-algorithm-cheat-sheet-v6.pdf
73 Russell & Norvig, Artificial Intelligence, 708.

비지도 학습에서는 인공지능에 훨씬 더 많은 양의 데이터가 제공되지만, 이번에는 분류되지 않은 데이터, 즉 레이블이 붙지 않은 데이터이다. 이러한 데이터를 분석함으로써 비지도 학습 알고리즘은 새로운 데이터를 분류하는 데 사용할 수 있는 데이터 군집, 즉 데이터의 기본 구조에서 숨겨진 패턴의 발견을 목표로 한다. 이는 앞에서 언급했듯이, 구글이 사진에서 얼굴 탐지를 위해 사용하는 접근방식이다. 비지도 학습의 예로는 온라인 쇼핑객을 그룹으로 나누어 타겟팅 광고를 제공할 수 있도록 하고, 손글씨에서 다른 문자와 숫자를 식별하며, 합법적인 금융 거래와 사기적인 금융 거래를 구별하는 것을 포함한다.

비지도 학습의 두 가지 유형에는 예를 들어 손으로 쓴 편지를 특징적인 모양으로 그룹화하는 군집화(clustering), 한 종류의 코미디를 보는 사람들도 특정 유형의 액션 영화를 보는 경향이 있음을 식별하는 등의 연관성(association)이 있다. 또한 많은 비지도 학습 알고리즘이 있는데, k-평균 군집화(k-mean clustering), 계층적 군집화(hierarchical clustering), 주요 구성요소 분석(principal component analysis), 특이값 분해(singular value decomposition) 등이 가장 일반적이다.

간단한 예를 하나만 들자면 k-평균 군집화는 자동으로 데이터를 k 군집(cluster)으로 군집화한다(k가 3인 경우 알고리즘은 데이터를 3개로 군집화한다; p, d, b 손글씨 문자). 알고리즘은 ① 각 군집화에 대한 잠재적 중심점(중심점이라고 함)을 무작위로 선택하고, ② 알고리즘은 가장 가까운 것을 계산하여 각 데이터 점을 중심점에 할당하며, ③ 각 데이터 지점 사이의 거리의 평균을 계산한다. ④ 중심부 위치를 해당 평균으로 표시한 위치로 재배치하고, ⑤ 이전과 같이 점을 중심부에 재할당한다. 일부 데이터 지점은 동일한 군집에 머무르고 다른 것들은 다른 군집에 재할당된다. 이후 데이터 지점이 클러스터를 변경하지 않을 때까지 ① ~ ⑤ 단계를 반복해 가장 균등한 군집화를 생성한다.

강화학습(Reinforcement Learning)

> 강화학습에서 에이전트는 일련의 강화－보상(reinforcement－rewards) 또는 처벌(punishments)로부터 배운다.
>
> — 러셀 및 노빅[74]

어떤 의미에서 강화학습은 머신러닝 범주 중 가장 강력하다. 지도/비지도 학습 모두에서 잠재적으로 강력하긴 하지만 데이터에서 파생된 모델은 고정되며, 데이터가 변경될 경우 분석을 다시 수행해야 하므로 다시 한 번 알고리즘이 실행된다. 그러나 강화 학습은 피드백을 기반으로 모델을 지속적으로 개선한다. 즉, 이는 학습이 진행 중이라는 의미에서 머신러닝이다. 인공지능은 일부 초기 자료를 제공받는데, 이 자료는 정확하거나 부정확함으로 평가되면서 그에 따라 보상 또는 처벌된다. 컴퓨터 게임으로 비유하자면 은유를 이용하기 위해, 점수를 높이거나 줄인다는 것이다. 인공지능은 긍정적이거나 부정적인 강화를 이용해 모델을 업데이트한 뒤 다시 시도해 시간이 흐르면서 반복학습과 진화를 거듭한다. 예를 들어 자율주행차가 충돌을 피하면 이를 가능하게 한 모델이 보상(강제)되어 향후 충돌을 피할 수 있는 능력이 향상되고, 의료진 진단이 환자의 건강개선으로 이어지면 모델이 다시 강화되어 미래의 환자를 정확하게 진단할 수 있게 된다. 실수를 저지르면 게임에서 지고, 그 모델은 처벌을 받고, 같은 실수를 다시 하지 않을 가능성이 향상된다. 마지막으로 거듭 말하지만, 강화학습 알고리즘에는 Q－Learning State－Action－Reward－

---

74 Russell and Norvig, Artificial Intelligence, 708.

[표 2] 3가지의 머신러닝 카테고리: 지도학습, 비지도학습, 강화학습

카테고리	특징	목표	알고리즘의 예
지도 학습	레이블(label)이 붙은 데이터로부터 학습	자동으로 새로운 데이터에 레이블을 붙이는 것	k-최근접 이웃 알고리즘 (k-nearest neighbors) 선형 회귀(linear regression) 랜덤 포레스트 (random forest) 서포트 벡터 머신 (support vector machines)
비지도 학습	레이블(label)이 붙지 않은 데이터로부터 학습	자동으로 데이터의 패턴(클러스터)을 인식 하는 것	k-평균 군집화 (k-means clustering) 계층적 군집화 (hierarchical clustering) 주성분 분석 (principal component analysis) 특이값 분해 (singular value decomposition)
강화 학습	보상(rewards)과 처벌(punishments)에 의해 점진적으로 학습	모델의 결과를 점진적으로 향상시키는 것	Q-학습 (Q-Learning) State-Action-Reward-State-Action 심층 Q 네트워크 (Deep Q Network)

State－Action, Deep Q Network 등 많은 예가 있으며, 이 모든 것들은 너무 복잡해서 간단하게 설명할 수 없다.

인공신경망(Artificial Neural Networks)

인공신경망은 동물의 뇌와 같은 생물학적 신경망의 구조와 기능에 기초한 인공지능 알고리즘으로 지도 학습, 비지도 학습, 강화학습

에 적용될 수 있다. 우리의 뇌는 수십억 개의 개별 뉴런으로 이루어져 있으며, 각각은 축색돌기와 신경조직간의 신경접합부에서 수천 개의 다른 뉴런과 연결되어 있고, 수조 개의 연결을 제공한다. 기억은 두뇌를 가로지르는 이러한 연결의 복잡한 결합에서 나오며, 학습은 그러한 연결의 강화 즉, 함께 연결되고 점화되는 세포로 흔히 요약되는 헤비안(Hebbian) 학습으로 알려진 과정[75]을 수반한다고 여겨진다.

인공신경망은 인간의 개입 없이 차를 운전하거나, 움직이는 군중 속에서 얼굴을 식별하는 것, 세계 최고의 바둑 선수들을 물리치는 것 등의 몇 가지 믿을 수 없는 일들을 하도록 훈련되었지만, 고차 동물 두뇌에 비해 원시적인 상태를 유지하고 있다. 예를 들어 인간의 뇌에 있는 수십억 개의 뉴런과는 달리, 그것들은 보통 수천 개의 뉴런만 관여한다(일부 예외적인 경우 수백만 개). 그리고 인간의 뇌와는 달리 인공신경망의 뉴런들은 논리적인 층으로 배열되고, 각 뉴런들은 바로 전후에 위치한 한 층에 있는 각 뉴런에만 연결되어 있다. 따라서 비록 다음 몇 년간 무엇이 개발될지는 아무도 알 수 없지만, 인공신경망은 직접적인 실행이라기보다는 생물학의 신경망에 의해 영감을 받았다고 생각하는 편이 더 나을 것이다.

인공신경망은 각각 세 가지 유형의 계층으로 구성되어 있다. 수백만 개의 데이터 지점, 아마도 픽셀 이미지의 형태로 환경에서 자극을 받아 데이터가 수집되는 입력층, 적어도 하나 이상의 함께 계산을 수행하는 은닉층, 그리고 결과가 전달되는 출력층이다. 언급된 바와 같이, 한 층에 있는 모든 인공 뉴런은 바로 전후에 층에 있는 각각의 인공 뉴런과 연결되어 있다. 사실, 이 연결들은 각각 가중치가 있다. 이것은 하나의 인공 뉴런이 받은 가중치의 합이다. 흥분을

---

75 Löwel, S. & Singer, W. (1992). "Selection of intrinsic horizontal connections in the visual cortex by correlated neuronal activity." Science 255 (5041): 209-12.

느끼든 억제하든, 다시 동물 뇌의 신경접합부에 의해 영감을 받는 과정에서 그 가중치가 사전에 정의된 임계 값을 넘을지 말지, 그 인공 뉴런의 나가는 연결의 가중치를 결정하는 것이다. 머신러닝 과정 중에 이러한 가중치는 강화 학습 과정에서 조정되며, 인공신경망이 이후 새로운 자극에 대한 출력을 계산할 수 있게 한다. 이 책의 87쪽에서 볼 수 있는 그림은 이해하기 쉽게 매우 단순화되었으며, 현대적인 구현은 최대 50개 이상의 계층과 다양한 위상을 가지고 있다.

은닉층은 인공신경망의 힘의 열쇠가 되지만, 중요한 문제도 도출한다. 인공신경망에서 정보를 얻어 어떻게 해결책을 찾아냈는지 알아내는 것(예를 들어, 사진에서 특정인을 어떻게 식별했는지)이 불가능하며 적어도 쉽지 않다. 즉, 인공신경망은 합리화를 숨기거나 알 수 없거나 또는 점검할 수 없는, 어쩌면 부당할 수도 있는[76] 의사결정으로 이어질 수 있다. 많은 연구의 대상이 되는 중대한 문제이다.[77]

빠르게 진행한 인공지능 기술과 용어의 여행의 마무리는 자주 들리곤 하는 세 가지 절차, 즉 역전파(Backpropagation), 딥러닝(Deep Learning), 진화 학습(Evolutionary Learning)이다.

역전파(Backpropagation)

오차를 반대로 전해 퍼트리는 역전파는 인공신경망의 지도 학습을 위한 알고리즘이다. 인공신경망에 대한 설명에서 한 층의 뉴런의 출력이 다음 층의 뉴런에 영향을 미치는 과정을 설명했는데, 이는 전진하는 방향으로만 움직이는 과정이다. 그러나 일부 인공신경망은

76 O' Neil, C.(2017). Weapons of Math Destruction.
77 Morcos, A. S., et al. "On the importance of single directions for generalization." ArXiv.org. http://arxiv.org/abs/1803.06959

반대 방향으로 이동하는 정보를 포함한다. 인공신경망의 실제 결과는 원하는 출력과 비교되며, 이는 다시 숨겨진 층의 뉴런과 그 가중치에 영향을 미친다.

딥러닝(Deep Learning)

머신러닝의 확장판은 딥러닝으로 알려져 있는데, 이것은 많은 은닉층과 반복적인 군집화 과정으로 구성된 인공신경망 알고리즘을 포함한다. 예를 들어 딥러닝 알고리즘이 그림이 특정 형상을 포함하는 것을 확정하면, 다른 형상을 찾기 위해 다시 순환한 후 다시 순환해 그 형상들 사이의 연결을 식별하고, 보고 있는 것(예: 얼굴)을 인식할 때까지 여러 차례 반복한다. 깊은 학습은 알파고(AlphaGo)가 사용하는 헤드라인 접근법이다.

진화 머신러닝(Evolutionary Machine Learning)

흥미로운 최첨단 연구 분야인 진화 머신러닝은 다윈(Darwinian)의 자연선택[78]에서 영감을 얻은 과정을 이용하는 딥러닝의 대안이다. 1960년 존 홀랜드(John Holland)에 의해 도입된 유전 알고리즘[79]의 인공지능 버전이며, 딥러닝은 우리가 이미 알고 있는 것을 모델링하는 데 초점을 맞추고 있는 반면, 진화 머신러닝은 아직 존재하지 않는 해결책을 만드는 데 초점을 맞추고 있다. 인공지능 엔지니어가 최종 인공지능 코드를 작성하는 대신 진화 학습 알고리즘 자체가 무작위

---

78 Charles Darwin. (1869). On the Origin of Species by Means of Natural Selection: Or the Preservation of Favoured Races in the Struggle for Life. D. Appleton.
79 https://en.wikepedia.org/wiki/Genetic_algorithm

로 코드의 많은 부분을 생성하고, 코드는 유용한 기능을 하는가? 등의 그 적합성에 대해 평가한다. 성공하지 못한 코드(부적합한 코드)는 버려지는 반면, 가장 성공적(최적합)인 코드는 무작위로 변형되어 많은 코드 조각을 생성하며, 이 모든 코드들은 다시 평가되어 적자생존이 된다. 이 과정이 여러 번 반복된 결과는 인공지능이 작성한 새로운 인공지능 프로그램이다. 진화 머신러닝은 현재 많은 초기 연구의 초점이 되고 있다. 시간이 지나면 성과를 알 수 있을 것이다.

⑤ CCR(Center for Curriculum Redesign) 소개

표준 교육과정의 재설계

CCR(Center for Curriculum Redesign)은 21세기 K-12 교육기준을 재설계해 학생의 잠재력을 키우고 집단 번영(지성)을 증진하고자 하는 국제회의 기구 및 연구센터다. CCR은 종합적인 틀을 만들기 위해 국제기구, 관할구역, 학술기관, 기업, 비영리단체 등 다양한 관점을 가진 기관들과 함께 "21세기 학생들은 무엇을 배울 것인가"라는 질문에 대한 답변을 모색한다.

센터의 기본 원칙

집단적 잠재력이 확장되고 집단 번영이 개선되는 지속 가능한 인류는 여러 사회적, 경제적, 환경적 요인들로부터 시작된다. 그 중 의미 있는 교육과정에 기초한 적절한 교육은 지속 가능성, 균형, 그리고 복지를 만드는 데 중요하다.

교수법과 교육학에 유의미한 관심이 집중되어 있지만, CCR은 K-12 교육기준이 적어도 "어떻게"라는 방법이 중요하다고 주장하며, 무엇에 특별한 초점을 맞춘다.

21세기는 우리가 경험하고 있는 급속한 사회 변화와 이에 따른 사회적, 개인적 욕구(역량)의 변화를 고려해야 한다. 교육과정은 아이들이 급변하는 사회에 잘 적응할 수 있도록 삶에 유용해야 한다.

의미 있는 것(WHAT)에 기여하는 우리 능력은 다양한 관점에 대한 개방성을 필요로 한다. 따라서 CCR은 도그마를 피하고 최적의 명확성과 영향을 위해 적용되고 조직된 혁신과 복합성을 강조한다.

우리는 우리가 원하는 미래를 만들 수 있고 또 만들 것이다.

'무엇'에 초점을 맞춰라

기술의 급속한 변화는 미래에 대한 구체적인 예측을 더욱 어렵게 만들지만, 확실한 것은 아이들이 그 어느 때보다도 복잡한 문제를 다룰 수 있도록 준비해야 한다는 사실이다. 마지막 주요 교육과정 개혁은 1800년대 후반에 일어났고, 또한 빠르게 변화하는 니즈의 시기에 일어났다. 21세기는 더 이상 19세기 교육과정에 의존할 수 없다. 실제로 우리는 균형 잡히고 융통성 있는 21세기 핵심역량에 부합하는 교육과정을 심도 있게 검토하고, 재설계하고, 전달하지 않는 한 우리 아이들이 번성하기를 기대할 수 없다. 번성은 적응력이 있고 다재다능하며 현명하다는 것을 의미할 것이다.

적응성, 다재 다능성 및 지혜에 관한 교육과정 프레임워크 설계에 있어 두 가지 주요 목표가 있다.

- 개인의 개성, 전문적인 성공과 성취의 가능성을 높인다.
- 지속 가능한 인류를 위해 사회에 참여할 수 있는 이해와 능력의 공통 기반을 제공한다.

센터 업무

교육과정 재지정 센터는 프로그램이나 개입의 수준이 아니다. 직원과 CCR의 파트너는 정책 입안자, 표준 설정자(setters), 교육과정 및 평가 개발자, 학교 관리자, 학과장, 주요 교사, 에듀테크 전문가 및 기타 사고 주도자와 적극적으로 협력해 필요성과 과제에 대한 철저한 이해를 개발한다. 모든 교육 이해 관계자들과의 협력은 21세기 교육의 비전을 만들고, 실용적인 실행을 가능하게 하기 위해 필수적이다.

CCR이 후원하는 컨퍼런스 및 세미나, 활발한 웹 존재 및 소셜 미디어, 컨설팅 계약 및 키노팅 등 다양한 형식을 통해 조직의 연구, 조사 결과 및 권고사항은 적극적으로 보급되고 있다.

다음 동영상에는 CCR의 견해가 요약되어 있으며 자유롭게 공유할 수 있다.

https://www.youtube.com/watch?v=n7dgWnPIENU

6 저자 소개

마야 비알릭(Maya Bialik)은 CCR(Center for Curriculum Redesign)의 연구 책임자로, 4차원 교육(Four-Dimensional Education)의 공동 저자다.
개인과 정책 차원에서 과학의 적절한 해석과 적용에 열정적이다. 하버드 대학에서 마인드, 뇌, 교육학 석사 학위를 받았으며, 복잡한 시스템, 교육, 환경과학, 심리학, 신경과학, 언어학 분야의 연구와 저작에도 참여했다.

찰스 페댈(Charles Fadel)은 세계적인 교육 사상 지도자, 작가, 미래학자이자 발명가다.
CCR(Center for Curriculum Redesign)의 창립자이자 의장이며, 하버드 GSE의 방문 학자, 올린 공과 대학의 총장 협의체 회원 BIAC/OECD 교육 위원회 의장, 4차원 교육(Four-Dimensional Education, 18개 언어 프레임워크)의 공동 저자, 21세기 핵심역량(21st Century Skills) 베스트셀러 작가, Fondation Helvetica Education(스위스 제네바) 설립자 겸 사장, 컨퍼런스 보드(Conference Board) 선임 연구원이다.
수많은 국가의 교육 시스템 관련 기관에서 근무하고 있으며, 초기 인공지능 스타트업 Neurodyne 등 기술 분야에서 25년을 보낸 시스코 시스템즈(Cisco Systems)의 글로벌 교육 리더, MIT ESG와 와튼/펜 CLO 초빙 학자, 비콘 천사(Beacon Angels)의 투자자, BSEE, MBA, 그리고 7개의 특허를 획득했다.
* 전체 바이오: http://curriculumredesign.org/about/team/#charles

웨인 홈즈(Wayne Holmes)는 교육기술연구소인 The Open University에서 학습과학 및 혁신 분야(Learning Sciences and Innovation) 조교수다.
상파울루 대학과 앨라고아스 대학(브라질)의 방문 부교수로, 베이징 사범대학(중국) 미래 교육을 위한 첨단 혁신 센터 방문 연구원, 인공지능-교육 태스크포스(영국)의 전담 의회 의원 모임 회원, CCR(Center for Curriculum Redesign) 고문(consultant researcher)이다. 옥스포드 대학에서 학문과 기술 박사, 교육학 석사, 철학 석사 학위 교육 인공지능에 관한 두 보고서의 공동 저자이다.
2018년 국제 AIED 컨퍼런스에서 (Intelligence Unleared: 교육 및 기술 향상된 개인화 학습의 인공지능에 대한 주장: 증거 형상화) AIED에서의 윤리 워크숍, AIED에서의 윤리: 누가 신경 쓸까?를 발표했다.

역자 약력

정제영(Chung, Jae Young)
학력
서울대학교 교육학과(학사)
서울대학교 대학원 교육학과(석·박사)

경력
現 이화여자대학교 교수
現 이화여자대학교 기획처장
現 이화여자대학교 미래교육연구소장
現 AI융합교육연구지원센터장
前 교육과학기술부 서기관
前 한국교육개발원 전문연구원

저서
정제영(2019). 중등교육분야 교사교육 성찰. 박남기 외, 한국 교사교육: 성찰과 미래 방향. 서울: 학지사.
정제영(2018). 디지털 시대와 4차 산업혁명에 대비한 교육의 시대. 서울: 박영스토리.
정제영(2018). 교육정책 과정과 정책결정모형. 한유경 외, 교육행정 및 교육경영. 서울: 학지사.

학술논문
Chung, J. Y., & Lee, S. (2020). Are Bully-Victims Homogeneous?: Latent Class Analysis on School Bullying. Children and Youth Services Review, 104922.
Chung, J. Y., & Lee, S. (2019). Dropout early warning systems for high school students using machine learning. Children and Youth Services Review, 96, 346-353.
Lee, S., & Chung, J. Y. (2019). The Machine Learning-Based Dropout Early Warning System for Improving the Performance of Dropout Prediction. Applied Sciences, 9(15), 3093.

이선복(Lee, Sunbok)
학력
서강대학교 물리학과(학사)
University of Georgia 대학원 물리학과(석사), 통계학과(석사), 교육학과(박사)

경력
現 이화여자대학교 조교수
現 AI융합교육전공 주임교수
前 University of Houston 조교수

학술논문
Lee, S. (2019). Logistic regression procedure using penalized maximum likelihood estimation for differential item functioning. Journal of Educational Measurement.
Lee, S., Sriutaisuk, S., & Kim, H. J. (2019). Using the tidyverse package in R for simulation studies in SEM. Structural Equation Modeling: A Multidisciplinary Journal.
Lee, S., Lei, M. K., & Brody, G. H. (2015). Confidence intervals for distinguishing ordinal and disordinal interactions. Psychological Methods, 20, 245-258.

인공지능 시대의 미래교육-가르침과 배움의 함의

초판발행	2020년 5월 15일
초판15쇄발행	2023년 9월 20일
지은이	마야 비알릭·찰스 페댈·웨인 홈즈
옮긴이	정제영·이선복
펴낸이	노 현
편 집	배근하
기획/마케팅	이선경
표지디자인	이수빈
제 작	고철민·조영환
펴낸곳	㈜ 피와이메이트
	서울특별시 금천구 가산디지털2로 53, 한라시그마밸리 210호(가산동)
	등록 2014. 2. 12. 제2018-000080호
전 화	02)733-6771
f a x	02)736-4818
e-mail	pys@pybook.co.kr
homepage	www.pybook.co.kr
ISBN	979-11-6519-057-6 93370

* 파본은 구입하신 곳에서 교환해 드립니다. 본서의 무단복제행위를 금합니다.

정 가   19,000원

박영스토리는 박영사와 함께하는 브랜드입니다.